詩편주옥

고재종 지음

열 가지 주제로 보는 시 에세이

문학들

작가의 말

펠릭스 가타리는 "예술은 시간과 공간이 지배하지 않는 영역으로 인도하는 하나의 길이다."고 말한다. 시간과 공간이 지배하는 영역은 '행위'가 이루어지는 곳이다. 생로병사의 인간에게 그 행위는 한계가 있다. 그런데 예술과 시는 행위보다는 '존재'에 관한 것이다. 우리는 존재에 대한 느낌이나 생각의 시를 시간과 공간 밖으로 한없이 확장시킬 수 있다. 가령 정현종의 시 「그 꽃다발」에서처럼, 자그마한 잉카 소녀 하나가 저녁의 박명 속에 꽃 한 다발을 든 채 미소 짓고 있는 것을 보고, 그 미소의 보석으로 지구가 빛난다고 할 정도로 존재는 무한히 확장되는 것이다. 이 얼마나 신비롭고 경이로운 일인가.

이러한 시에 미급한 발을 디딘 지 어언 34년째다. 살아오는 동안 직장이라곤 다녀 본 적이 없으니 자본주의적 시스템에서 누구와 경쟁해 본 적도 없는 나는 종교도 갖고 있지 않다. 그래서 하이데거의 말대로 존재를 명명하고 호명하는 신성한 언어의 사원인 시를 섬기게 됐는지도 모른다. 이 시를 통해서, 가령 여리디 여린 수선화가 아직 매서운 날씨인데도 노랗게 꽃을 밀어 올려 제 존재를 환히 드러낸 순간, 그것을 바라보는 느낌만으로도 삶이 우주로까지 확장하는 기쁨을 누렸다. 자본의 행위와 사건의 무서운 지휘로 얻어 낸 소유보다는 존재와 삶의 맑고 황홀한 기쁨을, 시라는 형식으로 선물해 준 시인들이 그래서 나에게는 신들이었던 것이다.

나는 그들의 시를 늘 사람들에게 전해 주었다. 일반강연, 학교강의, 시모임 공부, 문학답사 등 다양한 형태로 진행되는 곳에 초청받아 가서 그들에게 내가 좋아하는 시들을 읽어 주었다. 공자의 말대로 이렇게 좋은 시를 배우지 않는 자하고 무슨 이야기를 할 수 있겠느냐며 매번 10여 편의 시를 마음을 다해서 읽어 주었다. 내 느낌과 생각에 한계가 있으면 여러 문학 교수나 시 평론가들의 해석도 참조하면서 강의를 했다. 그러다 보니 그때마다 써 가지고 간 원고들이 많이 쌓였는데, 어느 날은 강의를 듣는 한 분이 원고를 책으로 내면 사람들이 시를 읽고 공부하는 데 도움이 되겠다는 말을 해서 그런가 했다. 어쩌면 그 학생의 말이 씨가 되어서 오늘 이 원고들이 추려졌는지 모른다.

그러므로 이 책은 본격적인 문학평론집이나 시론집이 아니다. 무슨 형식을 갖추고 주석을 달아 가며 자기 해석과 논점을 제시해야 하는 그런 학구적인 글을 쓸 역량도 없거니와 쓰고 싶지도 않다. 오늘날 대다수 젊은 시인들이 시를 일상이나 삶에서 출발시키기보다는 추상적 관념에서 끌어오는데, 활달한 상상력과 세련된 이미지로 사유를 구축하느라 일견 애를 쓴다. 하지만 관념이나 이념, 화려한 이미지나 상상력이 결국 구체적 현실과 삶의 자리를 찾지 못하면 시인들 누구나 거치는 그 흔한 상투적 철학의 진술로 시가 전락할 수도 있다. 그런데도 오늘날 평론이나 시론들을 보면 이런 서툰 철학적 기호와 이미지로 가득한 시를 무슨 수수께끼나 푸는 듯 각양각색의 이론들을 들이대서 해석하는 데만 신경을 쓰니, 시는 몇몇 학자들의 연구물로 전락하고 대중과의 소통은 완전히 차단되어 버렸다.

그래서 시 에세이나 시 읽기 자료집 정도로나 이름을 붙여야 할 이 책은 대중들에게 시를 되도록 쉽게 이야기하는 방식으로 씌어졌다. 되도록 쉽고 명쾌하게 읽고자 했으나 나의 읽기가 한계에 부딪히면 잡지나 평론가들의 글에서도 도움을 받았다. 그 도움 글의 출처를 본문에 최대한 밝혔으나 강의 당시 메모를 남기지 않는 바람에 세월이 흐르면서 잊혀서 끝내 출처를 찾지 못한 것들이 있는 걸로 안다.

그분들의 글을 무단사용하기보단 대중들에게 시를 정성껏 전달하려는 욕심 때문에 그랬으니 널리 양해해 주시면 좋겠다.

책을 10가지 주제로 나눈 것은 순전히 시 읽기의 집중을 바라는 마음에서였다. 시의 처음, 시와 풍경, 시와 꿈, 시와 길, 시와 집, 시와 사랑, 시와 생태, 시와 삶, 시와 구도, 시와 언어 등으로 구분했는데, 한 주제 안에는 반드시 반대 주제가 대비되고 있어서 실은 20가지 주제라 해야 옳은 게 아닌가도 싶다. 어쨌거나 시를 읽는 사람이나 시를 쓰려는 사람이나 자기가 집중적으로 좋아하는 주제의 시들이 있을 줄 안다. 이들을 위해 얼개를 짰으니 가령 '사랑시'를 좋아하면 '제5장 시와 사랑' 편만을 읽어도 좋을 것이다. 나의 시에 대한 열정을 지펴 준 여러 명시편을 쓴 시인들에게 깊은 고마움을 표함과 아울러, 이 열정이 다만 몇 명의 독자들에게라도 가 닿았으면 하는 바람일 뿐이다.

2017년 만추
고재종

차례

작가의 말_04

제1장 시의 처음 : 경이와 슬픔 • 13

세상의 어린 경이들 • 16
슬픔은 노래가 된다 • 23
눈물의 바탕은 순정이다 • 36

제2장 시와 풍경 : 교감과 상처 • 43

풍경을 대하는 두 방식 • 45
상처와 시간의 풍경 • 56
풍경의 미학을 이루다 • 62

제3장 시와 꿈 : 일상과 탈주 • 71

일상과 소시민 • 79
상승과 추락의 변주 • 84
일상의 푸른 새벽을 노래하라 • 96

제4장 시와 길 그리고 집 • 105

항구와 비단길 • 112
길 위에서 길을 찾다 • 117
집, 아귀지옥과 인연의 두 얼굴 • 132

제5장 시와 사랑 : 사랑과 이별의 변주 • 145

사랑은 어떻게 오나 • 148
사랑의 분홍과 붉음과 노랑 • 154
연애편지 쓰며 너를 기다린다 • 165
사랑의 채밀 • 175
사랑은 가고 오고 • 186
영원한 사랑은 이별의 출소 없는 감옥 • 197

제6장 시와 생태 : 존재와 생명 • 209

생명의 무게와 존재의 사슬 • 212
생태 파괴의 문명 • 218
인간의 탐욕은 어디까지인가 • 224
자연과 생명의 푸른 광휘 • 233
느림, 공경, 연민의 실천 • 237

제7장 **시의 향기, 삶의 황홀·1** · 247
  시의 향기가 확장하는 삶의 기쁨 · 248
  삶의 오체투지로 얻은 시들 · 256
  말없이 글썽이고 반짝이는 것 · 270

제8장 **시의 향기, 삶의 황홀·2** · 287
  명품의 시와 절차탁마 · 288
  진품의 삶은 그 자체로 시이다 · 305
  삶의 머리채를 잡은 시들 · 323

제9장 **시와 구도 : 무상과 가난** · 331
  무상과 무아와 공은 하나다 · 335
  가난이 빚은 빛살 · 343
  죽음과 사랑은 동의어다 · 351
  시간의 황홀을 깨친다는 것 · 360

제10장 **시의 언어 : 진정과 사무사** · 374
  언어의 마술사 · 376
  진정의 언어엔 글썽임이 있다 · 381
  시인은 말로 세상을 창조하고 · 389
  자연의 언어는 반짝인다 · 398
  언어의 깊이와 삶의 깊이 · 411

제1장

시의 처음 : 경이와 슬픔

칠레의 노벨문학상 수상시인 파블로 네루다는 「시(詩)」라는 시에서 홀연 시가 자신에게 찾아온 때를 황홀하게 표현한 적이 있다. 아무리 시를 찾아가려고 애를 써도 안 되는데 어느 날 '계시'처럼 시가 찾아온 것이다.

그 시는 어디서, 언제, 어떻게 왔는지 모르지만 겨울에서도, 강에서도 아니고 목소리도, 말도, 침묵도 아닌 채로 '나'를 찾아와 나를 부른다. 그런데 그것은 다른 모든 것들로부터 유독 나만을 불러 나를 격렬한 불 속으로 빠뜨리는 것이다. 그 순간 나는 입이 막혀 모든 것의 이름을 대지 못하고, 눈은 멀어 버린다. 그럼에도 내 영혼 속에선 뭔가 시작되고 있었는데 그 탓인지 열이 나고 잃어버린 날개가 다시 돋는 것도 같다. 결국 느닷없이 찾아온 그 불이 무엇인가를 해독하며 어렴풋한, 뭔지 모를 첫 줄을 쓴다. 그것은 순전한 난센스일 수도 있고, 아무것도 모르는 어떤 사람의 순수한 지혜일 수도 있다. 하지만 그 첫 줄을 쓰며 나는 문득 본다. 그야말로 씻은 듯 환하게 풀린, 열린 하늘을 본다! 흐르는 별들을 본다! 한마디로 새로운 개안(開眼)이다.

그러니 곡식으로 고동치는 논밭인들, 화살과 불과 꽃들로 들쑤셔진 삶의 경이와 비애인들, 또 무슨 생생한 것들이 마구 휘감아 도는 밤과 우주인들 어찌 보이지 않으랴.

결국 시인은 열병과 계시처럼 찾아온 시를 통해 지상과 우주에의 개안을 얻은 뒤 그 신비한 '우주율(宇宙律)' 속에 취한 황홀과 장관을 다음과 같이 고백한다.

> 나, 이 미소(微小)한 존재는
> 그 큰 별들 총총한
> 허공에 취해
> 신비의 모습에 취해
> 나 자신이 그 심연의
> 일부임을 느꼈고
> 별들과 더불어 굴렀으며
> 내 심장은 바람에 풀렸어

이와 같은 네루다의 경험이 아니더라도 우리에게도 늘 시가 찾아온다. 네루다는 처음 시가 찾아왔을 때 격렬한 불 속의 감정을 느끼며 입이 막히고 눈이 멀어 버리는 경험을 했는데 바로 이것은 '전율'이 아니고 무엇이겠는가. 강은교는 전율을 "예술을 일으키는 근원적인 힘"이라고까지 말한다. 그런데 우리나라 표준국어사전에는 전율을 "몹시 무섭거나 두려워 몸이 벌벌 떨림"이라고 정의하여 그 일면만을 표현하고 만다. 전율은 그렇게 공포에 빠질 때도 오고, 너무 경이로울 때 느낄 수도 있으며, 격렬한 분노나 깊은 슬픔의 때도 올 수 있는 것이다.

아무튼 어디서, 언제, 전율을 느꼈다는 건 바로 그 대상이나 상황에 내 정서가 부딪히면서 정신의 스파크를 일으키고 그 합일됨을 온몸으로 느꼈다는 것이다. 그만큼 그것은 아주 강렬하다. 좀 더 부연하면 "내 안에 부글부글 끓고 있던 그 어떤 것에 불같은 대상이 자기의 극선(極線)을 갖다 댐으로 말미암아 전율이 일어난다. 그런데 전율은, 그것을 느끼는 순간 내 안에 잠재된 무엇인가를 현재화(顯在化)시키라고 충동질하고, 그 충동질을 따르면 우리는 시를 쓰게 되는 것이다."(강은교)

그러한 전율은 나에게 있어선 너무 경이로워서 온몸과 마음이 환히 열리는 때나 너무 슬퍼서 명치끝이 심한 통증과 함께 꽉 막혀 버릴 때 곧잘 찾아온다.

어느 시인은 삶의 곤고 때문에 자살하러 올라간 옥상의 빨랫줄에서 하얀 면 기저귀가 햇빛과 바람에 눈부시게 휘날리는 순간에 경이가 찾아왔다고 고백한 적이 있다. 눈부시게 날리는 면 기저귀 속엔 아기에 대한 어머니의 애틋한 정성과 그 아기에게 열릴 싱그러운 미래가 긴절하게 환유되어 있어 그 누구라도 그걸 보면 생의 의욕을 느낄 수 있을 것이다.

나에게도 시를 쓸 때 찾아온 많은 경이 중 아직도 안 잊히는 것 하나가 있다. 그것은 대숲에 별이 벌써 부서지기 시작하는 때, 들에서 늦게 돌아온 어머니가 바가지에 쌀을 씻던 소리다. 하루 종일 별로 먹은 게 없어서 배는 고프지, 땅거미는 밀려오지, 그런데도 기름 닳는다고 이른 저녁부터 등을 못 켜게 하니 마루는 어둡기 짝이 없는데, 늘 들일에 쫓기는 어머니는 돌아올 줄을 모른다. 한마디로 무슨 옛 노래 가사처럼 '기다리다 지쳐서 울다 지쳐서 꽃잎은 빨갛게 멍이 들어가는데' 그때야 부리나케 달려온 어머니가 대밭 밑 샘가에서 바가지에 보리쌀이건 수수쌀을 쏙쏙 씻어 댔다. 그 소리는 한마디로 어둡던 세상이 환하게 열리는 소리였고, 부서지는 별빛과 함께 대숲이 일렁이는 소리였고, 이윽고 가마솥 아궁이에 솔가지 불이 환하게 타오르는 소리였다.

나는 때로 세상에 경이가 가득 차 있다고 믿는 사람이다. 그것은 시를 통해 세계에 대한 새로운 개안이 가져다준 축복이다. 지금도 내 정신 속에선 인간의 비극주의를 해결하지 못했지만, 일상 속에서 건지는 이런 소중하고 고귀한 경이로움들 때문에 그런대로 세상은 살 만한 것이라고 생각한다.

세상의 어린 경이들

삶과 사랑의 치열한 변주 때문에 세상과 오래 담을 쌓고 살았던 천양희가 어느 날 들고 나왔던 『마음의 수수밭』은 경이와 생명으로 가득 차 있는 시집이다. 그중 비 갠 어느 여름 한때 두 살배기 아기가 뒤뚱뒤뚱 걸어가는 모습을 보고 "생생한 생(生)! 우주가 저렇게 뭉클하다"고 외치는 「여름 한때」, 시인 이상희의 딸 새록이를 어느 시인의 결혼식장에서 우연히 보고 "새록새록 피어나는/초록잎 같은 새록이/하늘 아래 아이처럼/뿌리 깊은 나무 보았는가"라고 외치며 그만 "새록이를 안는 순간/어, 버, 버, 반벙어리가 되었다"는 「새록이」, 그리고 다음의 시 「직소포에 들다」는 그야말로 경이의 절창이다.

폭포 소리가 산을 깨운다. 산꿩이 놀라 뛰어오르고 솔방울이 툭, 떨어진다. 다람쥐가 꼬리를 쳐드는데 오솔길이 몰래 환해진다.

와! 귀에 익은 명창의 판소리 완창이로구나.

관음산 정상이 바로 눈앞인데
이곳이 정상이란 생각이 든다
피안이 이렇게 가깝다
백색 정토(淨土)! 나는 늘 꿈꾸어왔다

무소유로 날아간 무소새들
직소포의 하얀 물방울들, 환한 수궁(水宮)을.

폭포소리가 계곡을 일으킨다. 천둥소리 같은 우레 같은 기립박수 소리 같은 - 바위들이 몰래 흔들 한다

하늘이 바로 눈앞인데
이곳이 무한천공이란 생각이 든다
여기 와서 보니
피안이 이렇게 좋다

나는 배운다

절창(絶唱)의 한 대목, 그의 완창을.

시인이 생의 위태로운 절벽 가운데서 직소폭포를 보고 썼다는 이 시를 보면, 직소폭포를 본 경이의 순간이 시인의 안에서 끓고 있는 그 무엇에 극선을 갖다 대며 전율을 일으킨다. 그러다 보니 "와!" "백색 정토(淨土)!" "절창(絕唱)의 한 대목, 그의 완창을"이란 영탄법이 절로 동원될 수밖에 없다. "명창의 판소리 완창"으로 비유된 폭포 소리가 더 나아가 "천둥소리 같은 우레 같은 기립박수 소리 같은" 소리로까지 극대화 된 것은 살아 있음의 환희와 싱그러움이 너무도 철철 넘쳐 시가 툭 터져 버린 경우다. 특히 김남주 시인이 거듭 감탄했다는 "다람쥐가 꼬리를 쳐드는데 오솔길이 몰래 환해진다"는 구절은, 산길에서 만난 다람쥐 새끼의 맑은 눈빛을 보고 "괜히 가슴이 저릿저릿한 게/핑그르르 굳었던 젖이 돈다"(「어린것」)고 한 나희덕의 시구절과 함께 그 고요한 경이가 우주를 밝히고도 남는다.

경이에 가득 찬 천양희의 「한 아이」란 시를 더 보자.

> 시냇물에 빠진 구름 하나 꺼내려다
> 한 아이 구름 위에 앉아 있는 송사리 떼 보았지요
> 화르르 흩어지는 구름 떼들 재잘대며
> 물장구치며 노는 어린것들
> 샛강에서 놀러 온 물총새 같았지요
> 세상의 모든 작은 것들, 새끼들
> 풀빛인지 새소린지 무슨 초롱꽃인지
> 뭐라고 뭐라고 쟁쟁거렸지요
>
> 무엇이 세상에서

이렇게 오래 눈부실까요?

    천양희나 나희덕의 시는 '어린것'들을 보는 경우에 자주 경이가 일어나는데 아마도 이는 여성만이 가지고 있는 모성의 강렬한 발현 때문일 것이다. 이 지극한 모성이야말로 세상 구원의 마지막 힘일지도 모른다.
    사실 과학기술과 자본 문명, 그리고 이성주의의 극단 속에 처한 오늘날, 김춘수의 시구대로 신은 "푸줏간에 걸린 커다란 살점"이 되거나, 최승호의 말대로 교회는 돈만 넣으면 "신의 오렌지 주스"를 주는 자동판매기가 된다. 문화 예술은 그 작품이 판매된 숫자로 등급이 매겨지거나 욕망과 섹스 등 말초적 감각만이 판매되어도 문화산업적 시각 속에선 큰 대접을 받는다. 그리고 정치는 불법과 비리, 부패나 확대재생산하는 권모술수일 뿐이고, 경제는 끝없는 부익부 빈익빈의 양극 구조를 공고화하는 세상에서 도대체 경이로운 것이란 무엇이며 과연 우리는 무엇을 보고 경이로워 할 것인가. 고통과 고독은 참을 수 있지만 속류 상품들만이 활개를 치며 온 거리를 누비는 세상 속에서 마지막 인간의 존엄이나 인간에 대한 예의마저 사라져 버린 지경에 그나마 시인마저 천박해져 버린다면 세계의 비밀과 그 경이를 누가 보여 줄 것인가.
    그런 점에서 이시영의 시집 『무늬』 또한 우리에게 참다운 경이를 가르쳐 주는 명편의 시집이다. 그는 "이 도도한 의미 과잉의 시대에 나는 내 시가 그것에 편승하지 않고 그냥 잔잔한 물결무늬이기를 바랐다. 내 마음의 결이 그대에게 닿아 낮은 잎새처럼 조금 살랑거리다가 마는. 참다운 노래는 그것을 가장 자연스럽게 받아 적는 일. 바람이 어디서 불어오느냐고 묻지 말아라. 바람은 내 속에서도 오늘 소리 없이 뜨겁게 불어온다"고 후기에 적었지만, 그 마음의 밑바탕은 사물에 대한 경이와 신비로 가득 차 있는 것이다.

    그 시집에서 봄을 주제로 한 시 몇 편을 함께 보자.

> 눈 속에 첫 동백이 붉게 익었다
> 그 위로 바람이 분다
> 그런 밤에 강변 갈숲에선 물새들이 뜨거운 알을 낳고
> 밤새도록 몸 밖으로 긴 부리를 내두르며 운다
>
>   —「조춘(早春)」

> 충남 연기군 남면 상공을
> 아기 갈매기 네 마리가 눈부신 흰 깃을 펄럭이며
> 일직선으로 난다
> 아아, 첫 비상이다
>
>   —「봄」

> 마른논에 우쭐우쭐 아직 찬 봇물 들어가는 소리
> 앗 뜨거라! 시린 논이 진저리치며 제 은빛 등 타닥타닥 뒤집는 소리
>
>   —「봄 논」

> 어느 해 봄, 원효로에서였던가
> 복국집의 복어국을 마시다가 어느 중이 불쑥 말했다

"봄 보지 가을 좆,

봄 보지 가을 좆"이라고

아 오늘밤 시퍼런 봄바다에 싸락눈 치겠다
물고기들 솟구치겠다

— 「오늘밤」

    봄은 만물이 약동하는 계절이다. 긴 겨울을 추위와 웅크림 속에 떨던 만물 앞에 나타나는 봄은 그렇지 않아도 경이로울진대 하물며 시인의 눈앞에서랴. 붉게 익은 첫 동백꽃의 빛, 첫 비상하는 아기 갈매기의 눈부신 흰 깃, 마른논에 찬 봇물 들어가는 소리는 모두 얼마나 싱그럽고 눈부신 경이인가. 그것에 시인의 눈과 마음이 직관적으로 닿아 거기에서 봄을 끌어내는 놀라운 솜씨를 보라. 그것은 젊은이들의 탄력 있는 가슴처럼 모두 팽팽한 긴장과 절제를 견지하고 있지만 또한 봄처럼 부드럽고 유려하다.

    「오늘밤」이란 시에 대해선 문학평론가 김주연의 경탄 어린 평을 들어 보자. "남녀 성기를 속어 표현 그대로 사용하면서 그 앞에 봄, 가을이라는 계절을 갖다놓고 있는 이 시는 얼핏 매우 당혹스럽다. 그러나 외설스럽다거나 상스럽다는 느낌 대신 무언가 싱싱하면서 힘찬 분위기가 가득 차오는 까닭은 무엇일까. 봄, 가을과 같은 계절이 성기와 결합되면서 나타나는 효과는 두 가지다. 그 하나는, 성기 자체가 역동적인 힘을 얻고 있는 듯한 인상을 주고 있다는 점이다. 그것이 비록 성적 에너르기 내지 정열의 상징인 성기라 하더라도 문명과 공해 속에서 위축되고 왜곡된 듯한 분위기를 일소하고 자연과 합일

하면서 홀연히 야성으로 회귀하는 강한 느낌을 던지는 것이다. 다른 하나는 그 반대쪽에서 다가오는 논리다. 즉 봄, 가을이라는 계절이 보지, 좆이라는 표현에 의해 마치 성행위를 앞둔 인간들의 모습으로 구상적, 입체적인 어떤 힘을 띠게 된다는 점이다."

흔히 '자연시'라 하면 동양 산수화처럼 정태적이며, 그런 의미에서 자연시는 곧 자연 예찬시로 받아들여져 온 것이 현실이다. 따라서 자연과 서정을 노래한다면, 그것은 곧 꽃과 나비를 노래하고 음풍농월 속에서의 퇴영적 허무주의나 유한한 세월 의식으로 인한 패배주의를 표현한 것으로 비판되어 왔다. 그러나 이시영의 자연시에 넘치는 이 질탕할 정도로 힘찬 기운을 보라. 그는 몇 구절을 적어 놓은 다음에 바로 "아 오늘밤 시퍼런 봄바다에 싸락눈 치겠다/물고기들 솟구치겠다"고 말함으로써, 자연 속에서 일어나는 싱싱한 성적 에네르기의 전개와 그 운동을 늠름하게 묘사한다. 자연은 더 이상 정태적 풍경이 아니라 그 스스로 솟구치고 알을 낳고 비상을 하는 창조적 주체로 부각된다.

하기야 이시영은 「시(詩)」라는 시를 통해, 어느 날 밖은 영하 20도의 강추위인 아침, 자고 일어나 보니, 유리창에 아기 다람쥐 한 놈이 바짝 붙어 서서 맑은 눈길로 나를 빤히 올려다보는 것을 보고 "아, 저 두 눈!/하늘 아래 가장 아름다웠던 사람이/마지막 순간에 감고 갔던 저 두 눈!"이라고 외치며 그걸 시라고 정의하니, 이는 경이가 시라는 말에 다름 아니다.

슬픔은 노래가 된다

하지만 천양희나 이시영의 시는 결코 경이의 바탕이나 이면이 되는 삶의 그늘을 놓치지 않는다.

달이 팽나무에 걸렸다

어머니 가슴에
내가 걸렸다

내 그리운 산(山)번지
따오기 날아가고

세상의 모든 딸들 못 본 척
어머니 검게 탄 속으로 흘러갔다

달아 달아
가슴 닳아
만월의 채 반도 못 산
달 무리진 어머니.

― 천양희, 「그믐달」

나뭇잎들이 포도 위에 다소곳이 내린다

저 잎새 그늘을 따라 가겠다는 사람이 옛날에 있었다

— 이시영, 「무늬」

위 두 편의 시는 슬픔의 전율에 포섭된 시이다. 어머니의 기대에 못 미친 삶으로 인해 어머니의 가슴을 숯덩이처럼 타게 하고 그믐달처럼 닳게 한 죄와, 순결과 순정으로 일렁이던 잎새 그늘 속에 사랑하는 사람을 보내야 했던 '옛날'에의 회억으로 아파하는 시편은 인간의 근원적이고 보편적인 슬픔에 그 뿌리를 두고 있다. 인간사에 있어서 슬픔만큼 보편적인 것이 어디 있겠는가. 아르튀르 랭보가 말했던가. "상처 없는 영혼이 어디에 있으랴"라고. 문학은 상처의 산물이다. 그 상처는 항시 슬픔을 수반한다. 생로병사의 인생고인 다음에야 슬픔을 통과하지 않고는 사실 누구도 진정한 삶이나 구원을 만나지는 못할 것이다.

이제 시가 찾아오기 십상인 두 번째 정서인 슬픔에 천착한 시편들을 살펴본다. 다음은 우리나라 시에서 제일 슬픈 시 두 편이다.

아버지는 한세상
남의 송장이나 주무르기만 할 것인가.
진눈깨비 흩날리는 황토마루에
정성 들여 광중이나 짓고
외로운 혼이나 잠재울 것인가.
마지막 다문 입에 동전 하나 물리고
칠성판 바로 뉜 후

종내는 한 줌 흙이 되고 말 시체 위에

흙을 뿌리고 눈물을 뿌리며

오오호 달구 오오호 달구

만가(輓歌)만 부를 것인가.

피통 터져 농약 먹고 죽은 농부야

삼베올 구멍마다 맺힌 눈물을

기러기가 쓸고 가는데

이 땅에 진정 데불고 갈 만한 것이 있더냐.

농부는 죽을 때 피를 토하고

색신(色身)고운 씨앗을 뿌리고 간다는데

부황이 나도 토사가 나도

아버지는 신들린 사람처럼 산역(山役)만 할 것인가.

밤마다 술에 취해

북망산 먼 줄 알았더니

방문 밖이 북망이라

황천수가 먼 줄 알았더니

앞 냇물이 황천술세

울음 섞인 가락을 토해내며

북망산(北邙山) 누우런 황토를 수북히 털어놓는데

품 팔러 간 어머니는 왜 돌아오지 않는가.

황토마루에 진눈깨비 내리고

어지럽게 어지럽게 도깨비불만 오르는데

아 아버지의 만가(輓歌)는 언제 끝날 것인가.

— 임홍재, 「산역(山役)」

나 이 세상에 있을 땐 한 간 방 없어서 서러웠으나
이제 저 세상의 구중궁궐 대청에 누워
청모시 적삼으로 한 낮잠을 뼈드러져서
산뻐꾸기 울음도 큰댓자로 들을 참이네.

어차피 한참이면 오시는 세상
그곳 대청마루 화문석도 찬물로 씻고
언뜻언뜻 보이는 죽순도 따다놓을 터이니
딸기잎 사이로 빨간 노을이 질 때
그냥 빈손으로 방문하시게.

우리들 생은 다 정답고 아름다웠지.
어깨동무 들판 길에 소나기 오고
꼴망태 지고 가던 저녁나절 그리운 마음,
어찌 이승의 무지개로 다할 것인가.

신발 부서져서 낡고 험해도
한 산 떼밀고 올라가는 겨울 눈도 있었고
마늘밭에 북새더미 있는 한철은
뒤엄 속의 김 하나로 맘을 달랬지.

이것이 다 내 생의 밑거름 되어
저 세상의 육간대청 툇마루까지 이어져 있네.
우리 나날의 저문 일로 다시 만날 때

기필코 서러운 손으로는 만나지 말고
마음 속 꽃그늘로 다시 만나세.

어차피 저 세상의 봄날은 우리들 세상.

— 박정만, 「대청에 누워」

　우리 시의 슬픔은 가난과 정치적 억압 때문에 발생한 바가 크다. 그 슬픔이 너무 크면 원한의 감정으로 변하고 또 그것은 체념 섞인 한으로 가슴속에 옹이로 남아 삶의 부정성에 끈질기게 관여한다.
　임홍재의 신춘문예 당선작인 「산역(山役)」도 일평생 남의 송장이나 염하고 광중이나 지어 주곤 밤마다 술에 취해 돌아와 울음 섞인 가락과 핏빛 황토를 수북이 털어놓는 가난한 아버지의 슬픈 생애를 노래한 것이다. 오죽하면 "삼베올 구멍마다 맺힌 눈물을/기러기가 쓸고" 갈 것인가. 그 수많은 삼베올 구멍마다 맺힌 눈물이라니! 임홍재의 시는 눌리고 찌든 삶에 대하여 있을 수 있는 전통적 감정의 진폭을 표현하는 데 익숙한데, 특히 그 반응의 하나는 '한(恨)'의 정조로서 이것이 숙명주의를 포함하는 경우가 많다.
　위 시를 쓴 임홍재의 삶 역시 너무도 슬픈 것이어서 38세 되던 어느 날 그는 집으로 돌아가는 길에 개천으로 낙상하여 이틀날 그 주검이 발견되었다. 김우창에 의하면 "한 사람 한 사람의 삶과 죽음을 무게와 위엄을 가질 수 있게 하는 공동체적 관심과 의식이 사라져 버렸던 데에서 기인한 이 슬픈 죽음은, 삶과 삶의 크고 작은 계기가 가장 미천하고 짐승스럽게 영위되고 삶의 외경이 제대로 지켜지지 않은 데서 일어난 것"이기도 하다. 이런 임홍재식의 죽음은 오늘날 부익부 빈익빈의 천박한 자본주의적 구조에서는 사실 항상적으로 발생하고 있고 또 발생할 수 있는 것이다.

「대청에 누워」라는 시도 그 배경을 알면 너무도 슬픈 시이다. 시인 자신과는 아무런 관계도 없는 소설가 한수산의 필화사건에 누명을 쓴 채 걸려들어 정보당국에서 심신에 치명적 상처를 입은 시인이 방황의 삶을 살다 죽어 가기 전에 쓴 시이다. "나 이 세상에 있을 땐 한 간 방 없어서 서러웠으나/이제 저 세상의 구중궁궐 대청에 누워" 산 뻐꾸기 울음도 네 활개 펴고 누워 들을 참이라는 시는, 비록 표면적으로는 노장적 사상으로 의연하게 죽음을 받아들이는 모습이지만 그것은 목이 메고 가슴이 치미고 창자가 끊기는 배경이 있어서 가능했던 시인 것이다.

갈밭 마을 젊은 아낙 곡소리 구슬프다
현문 향해 울부짖다 하늘에 호소하네.
구실 면제 안 해 줌은 있을 수 있다지만
남근을 잘랐단 말 듣도 보도 못하였소.
시아버진 세상 뜨고 아이는 갓난앤데
삼대의 이름이 군적에 실렸구나.
억울함 하소차니 문지기는 범과 같고
이정은 고래고래 소마저 끌고 갔네.
칼 갈아 뛰어들자 피가 온통 낭자터니
아들 낳아 곤경 당함 제 혼자 한탄한다.
잠실의 궁형이 무슨 잘못 있었으랴
민 땅의 자식 거세 진실로 슬프고나.

자식 낳고 사는 이치 하늘이 준 바이니

건도는 아들 되고 곤도는 딸이 되네.

말 돼지 거세함도 가엽다 말하는데

하물며 백성이 뒤 이을 일 생각함이랴.

부잣집은 일 년 내내 풍악을 울리면서

쌀 한 톨 베 한 치도 바치지 않는구나.

다 같은 백성인데 어찌 이리 불공평한가

객창에서 자꾸만 시구편 읊는다네.

    다산이 강진 유배 시에 직접 견문한 사실을 묘사한 「애절양」이란 시이다. 노전(蘆田)에 사는 백성이 아들을 낳은 지 사흘 만에 군적(軍籍)에 올라 이정(里正)이 소를 빼앗아가자, 방에 뛰어들어 가 "내가 이것 때문에 곤액을 당한다"며 칼을 뽑아 자기의 남근을 스스로 잘라 버렸다. 그 아내가 아직 피가 뚝뚝 떨어지는 남근을 가지고 관가에 가서 아무리 하소연하려 해도 문지기가 들어가지 못하게 막아 버렸다. 이미 세상을 떠난 시아버지의 군포도 꼬박꼬박 내고 있던 터였다.

    조선조 말의 삼정문란은 누구나 익히 알 것이다. 사람이 죽어 동사무소에 가서 사망 신고를 해도 직원이 아예 접수를 받아 주지 않고 계속 죽은 사람 앞으로 세금 고지서를 날려 보내는 백골징포나, 갓 태어난 어린아이의 출생신고를 하고 나면 그 다음 날로 징집통지서를 보내거나 안 되면 군포를 내라 협박하는 황구첨정 등이다. 정작 장정은 하나뿐인데 돌아가신 아버지와 난 지 사흘밖에 안 된 핏덩이의 군포 독촉 끝에 이정은 목숨보다 소중한 소까지 끌고 가 버렸다. 옛날 농가에서 소는 노동력의 절반을 감당하기에 자식보다 귀한 존재였는데,

그것을 빼앗아 가 버리자 눈이 뒤집힌 가장은 칼을 뽑아 이정을 찌르지도 못하고 애꿎은 자신의 남근을 자르고 말았던 것이다.

『목민심서』는 이렇게 말한다. "심하게는 배가 불룩한 것만 보고도 이름을 짓고, 여자를 남자로 바꾸기도 하며, 또 그보다 심한 것은 강아지 이름을 혹 군안(軍案)에 기록하니, 이는 사람의 이름이 아니라 정말 개이며, 절굿공이의 이름이 혹 관첩(官帖)에 나오니 이는 사람의 이름이 아니라 정말 절굿공이다." 웃어야 할 일인가, 울어야 할 일인가. 어쨌건 삼정의 문란을 말할 때, 당시 이를 증명하는 어떤 통계 수치보다도 우리는 이 시를 통해 그 시대 백성의 피맺힌 절규를 실감하게 된다. 이 시는 슬픔이 너무 커 원한으로 차오른 것을 사실적으로 묘사한 시다. 이보다 더 발전한 것이 저 1980년대의 투쟁적 민중시였다. 그러나 다음의 슬픔을 의연히 극복하는 두 시를 보아라.

슬픔을 벗으려
베옷을 벗는다

인축(人畜)이 잠들고
모닥불이 사윈다

못다 탄 뼈 추스려
깊이 묻을 때
새벽별 한 점 홀로
눈물 머금고
비로소 인가(人家)도 형체가 드러난다

동네 아낙 눈물로 지은 베옷을
찬물에 머리 감고 함께 벗으며
눈물을 그치거라!
목멘 형제들아

버들은 물이 올라
강가에 푸르르고
들판에는 기심도 자라오른다

풀피리 강둑에서 불어 준다고
강물은 잔잔하게 흘러가랴만

가을걷이 기다리는
어린아이들이
혼곤히 한방에서 잠들고 있다

- 김명수, 「탈상」

내일은 탈상
오늘은 고추모를 옮긴다.

홀아비 꽃대 우거진 산기슭에서
바람이 내려와
어린 모를 흔들 때

막 옮기기 끝낸 고추밭에
편편이 몸을 누인 슬픔이
아랫도리 서로 묶으며
고추모 사이로 쓰러진다.

슬픔만 한 거름이 어디 있으랴

남녘땅 고추밭
햇빛에 몸을 말릴 적

떠난 사람 자리가 썩는다
붉은 고추가 익는다

— 허수경, 「탈상」

    둘 다 '탈상'을 소재로 해서 쓴 시인데, 김명수의 시는 시인이 1982년 광주에 갔다가 돌아와 쓴 시라고 한다. 1980년 오월 민주항쟁으로 죽어 간 수많은 형제들을 위하여 아무리 힘들어도 베옷을 벗고, 눈물을 그치고, 압제자들의 풀피리 장단에도 동요치 말라며, 다시 살 수 밖에 없는 이유를 곡진하게 제시한다. "가을걷이 기다리는/어린아이들이/혼곤히 한방에서 잠들고 있다"는 말이 그것이다.
    그와 대조적으로 허수경의 시는 어떤 개인적인 죽음을 담고 있는 것 같다. 비록 배우자가 죽고 홀아비만 남았지만 고추모는 옮겨야 한다. 그 어린 고추모는 아마도 남은 아이들일지도 모른다. 그런데 그 고추모들은 슬픔을 먹고 자란다. "슬픔만 한 거름이 어디 있으랴"는 지극한 깨달음과 그 슬픔이 썩은 자리에서 붉은 고추가 익을 것이란 믿음은 얼마나 갸륵한가. 하지만 이 죽음도 개인적인 것보다는 "막 옮기기 끝낸 고추밭에/편편이 몸을 누인 슬픔이/아랫도리 서로 묶으며"랄지 "남녘땅 고추밭"이랄지 하는 표현들을 보면 역시 시대적 배경이 자리하고 있는 것은 아닌가 생각된다.

그런데 슬픔은 뭐니 뭐니 해도 사랑의 희비에서 오는 슬픔이 가장 보편적이고 영원한 게 아닌가.

가난하다고 해서 외로움을 모르겠는가
너와 헤어져 돌아오는
눈 쌓인 골목길에 새파랗게 달빛이 쏟아지는데.
가난하다고 해서 두려움이 없겠는가
두 점을 치는
방범대원의 호각 소리 메밀묵 사려 소리에
눈을 뜨면 멀리 육중한 기계 굴러가는 소리.
가난하다고 해서 그리움을 버렸겠는가
어머님 보고 싶소 수없이 뇌어보지만
집 뒤 감나무에 까치밥으로 하나 남았을
빨간 감 바람 소리도 그려 보지만.
가난하다고 해서 사랑을 모르겠는가
내 볼에 와 닿던 네 입술의 뜨거움
사랑한다고 사랑한다고 속삭이던 네 숨결
돌아서는 내 등 뒤에 터지던 네 울음.

가난하다고 해서 왜 모르겠는가
가난하기 때문에 이것들을
이 모든 것들을 버려야 한다는 것을.

— 신경림, 「가난한 사랑 노래」

마음도 한 자리 못 앉아 있는 마음일 때,
친구의 서러운 이야기를
가을햇볕으로나 동무 삼아 따라가면,
어느새 등성이에 이르러 눈물나고나.

제삿집 큰집에 모이는 불빛도 불빛이지만,
해 질 녘 울음이 타는 가을강(江)을 보겠네.

저것 봐, 저것 봐,
네보담도 내보담도
그 기쁜 첫사랑 산골물 소리가 사라지고,
그 다음 사랑 끝에 생긴 울음까지 녹아나고,
이제는 미칠 일 하나로 바다에 다 와 가는
소리 죽은 가을강(江)을 처음 보겠네.

— 박재삼, 「울음이 타는 가을강(江)」

    예의 슬픔 중에서 제일 큰 슬픔은 아무래도 사랑의 슬픔일 것 같다. 신경림의 시에는 이웃의 "한 젊은이를 위하여"라는 부제가 붙어 있는데 공장에 다니는 이웃의 한 젊은이가 사랑을 나눌 단칸방 하나가 없어 늘 집 앞 골목길에서 만나고 헤어지는 것을 보고 쓴 시라는 얘기가 있다. 가난하다고 해서 어찌 외로움과 두려움과 그리움이 없겠으며, 가난하다고 해서 어찌 사랑을 모르겠느냐고 독백을 하는 시인의 연민이 너무도 절절하게 다가온다. 가난하다고 해서 "내 볼에 와 닿던 네 입술의 뜨거움/사랑한다고 사랑한다고 속삭이던 네 숨결" 마저 버려야 하기 때문에 "돌아서는 내 등 뒤에 터지는 네 울음"이 가슴에 크나큰 한으로 남을 수밖에 없을 것이니 이를 어쩌랴.

반면에 박재삼의 시는 사랑의 슬픔이란 그 보편적 주제에 가장 가까이 다가가 있는 시이다. 고향의 큰집에 제사를 지내러 온 화자가 마음도 한자리에 못 앉아 있는 마음이 되어 고향에 남아 있는 친구를 만난다. 그리하여 그의 서러운 사랑 이야기를 들으며 강둑을 거닌다. 아마 친구는 사랑을 잃었거나 사랑을 떠나보냈거나 하는 처지에 놓여 있는 것이다. 그 이야기를 가을햇볕으로나 동무삼아 따라가다 보니 어느덧 둥성이에 이르러 눈물이 나고, 때마침 제삿집에 켜지는 불빛도 불빛이지만 노을이 반짝이는 가을강(江)엔 온통 울음이 타고 있는 것만 같이 여겨진다. 결국 시인은 친구에게나 자기에게나 강물이 산골물에서 시작되듯 그런 산골물 같은 첫사랑이 있었지만 그것이 사라지고, 다음에 생긴 사랑 끝에 생긴 울음까지 소리 죽인 서러움의 강물로 다 녹아나고, 마침내 그저 미칠 일 하나로 바다에 다 와 가니, 그 마음이 한없이 서러울 거라는 건 누구나 짐작할 수 있는 일이다. 오죽하면 그 강물에 울음이 붉게 타겠는가.

소설가 김성동은 슬픔을 표현하지 않는 문학은 없다고 말한다. 다시 말하지만 모든 문학은 상처의 산물이기도 하다. 그런데 상처의 아픔을 슬픔으로 다스릴 수 있다. 그것은 그 슬픔이 깨끗한 슬픔 곧 순수한 것일 수도 있기 때문이다. 바로 김영석의 「썩지 않는 슬픔」이란 시에 나오는 슬픔이 그런 순수에 닿아 있다. "멍들거나/피 흘리는 아픔은/이내 삭은 거름이 되어/단단한 삶은 옹이를 만들지만/슬픔은 결코 썩지 않는다/옛 고향집 뒤란/살구나무 밑에/썩지 않고 묻혀 있던/돌아가신 어머니의 흰 고무신처럼/그것은/어두운 마음 어느 구석에/초승달로 걸려/오래 오래 흐린 빛을 뿌린다."

눈물의 바탕은 순정이다

지금까지 '경이'와 '슬픔'을 경유한 여러 시들을 살펴보았다. 그런데 특이하게도 눈물과 순정의 시인 박용래에게는 경이와 슬픔이 하나였던 바, 항상 그의 눈물을 부른 것은 이 세상의 모든 아름답고 경이로운 것들이었다. 소설가 이문구의 「박용래 약전」에 의하면 박용래에게 아름답고 경이로운 것은 갸륵한 것, 어여쁜 것, 소박한 것, 조촐한 것, 조용한 것, 알뜰한 것, 인간의 손을 안 탄 것, 문명의 때가 아니 묻은 것, 임자가 없는 것, 아무렇게나 버려진 것, 갓 태어난 것, 저절로 묵은 것 등등이었다.

그러기에 그는 한 떨기의 풀꽃, 한 그루의 다복솔, 고목의 까치둥지, 시래기 삶는 냄새, 오지굴뚝의 청솔 타는 연기, 보리누름철의 밭종다리 울음, 뻘기배동 오르는 논두렁의 미루나무 호드기 소리, 뒷간 지붕 위의 호박넝쿨, 심지어는 찔레덤풀에 낀 진딧물까지 누리의 온갖 생령(生靈)에서 천체의 흔적에 이르도록 사랑하지 않은 것이 없었고, 사랑스러운 것을 만날 때마다 눈시울을 붉히지 않은 적이 없었다.

그뿐인가. 우리 겨레가 아니면 아무런 의미도 없을 다음의 시어(詩語)들을 보라. 대싸리, 모과, 능금, 이끼, 달개비, 민들레, 엉겅퀴, 괭이풀, 목화다래, 상수리, 수수이삭, 원두막, 바자울, 쇠죽가마, 잉앗대, 횟대, 멍석, 모깃불, 성황당, 옹배기, 목침, 베잠방이, 얼레빗, 실타래, 옥양목, 까마귀, 동박새, 반딧불, 베짱이, 소금쟁이, 물방개, 버들붕어, 메기, 쏘가리, 조랑말, 먹감, 기적 소리 등은 그 경이와 슬픔의 전율 속에서 우리의 영원한 시적 자산으로 남게 된 것이다.

박용래의 다음 시들을 보자.

> 볏가리 하나하나 걷힌
> 논두렁
> 남은 발자국에
> 뒹구는
> 우렁 껍질
> 수레바퀴로 끼는 얼음
> 바닥에 지는 햇무리의
> 하관(下棺)
> 선상(線上)에서 운다
> 첫 기러기 떼.
>
> ―「하관(下棺)」

무슨 꽃으로 두드리면 솟아나리.
무슨 꽃으로 두드리면 솟아나리.

굴렁쇠 아이들의 달.

자치기 아이들의 달.

땅뺏기 아이들의 달.

공깃돌 아이들의 달.

개똥벌레 아이들의 달.

갈래머리 아이들의 달.

달아, 달아

어느덧

반백(半白)이 된 달아.

수염이 까슬한 달아.

탁배기(濁杯器) 속 달아.

— 「탁배기(濁盃器)」

싸리울 밖 지는 해가 올올이 풀리고 있었다.

보리바심 끝마당

허드렛군이 모여

허드렛불을 지르고 있었다

푸슷푸슷 튀는 연기 속에

지는 해가 이중(二重)으로 풀리고 있었다.

허드레,

허드레로 우는 뻐꾸기 소리

징소리

도리깨 꼭지에 지는 해가 또 하나 올올이 풀리고 있었다.

— 「점묘(點描)」

늦은 저녁때 오는 눈발은 말집 호롱불 밑에 붐비다

늦은 저녁때 오는 눈발은 조랑말 발굽 밑에 붐비다

늦은 저녁때 오는 눈발은 여물 써는 소리에 붐비다

늦은 저녁때 오는 눈발은 변두리 빈터만 다니며 붐비다

― 「저녁눈」

아도르노는 "아우슈비츠 이후에도 서정시를 쓴다는 것은 허위"라고 말한 바 있다. 하지만 서정을 향한 끊임없는 동경은 참혹한 전기의자의 고통 속에서도 결국은 죽지 못한 운명을 갖고 있다. 아도르노도 훗날 앞의 자기 말이 너무 과격하고 격정적이었다고 고백한다. 어쨌건 그 서정의 극점에 경이와 슬픔이라는 전율이 있다. 그런데 박용래의 시들은 위의 시들에서 보듯 남의 추측을 불허할 만큼 세필(細筆)에 의한 소묘로서 전위와 추상(抽象)마저도 포괄하며, 특이하게도 하나의 시에 경이와 슬픔이 동시에 교직되거나 용해되어 있다. 모든 시들이 마음이 환하게 열리는 경이를 갖고 있으면서도 거기에 목이 메는 슬픔이 소리 죽인 채 숨어 있는 것이다.

싱그러운 삶은 언제나 전율을 일으킨다. 슬픔을 끌어안는 삶 또한 전율을 일으킨다. 죽음이나 사회적 공포, 불의에 대한 격렬한 분노 역시 전율을 일으킨다. 아침 연못에 백련이 순결하게 피어오르는 순간, 광활한 바다로부터 집채만 한 파도가 밀려와 절벽에 부서지는 순간, 가을날 양광이 샛노란 들판을 백 리 밖까지 밝히는 순간, 팔월대 보름의 커다란 보름달이 온 동네를 비추는 순간, 길 외진 곳에 피어난 청초한 얼레지꽃을 보거나 길섶에서 울려 나는 여치 울음소리가 발자국 소리에 문득 끊기는 것을 겪는 순간에 시가 찾아온다.

컴컴한 마루 밑에 숨어 들어갔다가 그 구석지에 암탉이 몰래 낳은 달걀을 여남은 개나 문득 발견하던 어릴 때의 기억, 달밤에 장독 뒤에서 등물을 하던 이웃집 누나의 하얀 엉덩이를 훔쳐보던 기억, 아흔 일곱 살까지 살도록 결코 남의 도움을 받지 않고 스스로 노동하며 사신 할머니가 돌아가셨을 때의 그 막막하던 슬픔의 순간, 보이지 않는 것이 보이게 되고 보이는 것이 보이지 않게 되는 순간, 들리지 않는 것이 들리고 들리는 것이 들리지 않게 되는 순간에도 시가 찾아온다.

우리가 그런 순간을 느끼지 못하는 것은 세상의 경이와 슬픔을 발견해야 할 눈이 시보다는 다른 것에 더 팔려 있기 때문이다. 또한 자기가 쌓은 벽 속에 갇혀 환하게 밝아오는 새벽의 푸른 세상을 향한 창문을 닫고 있기 때문이다. 창을 열면 닭장 같은 아파트나 빌딩숲, 전쟁과 같은 소음, 먼지에 막힌 뿌연 하늘을 벗어나지 못하는 우리의 일상은 사실 얼마나 왜소한가.

제2장

시와 풍경 : 교감과 상처

국어사전에 보면 시를 "풍경이나 인사(人事) 따위 일체에 관하여 일어나는 감흥이나 사상 따위를 함축적이고 운율 있게 표현한 글"로 정의하고 있다. 여기에서 풍경은 자연, 인사는 인생, 감흥은 감정, 사상은 생각이나 상상으로 바꿀 수도 있는 바, 동양시학의 첫 명제인 '선경후정(先景後情)'이란 말도 먼저 풍경을 묘사하고 나중에 그에 상응하는 인간의 감정을 진술한다는 것으로 시의 기본원리를 이야기하고 있는 셈이다.

풍경은 세계라는 시적 대상이다. 이를 바라보는 인간의 마음은 자아 혹은 시적 주체다. 이 대상과 주체간의 교감은 생생한 시적 표현을 위한 명제다. 이런 교감은 열린 시정신에서만 가능하다. 신학자 라인홀드 니버의 말을 빌리자면 열린 시정신이란 닫혀 있는 단자(單子)들의 세계에 창문을 마련하는 일과 같다.

오늘날 젊은 시인들의 시에서 대상인 풍경은 사라지고 주체의 무의식이나 여타 심리에 대한 진술만 난무하는 경우를 흔히 대하게 된다. 아니 어떤 경우엔 그 주체의 죽음까지 운위하며 시를 그야말로 지리멸렬의 지경으로 빠뜨리기도 한다. 하지만 우리는 풍경 곧 세계를 벗어나 살 수는 없다. 마찬가지로 나 자신의 주체성을 해체해 버리거나 나 자신의 주체성만을 고집하면서 살 수도 없다.

풍경과 주체 간의 교감 곧 너나들이는 우주와 세계의 비의를 캐고 그 속에서 삶의 위의를 세우려고 하는 모든 시인들의 한결같은 꿈이다. 그런데 오늘날 그 풍경이 부서지고 일그러지고 참혹한 파괴를 겪고 있다. 자본과 욕망이 이 풍경을 왜곡시키고 겁탈하기 때문이다. 그렇다면 시인은 왜곡된 풍경을 바로 세우는 일을 해야 한다. 그렇지 않고서야 어찌 싱싱한 풍경과의 교감을 이루겠는가. 그런데 풍경을 바로 세우는 일은 그 풍경을 훼손한 주체를 먼저 바로 세워야 가능한 일 아니겠는가.

소설가 김훈은 모든 풍경은 상처의 풍경일 뿐이라는 논리를 펴며 풍경은 상처를 경유해서만 해석되고 인지된다고 했다. "풍경은 밖에 있고, 상처는 내 속에서 살아간다. 상처를 통해서 풍경으로 건너갈 때, 이 세계는 내 상처 속에서 재편성되어 새롭게 태어나는데, 그때 새로워진 풍경은 상처의 현존을 가열하게 확인시킨다. 그러므로 모든 풍경은 상처의 풍경일 뿐이다."라는 것이다. 이는 결국 주체 중심에 대한 철저한 확인이자 성찰을 말하는 것이지만 주체 과잉의 혐의를 벗을 수 없다

이에 반해 오규원은 그런 싱싱한 풍경에다 인간이 문화, 문명이라는 명목으로 덧칠해 놓은 지배적 관념이나 허구를 벗기고, 세계의 실체인 '두두물물(頭頭物物)'의 말 곧 현상적 존재를 날 것 그대로 옮기자고 말한다. '날 이미지의 시학'인 것이다. 이는 시에 있어서 주체의 관념적 진술을 배제하고 풍경을 묘사하는 데 중점을 두게 한다.

고은은 한 잡지와의 대담에서 시인들이 환경 생태문제를 노래하는 과정에서 풍경의 철학, 풍경의 미학을 꿈꾸는 일 또한 중요시해야 한다고 했다. 우리는 그동안 풍경을 제대로 완성해 본 적이 없었는데 다행히 18세기의 진경산수화 같은 것에서 비로소 우리 자신의 풍경을 찾았다며 풍경의 주체성을 강조했다. 사실 풍경을 보러 다니는 '관광'이란 말도 본래는 사물의 핵심, 본질과 만난다는 뜻인데 요사이는 이동의 오락을 의미하는 것으로 떨어져 버린 것을 또한 개탄했다.

풍경을 대하는 두 방식

대자연은 하나의 사원이니 거기에서
산 기둥들이 때로 혼돈한 말을 새어 보내니,
사람은 친밀한 눈으로 자기를 지켜보는
상징의 숲을 가로질러 그리로 들어간다.

어둠처럼 광명처럼 광활하며
컴컴하고도 깊은 통일 속에
멀리서 혼합되는 긴 메아리들처럼
향과 색과 음향이 서로 응답한다.

어린이 살처럼 싱싱한 향기, 목적(木笛)처럼
아늑한 향기, 목장처럼 초록의 향기가 있고,
그밖에도 썩은 풍성하고 기승한 냄새들,

정신과 육감의 앙양을 노래하는
용연향, 사향, 안식향, 훈향처럼
무한한 것의 확산력 지닌 향기도 있다.

— 샤를 보들레르, 「교감」

이게 누구의 숲인지 나는 알 것도 같다.
하기야 그의 집은 마을에 있지만
눈 덮인 그의 숲을 보느라고
내가 여기 멈춰 서 있는 걸 그는 모를 것이다.

내 조랑말은 농가 하나 안 보이는 곳에
일 년 중 가장 어두운 밤
숲과 얼어붙은 호수 사이에
이렇게 멈춰 서 있는 걸 이상히 여길 것이다.

무슨 착오라도 일으킨 게 아니냐는 듯
말은 목 방울을 흔들어 본다.
방울 소리 외에는 솔솔 부는 바람과
부드럽게 눈 내리는 소리뿐,

숲은 어둡고 깊고 아름답다,
그러나 나는 지켜야 할 약속이 있으며
잠자기 전에 몇십 리를 더 가야 한다.

잠자기 전에 몇십 리를 더 가야 한다.

— 로버트 프로스트, 「눈 내리는 밤 숲가에 멈춰 서서」

보들레르의 시 「교감」은 흔히 「상응」이라고도 하는데, 불문학자 윤영애 등 전문가의 연구에 의하면 천상계(정신, 이데아)와 지상계(물질, 감각)의 상응, 인간과 자연과의 상응, 인간과 천상계의 상응을 통틀어 의미한다고 한다. 먼저 시인은 대자연을 살아 있는 기둥으로 된 사원이라고 한다. 거기에서 말은 나타나 사라지고, 사람은 언제나 친밀한 눈으로 자기를 지켜보는 그 상징의 숲을 가로질러 그리로 들어간다. 속인들에게는 숲이나 숲의 화초목석이 한갓 자연물에 불과하지만 오직 '어떤 심혼(心魂)의 상태 속에 이른' 행복한 순간에 놓여 있는 사람에겐 친밀한 시선으로 그를 지켜보는 상징의 숲이 되는 것이다. 그러기에 이 '사원'은 속인들의 종교 전당으로서의 사원이 아니고, 그 높은 '심혼의 상태'에 도달한 진정한 시인만이 들어갈 수 있는 사원이다.

속인에겐 '어둠처럼' '컴컴하지만' 시인에게는 '광명처럼' '깊은' 통일 속에 긴 메아리처럼 향기와 색깔과 음향이 서로 응답하는 장관을 보라. 정신과 육감의 공존대립인데, 3연 4연에서 썩은 냄새·용연향·사향은 육감을 앙양하고, 싱싱한·아늑한·초록의 향기들과 안식향·훈향은 정신을 앙양하며, 풍성하고 기승한 향기는 양자 어느 쪽에도 해당될 수 있다. 이러한 향기들이 무한한 확산력을 지니고 서로 상응하며 널리 퍼지는 것이다. 시인은 이처럼 보통의 사람들과는 달리 신성한 숲의 사원에 들 수 있는 교감에 매우 능한 사람이다.

프로스트의 시는 시적화자가 조랑말을 타고 일 년 중 가장 어두운 밤에 눈 덮인 숲과 얼어붙은 호수 사이에 멈춰 서 있다. 방울 소리와 바람 소리와 부드럽게 눈 내리는 소리뿐인 "숲은 어둡고 깊고 아름답다". 문학평론가 도정일은 이렇게 어둡고 깊고 아름다운 숲은 이제 이 지상에 더 이상 존재하지 않으며 산성비와 공해로 얼룩진 바람에 이제 더는 "시인은 숲으로 가지 못한다"고 비탄한다. 어쨌건 시적 화자는 그렇게 어둡고 깊고 아름다운 눈 내리는 숲을 경이에 찬 눈길로 바라보지만, 이윽고 지켜야 할 약속 때문에 잠자기 전에 몇십 리를 더 가야 한다고 재차 다짐을 한다. 이는 풍경에 몰입되어 버린 나머지 인간의 의무를 방기할 수 없다는 의미가 아니고 무엇이랴.

대자연과의 교감을 통해 상징의 숲을 가로지르고 여기에 온갖 향기가 넘쳐나는 시의 사원 혹은 높은 심혼의 상태에 든 보들레르나, 어둡고 깊고 아름다운 숲에서의 평온한 잠을 꿈꾸지만 아직 삶의 의무가 남아 있어서 몇십 리를 더 가겠다는 다짐을 하는 프로스트는 각기 개성대로 풍경을 바라본다.

이런 두 시인의 풍경을 대하는 방식은 다음 천양희와 고은의 시에도 고스란히 드러난다.

바람이 먼저 능선을 넘었습니다 능선 아래 계곡 깊고 바위들은 오래 묵묵합니다 속 깊은 저것이 모성일까요 온갖 잡새들, 잡풀들, 피라미 떼들 몰려 있습니다 어린 꽃들 함께 깔깔거리고 버들치들 여울 타고 찰랑댑니다 회화나무 그늘에 잠시 머뭅니다 누구나 머물다 떠나갑니다 사람들은 자꾸 올라가고 물소리는 자꾸 내려갑니다 내려가는 것이 저렇게 태연합니다 무등(無等)한 것이 저것밖에 더 있겠습니까 누가 세울 수 있을까요 저 무량수궁 오늘은 물소리가 더 절창입니다 응달 쪽에서 자란 나무들이 큰 재목 된다고, 우선 한 소절 불러 젖힙니다 자연처럼 자연스런 세상에서 살고 싶습니다 나는 저물기 전에 해탈교를 건너야 합니다 그걸 건넌다고 해탈할까요 바람새 날아가다 길을 바꿉니다 도리천 가는 길 너무 멀고 하늘은 넓으나 공터가 아닙니다 무심코 하늘 한번 올려다봅니다 마음이 또 구름을 잡았다 놓습니다 산이 험한 듯 내가 가파릅니다 치속(雉俗) 고개 다 넘고서야 겨우 추월산에 듭니다

— 천양희,「추월산」

　　천양희의「추월산」은 풍경과 주체의 절절한 화응이 돋보이는 작품이다. 화자보다 먼저 능선을 넘는 바람, 능선 아래의 깊은 계곡과 묵묵한 바위, 거기에 몰려서 깔깔거리고 찰랑대는 잡새들, 잡풀들, 피라미 떼들, 어린 꽃들, 버들치들을 묘사하다간 회화나무 그늘에 잠시 머물면서 '누구나 머물다 떠나가는' 지상의 유숙(留宿)에 대한 사유를 한다. 사람들은 자꾸 올라가는데 무등한 물소리는 자꾸 내려간다며 이야말로 절창이라고 말함으로써 사람의 교만을 비판하고, 응달 쪽에서 자란 나무들이 큰 재목이 된다는 깨달음을 얻는다. 결국엔 자연처럼 자연스런 세상에서 살고 싶다는 마음을 자연스레 진술해 내는 그 유려함이 진정스럽다. 한마디로 자연학교의 모범생만이 쓸 수 있는 시이다.

　　그런데 이 시는 보들레르처럼 자연을 살아 있는 기둥으로 된 신전으로 본 사람만이 쓸 수 있는 시인 까닭에 후반부에 나오는 주체의 '저물고', '너무 멀고', '험하고', '가파른' 심적 상태는 사실 핍진성이 별로 없는 것도 같다.

광혜원 이월마을에서 칠현산 기슭에 이르기 전에
그만 나는 영문 모를 드넓은 자작나무 분지로 접어들었다
누군가가 가라고 내 등을 떠밀었는지 나는 뒤돌아보았다
아무도 없다 다만 눈발에 익숙한 먼 산에 대해서
아무런 상관도 없게 자작나무숲의 벗은 몸들이
이 세상을 정직하게 한다 그렇구나 겨울나무들만이 타락을 모른다

슬픔에는 거짓이 없다 어찌 삶으로 울지 않은 사람이 있겠느냐
오래오래 우리나라 여자야말로 울음이었다 스스로 달래어 온 울음이었다
자작나무는 저희들끼리건만 찾아든 나까지 하나가 된다
누구나 다 여기 오지 못해도 여기에 온 것이나 다름없이
자작나무는 오지 못한 사람 하나하나와도 함께인 양 아름답다

나는 나무와 나뭇가지와 깊은 하늘 속의 우듬지의 떨림을 보며
나 자신에게도 세상에도 우쭐해서 나뭇짐 지게 무겁게 지고 싶었다
아니 이런 추운 곳의 적막으로 태어나는 눈엽이나
삼거리 술집의 삶은 고기처럼 순하고 싶었다
너무나 교조적인 삶이었으므로 미풍에 대해서도 사나웠으므로

얼마만이냐 이런 곳이야말로 우리에게 십여 년 만에 강렬한 곳이다
강렬한 이 경건성! 이것은 나 한 사람에게가 아니라

온 세상을 향해 말하는 것을 내 벅찬 가슴은 벌써 알고 있다
사람들도 자기가 모든 낱낱 중의 하나임을 깨달을 때가 온다
나는 어린 시절에 이미 늙어버렸다 여기 와서 나는 또 태어나야
한다
그래서 이제 나는 자작나무의 천부적인 겨울과 함께
깨물어먹고 싶은 어여쁨에 들떠 남의 어린 외동으로 자라난다

나는 광혜원으로 내려가는 길을 등지고 삭풍의 칠현산 험한 길
로 서슴없이 지향했다

— 고은, 「자작나무 숲으로 가서」

고은의 「자작나무 숲으로 가서」라는 시는 1984년 시집 『조국의 별』에 발표된 시이다. 우선 이 시의 의미구조는 시적화자가 자작나무 숲에 들어와 그 겨울나무들을 통하여 타락하지 않는 것 곧 정직함에 대한 깨달음을 얻고, 자신과 자연 그리고 세상 전체가 일체되는 것을 느낀다. 물론 거짓이 없는 슬픔을 오래 울어 온 우리나라 여자들이야말로 당연히 이 일체 속에 맨 먼저 끼게 된다. 이어서 나무와 나뭇가지와 깊은 하늘 속의 우듬지의 떨림을 보며 지금까지 미풍에 대해서도 사나웠던 너무나 교조적인 삶을 반성하고 삼거리 술집의 삶은 고기처럼 순해지고 싶어 한다. 그와 동시에 마침내 발견한 삶의 강렬한 경건성으로 나뿐만이 아니라 온 세상이 다시 태어났으면 하는 바람과 함께, 험한 길로 지향하는 새로운 출발을 하게 된다는 전개다.

따라서 이 시도 일단 자연과의 교감을 통하여 삶에 대한 깊은 통찰을 얻어 내고 그것을 바탕으로 한 신생과 도약을 말하고 있는 것이

사실이다. 하지만 이 시가 태어나게 된 것은 더 큰 배경이 있다. 고은은 스스로 자신의 스승으로 효봉 선사와 전태일 두 사람을 추호의 망설임도 없이 꼽는다. 1970년 평화시장 노동자 전태일의 분신자살사건은 절에서 환속한 후 그때까지 허무주의적 음주와 황음과 탐미의 삶에 빠진 고은을 거듭나게 하여 민족에 대한 사랑과 민주주의 투쟁에 나서게 한다. 그리하여 각종 시국사건에 관여하는 바람에 여러 차례의 구금, 투옥, 폭행당하는 고초를 겪는다. 하지만 1980년대 중반에 들어서며 전위를 자처하는 그런 교조적인 삶에 대한 자기비판은 당시 문단에 대두된 '리얼리즘 재생의 모색'을 위해서도 필요했고, 동시에 나무의 떨림을 통해 생명의 충만 속에 깃들인 삶의 경건성을 발견하고 마침내 순해지고 싶다는 성찰의 순간을 맞는 것 또한 자기 개인적 삶의 변증법적 통일을 위해서도 필요했던 것이다. 자연과 인생, 혹은 풍경과 주체는 어느 한쪽만으로 치우칠 땐 삶과 세계의 총체성을 놓치기 쉬운 것이다. 결국 이 시는 풍경을 통해 신생을 이야기하고 있지만 역시 삶의 갱신 쪽에 무게가 더 있는 것이다.

  천양희와 고은의 풍경에 대한 주체의 대응은 정현종과 김명인에게서도 계속된다.

    마추피추 산정(山頂) 갔다 오는 길에
    무슨 일인지 기차가 산중에서
    한참 서 있었습니다.
    나는 내렸습니다.
    너덧 살 되었는지
    (저렇게 작은 사람이 있다니!)

잉카의 소녀 하나가

저녁 어스름 속에

꽃다발을 들고 서 있었습니다.

항상 씨앗의 숨소리가 들리는

어스름 속에,

저 견딜 수 없는 박명 속에,

꽃다발을 들고, 붙박인 듯이.

나는 가까이 가서

(어스름의 장막 속에서 그 아이의

오 보일 듯 말 듯한 미소를 보았습니다.

이럴 때 눈은 우주입니다.

그 미소의 보석으로 지구는 빛나고

그 미소의 천진(天眞) 속에 시냇물 흘러갑니다.

그 미소 멀리멀리 퍼져 나갑니다.

어스름의 광도(光度) 속에 퍼져 나갑니다.)

얼마냐고 물었습니다.

나는 2솔을 주고 꽃다발을 받아들었습니다.

허공의 심장이 팽창하고 있었습니다.

— 정현종, 「그 꽃다발」

노래라면 내가 부를 차례라도

너조차 순서를 기다리지 않는다

다리 절며 혼자 부안 격포로 돌 때

갈매기 울음으로 친다면 수수억 톤

파도 소리 긁어 대던 아코디언이

갯벌 위에 떨어져 있다.

파도는 몇 겹쯤 건반에 얹히더라도

지치거나 병들거나 늙는 법이 없어서

소리로 파이는 시간의 헛된 주름만 수시로

저의 생멸(生滅)을 거듭할 뿐.

접혔다 펼쳐지는 한순간이라면 이미

한 생애의 내력일 것이니.

추억과 고집 중 어느 것으로

저 영원을 다 켜댈 수 있겠느냐.

채석에 스몄다 빠져나가는 썰물이

오늘도 석양에 반짝거린다.

고요해지거라. 고요해지거라.

쓰려고 작정하면 어느새 바닥 드러내는

삶과 같아서 뻘밭 위

무수한 겹주름들.

저물더라도 나머지의 음자리까지

천천히, 천천히 파도 소리가 씻어 내리니,

지워진 자취가 비로소 아득해지는

어스름 속으로

누군가 끝없이 아코디언을 펼치고 있다.

― 김명인, 「바다의 아코디언」

정현종의 시는, 시인이 페루 마추피추에 갔다가 내려오는 석양의 박명 속에 꽃다발을 들고 선 조그마한 잉카 소녀 하나를 발견하고, 경이와 환희에 차서 그 꽃다발을 사 주는 동안 소녀의 미소에 완전히 몰입해 버린 과정을 표현하고 있다. 그 미소의 보석으로 지구가 빛나고, 그 미소의 천진 속에 시냇물이 흘러간다니! 풍경의 원래 말은 '풍광(風光)'이었다던가. 빛과 바람 말이다. 만약에 자그마한 잉카 소녀가 '저 견딜 수 없는 박명 속에', 그러니까 석양의 그 희미한 빛 속에 서 있지 않았더라면 어쨌을까.

정현종의 다른 시 「밀려오는 게 무엇이냐」를 보자. "바람을 일으키며/모든 걸 뒤바꾸며/밀려오는 게 무엇이냐./집들은 물렁물렁해지고/티끌은 반짝이며/천지사방 구멍이 숭숭/온갖 것 숨쉬기 좋은/개벽./돌연 한없는 꽃밭/코를 지르는 향기/큰 숨결 한바탕/밀려오는 게 무엇이냐/막힌 것들을 뚫으며/길이란 길은 다 열어 놓으며/무한 변신(變身)을 춤추며/밀려오는 게 무엇이냐/오 시(詩)야 너 아니냐." 이 시는 바람의 이미지와 숨결의 가치를 의미 있게 부각시킨 작품이다. 정현종의 중요한 시론인 「시의 자기동일성」은 풍경과 주체의 황홀한 합일 가운데 터져 나오는 자유의 숨결, 생명의 숨결, 자연의 숨결에 대한 논리를 담고 있다.

그 숨결의 시학으로, 그의 시는 무엇보다 모든 것을 뒤바꾸는 힘이 있다. 집처럼 고정된 건물이나 인간 사회의 잘못된 제도와 고정관념의 경직성을 물렁물렁하게 만든다. 티끌처럼 보잘 것 없는 것이라도 그것을 소중하게 관찰하는 시인의 시선에서는 보석처럼 반짝인다. 무엇보다 천지사방의 숨구멍을 차단하는 모든 장애요소들을 무너뜨리고, 새로운 창조의 개벽이 도래하게 하여 길이란 길은 다 열어 놓는 열림의 체험을 보여 준다. 이 과정에서 바람과 숨결은 하나가 된다. 이 세상에 존재하는 모든 것들, 생명을 지닌 모든 것들을 감싸고, 그것들의 소통과 화해를 방해하는 것들을 물리치거나 넘어서서 우주적인 숨결의 흐름을 열어 놓는 바람과 호흡을 함께 하는 시가 그의 시인 것이다.

정현종의 시가 풍경과 주체의 황홀을 지향한다면 김명인은 풍경을 통해 주체의 상처를 더욱 확연하게 깨닫는 김훈에 가까이 있다. 그에게 풍경은 언제나 인생을 유추하게 하는 배경일 뿐 전경이 되지 못한다. 위의 시에서 바다의 아코디언은 갈매기 울음으로 친다면 수수억 톤을 넘을 파도 소리와 함께 모래밭을 적셨다가 물러나는 파도의 모양, 곧 접혔다 펼쳐지곤 하는 파도의 모양을 은유한 것이다. 바다와 모래가 있는 한 파도는 계속 칠 것이므로 이 아코디언은 지치거나 병들지 않는다. 소리로 파이는 시간의 헛된 주름만 저의 생멸(生滅)을 거듭할 뿐, 그것도 영원토록 그렇게 켜 댈 것이니 말이다. 하지만 그것을 바라보는 인간은 속절없이 늙어 간다. 무언가 쓰려고 하면 어느새 바닥 드러내는 삶은 뻘밭 위의 무수한 겹주름 같은 것 아니겠는가. 그러니 파도의 영원을 바라보는 유한한 시인의 고독은 얼마나 깊겠는가. 풍경을 통해 상처를 더욱 확인해야만 하는 시인은 결국 비극주의자이다.

상처와 시간의 풍경

그 상처가 다음의 송재학이나 기형도에게선 더욱더 심화된다.

격포에 간다는 것은

사소한 나만의 일몰을 가진다는 것!

머리통만 한 물거품과 폭설이

서쪽 바다를 죄다 세로로 앞장세웠다가

가로로 눕히곤 한다

나에 속한 죄를 끄집어내어

바다에 헹구어 본다

아귀가 맞지 않는 날의

오물이 자주 막히는 몸이 싫다

구석 바닥에 쪼그려 울어 보기도 한다

갈라터진 마음마저 염전으로 맡기고픈

격포에선

무엇이든 다 눈동자가 있어

그리 많은 눈이 내리는가 보다

무엇도 용서할 수 없었던 내가

아무에게도 용서받지 못한다는 시선을

받아들였던 격포

아직 날은 어둡지 않은데

벌써 눈뜨는 불빛은 무어냐

거기 옹이처럼 박히자

— 송재학, 「격포」

그리고 나는 우연히 그곳을 지나게 되었다

눈은 퍼부었고 거리는 캄캄했다

움직이지 못하는 건물들은 눈을 뒤집어쓰고
희고 거대한 서류 뭉치로 변해 갔다
무슨 관공서였는데 희미한 불빛이 새어 나왔다
유리창 너머 한 사내가 보였다
그 춥고 큰 방에서 서기(書記)는 혼자 울고 있었다!
눈은 퍼부었고 내 뒤에는 아무도 없었다
침묵을 달아나지 못하게 하느라 나는 거의 고통스러웠다
어떻게 해야 할까, 나는 중지시킬 수 없었다
나는 그가 울음을 그칠 때까지 창밖에서 떠나지 못했다

그리고 나는 우연히 지금 그를 떠올리게 되었다
밤은 깊고 텅 빈 사무실 창밖으로 눈이 퍼붓는다
나는 그 사내를 어리석은 자라고 생각하지 않는다

— 기형도, 「기억할 만한 지나침」

송재학은 격포에 간다. "무엇도 용서할 수 없었던 내가/아무에게도 용서받지 못한다는 시선을" 간직한 채 갔던 언젠가의 격포는 그를 그냥 받아 주었다. 그러기 때문에 사소한 나만의 일몰을 갖고자 격포에 간다는 것은 실은 시인이 죄 닦으러 가는 행위에 다름 아니다. 그래서 나에게 속한 죄를 끄집어내어 바닷물에 헹구어 보기도 하고, 거기 어디 구석 바닥에 쪼그려 울어 보기도 하고, 갈라 터져 그렇지 않아도 쓰라린 마음을 염전에 맡기고 싶기도 한다. 거기에는 눈동자가 많고 눈뜨는 불빛들도 있는데, 아마도 삶의 신산이 펼쳐지는 서해 바닷가의 흐린 물을 생계 삼아 사는 사람들이 모두 눈동자일 수 있다.

어둡지 않은데도 벌써 눈뜨는 불빛은 그런 격포를 좋아하는 시인의 마음이 하나둘 생생한 불빛이 되어 빛나는 것 아니겠는가. 송재학은 어떤 경이로운 풍경을 통해 삶의 구원을 발견하는 것이 아니라 오히려 삶의 신산한 풍경을 통해 마음의 안정을 되찾는 타입이다.

기형도의 「기억할 만한 지나침」은 자연풍경이 아니라 사람이 있는 풍경이다. 눈 퍼붓고 캄캄한 밤, 희미한 불빛이 새어 나오는 관공서의 춥고 큰 방에서 한 서기가 혼자 울고 있는 그 처절한 격절의 고독! 눈은 계속 퍼붓고 아무도 오지 않는데 숨 죽인 채 그를 바라보느라 괴롭지만, 난데없이 뛰어들어 그의 울음을 중지시킬 수도 없고, 또 그 울음 우는 이를 혼자 남겨 두고 떠날 수도 없어 계속 자리에 서 있었던 기억! 그 기억이 오늘 우연히 떠오른다. 그때와 같이 밤은 깊고 텅 빈 사무실 창밖으로 눈이 퍼붓는 지금 그를 떠올린다.

아니 그러고 보니 기억 속의 그는 사실 현재의 화자 자신이 아닌가. 그가 지금 기억 속의 사내처럼 똑같은 조건 속에서 혼자 울고 있는 게 아닌가. 그러니 기억 속의 그 사내를 결코 어리석은 자라고 생각할 수 없는 것이다. 나아가 기억 속의 사내는 현재의 화자이기도 하고 궁극적으로는 우리 모든 인간일 수도 있다. 근원적인 고독을 어찌할 수 없어 홀로 우는 인간 말이다. 결국 기형도는 스스로가 너무 참담한 고독한 풍경이 되어 버리고 만다.

그런데 그런 풍경들은 곧 공간일진대 이런 공간이 시간의식과 만나게 되면 어떨까. 놀랍게도 그 시간을 수긍하며 어떤 한 풍경을 통해 자기의 삶을 완성하려는 시인들이 다음 황동규와 정호승이다.

언젠가 마음 더 챙기지 말고 꺼내 놓을 자리는

방파제 끝이 되리.
앞에 노는 섬도 없고
헤픈 구름장도 없는 곳.
오가는 배 두어 척 제 갈 데로 가고
물 자국만 잠시 눈 깜박이며 출렁이다 지워지는 곳.
동해안 어느 조그만 어항
소금기 질척한 골목을 지나
생선들 함께 모로 누워 잠든 어둑한 어물전들을 지나
바다로 나가다 걸음 멈춘 방파제
환한 그 끝.

— 황동규, 「방파제 끝」

하늘의 그물은 성글지만
아무도 빠져나가지 못합니다
다만 가을밤에 보름달 뜨면
어린 새끼들을 데리고 기러기들만
하나둘 떼 지어 빠져나갑니다

— 정호승, 「하늘의 그물」

황동규의 「방파제 끝」을 언뜻 보면 너무 무미건조한 시 같다. 실제로 그렇다. 모든 수사를 떨어 버린 어떤 무심한 한 풍경을 제시할 뿐이다. 그리고는 "언젠가 마음 더 챙기지 말고 꺼내 놓을 자리"가 그곳이라 한다. 아마도 생이 다하는 날 마음을 꺼내놓을 그곳은 어디인가. 방파제 끝이다. 앞에 노는 섬도 없다는 것은 더 이상 섬으로 상징되는 고독이나 그리움도 없다는 것일까. 헤픈 구름장도 없다는 것은 역시 그토록 헤프게 꿈꾸었던 자유에 대한 갈망 같은 것도 없다는 것 같다. 다만 오가는 배가 아무 일없이 제 갈 데로 가고, 그냥 언제 배 지났느냐 싶게 물 자국만 잠시 눈 깜박이며 출렁이다 지워지는 그곳! 나의 삶도 그처럼 그곳에서 지워졌으면 하는 것이다. 물론 거기에 닿으려면 소금기 질척한 골목 곧 삶의 신산이나 애환도 지나고, 어물전 같은 비리고 비린 삶의 냄새도 다 지나야 한다. 그래야만 바다로 나가다 걸음 멈춘 방파제, "환한 그 끝"에 닿을 수 있는 것이다. 이 무심한 환함! 결코 화려하지도 생생한 것도 없으나 무심하게 환한 그곳을 꿈꾸는 시인이야말로 모든 욕망과 일상을 초탈한 자유자재의 영혼을 가졌으리라.

정호승의 「하늘의 그물」은 소품 같지만 풍경과 인사(人事)가 잘 교직된 풍경의 철학, 풍경의 미학을 완성시킨 하나의 좋은 작품이라고 해도 과언이 아니다. 이 시의 첫 구절은 노자 『도덕경』 73장에 나오는 "천망회회 소이불실(天網恢恢 疎而不失)"이라는 구절에서 왔다. 하늘의 그물은 넓고 넓어, 성글어 보여도 빠져나가지 못한다는 뜻이다. 일반적으로 이 문장은 하늘이 태연히 침묵하는 것 같지만 인간의 잘못은 모두 가려진다는 뜻으로 해석한다. 하늘의 그물은 눈에 보이지 않고 인간이 만들어 낸 법의 그물은 눈에 보인다. 그래서 법의 그물만 피하여 자신의 욕망을 뒤쫓는 사람들이 있지만 그들의 죄는 언젠가는 하늘의 그물에 걸리게 된다. 그런데 그 하늘의 그물을 빠져나가는 존재들이 있다. 가을밤에 보름달 뜨면 날아가는 기러기 떼이다. 그 기러기들은 '어린 새끼들을 데리고' '하나둘 떼 지어' 빠져나간다. 이는 기러기라는 대상이 중요한 것이 아니라 어린 새끼들을 데리고 하나둘 떼 지어 날아가는 그것이 중요한 것이다. 여기에는 어린 새끼를 보살피는 어미 새의 연민 어린 사랑, 하나둘 작게 떼 지어 날아가는 소박하고 평화롭고 단란한 정경이 의미를 지닌다. 그렇게 작고 소박한 단란함을 비춰 주는 데에는 환한 보름달이 제격이다. 어설픈 초승달이나 싸늘한 그믐달은 어울리지 않는다.

풍경의 미학을 이루다

산자락 덮고 잔들
산이겠느냐,
산그늘 지고 산들
산이겠느냐,
산이 산인들 또 어쩌겠느냐,
아침마다 우짖던 산까치도
간 데 없고
저녁마다 문살 긁던 다람쥐도
온 데 없다.
길 끝나 산에 들어섰기로
그들은 또 어디 갔단 말이냐,
어제는 온종일 진눈깨비 뿌리더니
오늘은 하루 종일 내리는 폭설(暴雪)
빈 하늘 빈 가지엔
홍시 하나 떨 뿐인데
어제는 온종일 난(蘭)을 치고

오늘은 하루 종일 물소리를 들었다.

산이 산인들 또

어쩌겠느냐.

　　　　　　　　　　－ 오세영, 「구룡사 시편·겨울노래」

습자지처럼 얇게 쌓인 숫눈 위로

소쿠리장수 할머니가 담양 오일장을 가면

할머니가 걸어간 길만 녹아

읍내 장터까지 긴 묵죽(墨竹)을 친다

아침 해가 나자 질척이는 먹물이

눈 속으로 스며들어 짙은 농담을 이루고

눈 속에 잠들어 있던 댓이파리

발자국들도 무리 지어 얇은 종이 위로 돋아나고

어린 나는 창틀에 베껴 그린 그림 한 장 끼워 놓고

싸륵싸륵 눈 녹는 소리를 듣는다

대나무 허리가 우지끈 부러지지 않을 만큼

꼭 그만큼씩만, 눈이 오는 소리를 듣는다

　　　　　　　　　　－ 손택수, 「묵죽(墨竹)」

오세영의 「구룡사 시편·겨울노래」는 그의 서정시학이 모범적으로 형상을 입은 예가 될 뿐더러 동양적 세계관이 잘 드러난 작품이다. 내용적으론 길 끝나 산에 들어섰어도 끊임없이 외로움에 시달리는 시적 주체와 그러면서도 그것을 뛰어넘어 천연하게 자연 속에 동화되고 싶어 하는 시인의 마음이 잘 드러나 있다. 세상에 널린 각종 구도의 법문보다는 아침저녁으로 외로움을 달래 주던 산까치와 다람쥐의 행방을 궁금해 하고, 진눈깨비와 폭설 등 얄궂은 날씨에 빈 하늘 빈 가지의 홍시같이 마음이 떨려도, 난을 치고 물소리를 들으며 스스로 그러하게 잔잔해지려 한다. 마치 어느 고승의 '산은 산이요 물은 물이로다' 라는 법어처럼 설령 산이 산일지라도 또한 그것에 얽매이지 않겠다는 생각을 잘 피력하고 있는 바, 이는 풍경 속에서의 평상심을 천연덕스럽게 표현하고 있는 것이다.

젊은 시인 손택수의 「묵죽(墨竹)」은 무척 아름다운 작품이다. "습자지처럼 얇게 쌓인 흰 눈"과 같은 표현이나 "할머니가 걸어간 길만 녹아/읍내 장터까지 긴 묵죽(墨竹)을 친다"와 같은 묘사는 모두 어릴 적에 겪은 마음속의 풍경이다. 그런 풍경 속에서 할머니가 읍내 장터까지 긴 묵죽을 쳐 놓은 뒤, 잠시 후에는 "눈 속에 잠들어 있는 댓이파리/발자국들도 무리 지어 얇은 종이 위로 돋아나고" 아침 해가 나자 질척이는 먹물은 눈 속으로 스며들면서 짙은 농담을 그린다. 그림은 눈이 녹으면서 묵죽에서, 한 폭의 수묵화로 조용히 풍경을 바꾸고 있는 것이다. 그러는 동안 어린 '나' 는 싸륵싸륵 눈 소리를 듣거나 "대나무 허리가 우지끈 부러지지 않을 만큼/꼭 그만큼씩만, 눈이 오는 소리를 듣는다." 그렇게 긴 시간 동안 눈앞에서 여러 번 바뀌는 풍경은 어쩌면 손택수에겐 시의 '원초적 풍경' 이 되었을 것이다. 또한 눈 녹는 소리에 매혹되어 긴 시간을 영원 속에 정지시켜 버린 그때, 그에겐 이미 시인으로서의 운명이 점지돼 버렸을지도 모른다.

　이제 오규원을 보자. 서두에 얘기한 대로 오규원은 시업의 후반기에 '날 이미지'에 심취했다. 그는 『가슴이 붉은 딱새』라는 산문집에서 "세계를 읽는 데는 사실을 사실로 읽을 수 있는 시각이 중요하다. 그러나 더 중요한 것은 사실들이 서로 어울려 세계를 말하고 있다는 것을 아는 것이다. 그것을 느낄 때, 우리는 어떤 현상에서 눈에 보이는 사실보다 더 무겁고 충격적인 심리적 총량으로서의 사실감을 자기의 것으로 받아들이게 된다. 그러나 이렇게 세계를 읽을 수 있는 사람이 얼마나 되는가!"라고 한 적이 있다. 앞에서 얘기했다시피 우리는 지금까지 시적 대상으로 삼은 모든 사물에 관념의 더께를 덧씌워 왔다. 모든 사물은 인간의 관념의 종속물에 불과했던 것이다. 오규원은 그런 관념의 더께를 거두어 내고 사실을 사실로 읽을 수 있는, 사물과의 행복한 조응을 기도하는 '날 이미지'를 표현하자고 한다. 나아가 그런 사실들이 인간의 생각과 무관하게 서로 어울려 실제로는 이미 "세계를 말하고 있다"는 것을 알아야 한다는 것이다. 그것들은 관념으로 살거나 종속적으로 존재하지 않으며, 세계도 전체와 부분 또는 상하의 수직구조로 되어 있다기보다 개체와 집합 또는 상호 수평적 연관 관계의 구조라고 말해야 한다는 것이다.

　그런데 날 이미지의 최후의, 아니 새로운 최초의 목표는 "어떤 현상에서 보이는 사실보다도 나아가 더 무겁고 심리적인 총량으로서의 사실감을 느끼는 것"이다. 세계에 대한 처음의 앎을 말하고 세계가 건네는 말을 심리적 총량의 무게로 듣는 사실감의 시학은 곧 날 이미지의 시학이다. 그러면 관념적 진술이 배제되고 이미지의 묘사로만 일관한 시 두 편을 보자.

딱새 한 마리가 잡목림의
산뽕나무 가지에 앉아 허공에서
무엇인가 찾고 있다 딱새의 그림자도
산뽕나무에서 내려오지 않고
가지에 그냥 붙어 있다
박새 한 마리도 산뽕나무 뒤편
붉나무 가지를 두 발로 잡고 있다
그러나 산뽕나무 저편 팥배나무에서
문득 날아오른 새 한 마리는
남쪽의 푸른 하늘에 몸을 숨기더니
다시 나타나지 않는다
새가 몸을 숨긴 그 하늘 아래는
집을 짓고 사람들이 산다

— 오규원, 「새와 집」

찬 여울목을 은빛 피라미 떼 새끼들이 분주히 거슬러 오르고 있다.
자세히 보니 등에 아픈 반점들이
찍혀 있다.

겨울처럼 짙푸른 오후.

— 이시영, 「생(生)」

딱새가 있고 박새가 있고, 이름 모를 새가 있다. 숲과 나무와 하늘은 이들의 나라이다. 그 나라와 거기에 속한 존재자들은 모두 날것으로 싱싱하고 천연덕스럽게 존재한다. 그들은 그곳에 그냥 '붙어 있다' '잡고 있다'에서 보듯 그냥 '있다'. 그런 나라 아래 사람들이 집을 짓고 살아간다. 그런 나라에서 보면 사람들과 그들의 집도 하나의 고요한 풍경처럼 그냥 있을 뿐이리라. 오규원 시인은 이처럼 의미의 세계를 넘어가기 위해 언어로 풍경화를 그리는 데 몰두하고 있다.

이시영의 「생(生)」은 싱그럽고 치열한 시이다. 여울목은 물살이 세다. 그것을 거슬러 오르기 위해서 은피라미 떼들은 발딱발딱 배를 뒤집으며 은백의 유탄처럼 차 오를 때도 있다. 특히 산란을 하려는 6~8월에 그러는데 그렇게 싱싱하고 치열하게 튀어 오르려니 등에 아픈 반점이 찍힐 수밖에 없다. 그것도 겨울처럼 짙푸른 이 냉엄한 혹은 맑고 투명한 세상에서 말이다. 어디 은피라미 떼뿐이겠는가. 사람의 삶이 그렇지 않는가. 이시영의 짧은 시들은 풍경을 순간적으로 직관해 내고 거기에 주체의 철학을 예리하게 투사한다.

풍경과의 교감은 주체의 상처를 더욱 확인할 수도 있고 또 그것을 치유하여 신생으로 나아갈 수 있게도 한다. 그러기 위해선 풍경과 주체 간의 교감으로 양자 간의 경계를 지우며 자아와 세계의 동일성을 추구해야 한다. 이것이 서정시의 원리이다.

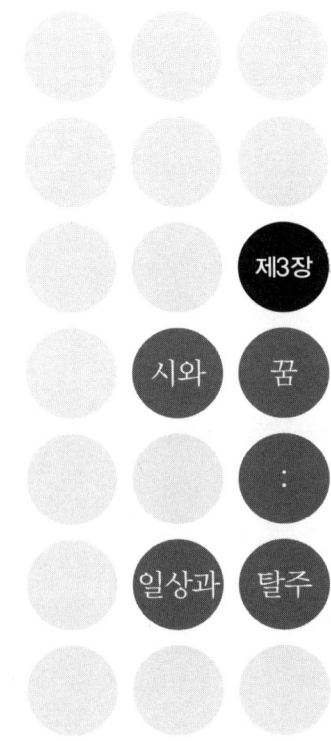

제3장 시와 꿈 : 일상과 탈주

사람은 누구나 일상을 살아간다. 매일매일 일하고 사랑하고 잠자며 살아가는 일의 반복이 일상이다. 그날이 그날 같은, 그 끝없는 반복 때문에 일상은 진부하고 상투적이다. 가끔은 너무 권태롭고 따분하다. 누구는 이상이 무릎 꿇은 것이 일상이라고도 하니 때론 삶의 무의미까지 느낄 정도이다.

그래서 되도록 일상의 구태와 타성에 젖지 않도록 애써 보아도 우리의 의식과 행동은 어느새 자동화된 습관을 따른다. 습관의 힘은 무섭다. 매일매일 하루도 어김없이 습관 따라 움직이는 삶의 타율성 앞에서 우리는 문득 경악하기도 한다.

그 때문에 '악성의 하품' 같은 일상에서의 탈주를 꿈꾸는 사람이 어디 너와 나뿐이랴. 먼 곳으로 여행을 떠나거나, 애인과 몰래 도망을 치거나, 아니면 지금껏 하던 일을 집어치우고 도대체 가망 없는 일에 도전을 하거나, 내면의 심연으로 침잠하여 어떤 깨달음을 구하기도 한다. 혹자는 이를 감행하여 새로운 인생을 살기도 한다.

2010년에 상영된 〈먹고 기도하고 사랑하라(Eat Pray Love)〉는 영화의 주인공이 그 예이다. 이 영화는 미국의 작가 엘리자베스 길버트의 실화를 바탕으로 한 에세이 「먹고 기도하고 사랑하라」를 바탕으로 만들어진 영화로 라이언 머피가 연출하고 줄리아 로버츠가 출연한다. 안정적인 직장, 번듯한 남편, 맨해튼의 아파트까지 모든 것이 완벽해 보이지만 언젠가부터 이게 정말 자신이 원했던 삶인지 의문이 생긴 서른한 살의 저널리스트 리즈는 결국 진짜 자신을 되찾고 싶었다. 그녀는 용기를 내어 정해진 인생에서 과감하게 벗어나 보기로 결심하고 일, 가족, 사랑 모든 것을 뒤로 한 채 무작정 일 년간의 긴 여행을 떠난다. 그녀는 이탈리아에서 신나게 먹고, 인도에서 뜨겁게 기도하고, 발리에서 자유롭게 사랑하는 동안 진정한 행복을 느끼고 있는 자신을 발견하게 된다.

하지만 장삼이사 필부필부들은 꿈은 이루어질 수 없기에 존재하는 것이라고 자위를 하며 다시 다람쥐 쳇바퀴 돌리듯 일상을 돌린다. 어쩌다 일생일대의 용기를 내서 일상에서의 탈주에 나섰다간 가정파탄과 인생낙오까지 각오해야만 한다.

그런데 놀랍게도 질 들뢰즈라는 철학자는 우리가 이렇게 일상 속에서 습관적으로 지각하고 자동적, 수동적으로 살아가는 것을 지복(至福)이라고 한다. 일상의 매 순간 나타나는 사물이나 상황을 그때마다 새롭게 지각하는 것은 엄청난 에너지를 요구하는 일로, 순조로운 일상을 순간순간마다 단절시켜 삶을 불가능하게 하기 때문이라는 것이다.

하기야 어떤 사람이 날마다 성성한 각성을 통해서 삶의 진정한 의미를 추구한답시고, 아침식사는 성인병 예방 차원에서 현미밥과 채소를 먹고, 출근은 30도가 넘는 날씨에도 다리 건강을 위해서 차를 버리고 걸어서 하고, 기름 한 방울 나지 않는 나라이니 사무실에선 에어컨이나 히터를 켜지 않고, 상사가 시키는 일은 효율성만 강조한 것이니 일의 본래성을 찾기 위해 투쟁하고, 저녁이면 칼퇴근 해서 시시껄렁한 출생의 비밀 혹은 삼각관계에나 몰두하는 연속극 같은 것은 아예 켜지를 않는 대신, 서재에 들어가 『자본론』이나 『금강경』 몇 줄이라도 읽는다. 자식들은 시험공부보다는 시집이나 생태학 도서를 읽히고, 아내에겐 어디를 가든 에코백을 들게 한다면 또 어떻겠는가. 아니 이런 일도 반복되면 안 되니까 다음 날엔 다른 방식으로 생활을 바꿔야겠지! 그러다 보면 도대체 삶이 가능하기나 하겠는가.

그러니 일상의 자동화된 습관이 지복이라고 할 만도 하다. 그렇다면 일상을 통과하지 않고는 아무도 신이나 구원에 이르지 못한다거나 평상심이 도라는 선가의 말을 세속적으로 되뇐다고 해서 크게 잘못된 것은 아니며, 결국 일상은 이상과 끝까지 배치되기만 하는 것인가에 대해 질문도 해 볼 만하다. 물론 그렇다고 해서 일탈에의 욕망이 단 한 점이라도 줄어들 일은 아니지만 말이다.

먼저 흔히 사람들이 생각하는 일상인의 모습을 다음 두 편의 시를 통해 찬찬히 살펴보자.

> 자주 뱃사람들은 장난삼아
> 거대한 알바트로스를 붙잡는다.
> 바다 위를 지치는 배를 시름없이
> 항해의 동행자인 양 뒤쫓는 해조를.
>
> 바닥 위에 내려놓자, 이 창공의 왕자는

어색하고 창피스런 몸짓으로

커다란 흰 날개를 놋대처럼

가소 가련하게도 질질 끄는구나.

이 날개 달린 항해자의 그 어색하고 나약함이여!

한때 그리 멋지던 그가 얼마나 가소롭고 추악한가!

어떤 이는 담뱃대로 부리를 들볶고,

어떤 이는 절뚝절뚝, 날던 불구자 흉내 낸다!

시인도 폭풍 속을 드나들고 사수를 비웃던

이 구름 위의 왕자 같아라.

야유의 소용돌이 속에 지상에 유배되니

그 거인의 날개가 걷기조차 방해하네.

        - 샤를 보들레르, 「알바트로스」

우리 동네엔 빵집이 다섯 개 있다

빠리바게뜨, 엠마

김창근 베이커리, 신라당, 뚜레주르

빠리바게뜨에서는 쿠폰을 주고

엠마는 간판이 크고

김창근 베이커리는 유통기한

다 된 빵을 덤으로 준다

신라당은 오래돼서

뚜레주르는 친절이 지나쳐서

그래서

나는 빠리바게트에 가고

나도 모르게 엠마에도 간다

미장원 냄새가 싫어서 빠르게 지나치면

김창근 베이커리가 나온다

내가 어렸을 땐

학교에서 급식으로 옥수수빵을 주었는데

하면서 신라당을 가고

무심코 뚜레주르도 가게 된다

밥 먹기 싫어서 빵을 사고

애들한테도

간단하게 빵 먹어라 한다

우리 동네엔 교회가 여섯이다

형님은 고3딸 때문에 새벽교회를 다니고

윤희 엄마는 병들어 복음교회를 가고

은영이는 성가대 지휘라서 주말엔 없다

넌 뭘 믿고 교회 안 가냐고

겸손하라고

목사님 말씀을 들어보라며

내 귀에 테이프를 꽂아 놓는다

우리 동네엔 빵집이 다섯
교회가 여섯 미장원이 일곱이다
사람들은 뛰듯이 걷고
누구나 다 파마를 염색을 하고
상가 입구에선 영생의 전도지를 돌린다
줄줄이 고깃집이 있고
김밥집이 있고
두 집 걸러 빵 냄새가 나서
안 살 수가 없다

그렇다
살 수밖에 없다

— 최정례, 「빵집이 다섯 개 있는 동네」

보들레르는 『악의 꽃』이란 시집으로 세계 제일의 왕좌를 누린 시인이다. 누군 그를 '저주받은 시인' 혹은 '지상의 낯선 자'라고 명명했는데, 실제 그는 지상에서의 삶이 고통과 빚더미와 병고의 연속이었다. 하지만 세계문학사에서 현대시의 원조로 불리는 그에게 이의를 달 사람은 별로 없다.

그가 의붓아버지의 법과대학 공부에의 기대를 저버리고 문학과 반항과 한량 생활로 터무니없는 빚을 지고 궁지에 몰리자 가족들은 회의 끝에 그를 캘커타로 가는 배에 강제로 태워 먼 항해를 보낸다. 의붓아버지의 생각은 항해를 통해 그의 의지박약과 탐닉적인 성격을

교정하고자 한 것이었으나, 그는 항해 중에도 일부러 갖은 혐오감을 자초하여 뱃사람들로부터 따돌림을 당한다. 그런데 어느 날 수평선 이외는 아무것도 보이지 않는 망망대해 위에서 한 군인이 소총으로 돛대 주위를 떠돌던 알바트로스를 잡았다. 날개를 펴면 3m나 되는 이 바닷새는 신천옹(信天翁)이라고도 불리는데 그 큰 체구 때문에 육지와 육지 가까운 항구에선 흔히 볼 수 있는 새가 아니다. 거구와 큰 날개를 한껏 펴고 비상하자면 한없이 펼쳐진 공간이 필요하기 때문에 알바트로스는 배의 널찍한 갑판 위에 종종 내려앉아 쉬고 또다시 날아오르는데, 일단 날개를 펴고 넓은 하늘을 비상할 때면 그 웅대한 모습이 가히 '새 중의 새' 요 '하늘의 왕' 이라 불릴 만하였다고 한다.

선원들은 날개에 총알이 박혀 부상을 입고 붙잡힌 이 새를 뱃전에 묶어 놓아 새는 며칠 동안 포로 신세가 되었다. 선원들은 이 포로를 온갖 방법으로 괴롭혔다. 긴 날개를 질질 끌며 허우적거리는 꼴을 보며 즐기기 위해 꼬챙이로 찔러 보기도 하고 그 불구를 흉내 내기도 하며 괴로워하는 모습에 배를 잡고 웃어댔다. 체격이 건장한 선원이 알바트로스에 다가가 달궈진 파이프로 눈을 지져 눈을 멀게 하는 순간 보들레르는 "이 잔인한 인간에게 달려들었다. 선장이 달려와 둘을 떼어 놓을 때까지 발길질과 주먹질을 그치지 않았다."(윤영애, 『지상의 낯선 자』) 동승하고 있던 한 승객이 훗날 전한 이야기이다.

어쨌든 이 사건의 기억으로 보들레르는 「알바트로스」를 쓰게 됐는데, 선원들에게 붙들려 온갖 수난을 겪는 날개 꺾인 알바트로스는 결국 훗날 대중들에게 박해받고 신음하는 시인 자신의 알레고리가 된다. "폭풍 속을 넘나들며 사수의 화살 따위는 우습게 알던" "창공의 왕자", 그러나 이제 천박한 뱃사람들 사이에 유배당한 신세가 되니 거대한 날개는 되레 거추장스럽기만 하다. 이 신음하는 알바트로스가 바로 이해 받지 못하고 괴로워하는 고뇌에 찬 시인의 모습인 것이다.

그런데 이 날개 꺾인 알바트로스와 오늘날의 일상인과의 관계는 무엇인가. 날개 꺾인 알바트로스는 단지 현대의 시인에 대한 상징일 뿐인가. 아니다. 날개 꺾인 알바트로스는 시인만이 아니라 오늘날 고된 삶에 사로잡혀 온갖 수모와 고통을 당하면서도 살아갈 수밖에 없는 슬프디 슬픈 일상인의 상징이기도 하다.

가령 아직도 이 땅의 약자라 할 수 있는 여성들을 예로 들어 보자. 아직까지도 많은 여성들은 세상에 태어나 꽃다운 청춘을 다 보내며 폭군 같은 남편의 갖은 시중이나 들고 있다. 자신의 꿈과 미래를 죄다 저당 잡혀서는 자식들의 뒷바라지를 위해 별의별 일을 다 한다. 직장 여성들은 남자들과 똑같이 어려운 대학을 나오고 입사하여 그 직장의 물심부름, 차심부름이나 맡아 하는 역할에 머무는 경우도 흔하다. 운전 중에 1차선을 정규속도로 달리는 데도 운전자가 여자이면 손가락질하고, 또 대낮에 차창 밖으로 여성 운전자가 보이면 남편들이 죽겠다고 벌어다 준 돈 쓰려고 차 끌고 다닌다며 욕지거리해 댄다. 그렇게 여성들은 무시당하고, 성희롱 당하고, 술 한 잔에 소리 죽여 울고, 드디어 늙어 간다. 그리고는 이제 자식들의 외면과 병고에나 시달린다. 우울증, 자포자기, 죽음에의 동경 등으로 운명론에 빠지게 된다.

최정례의 「빵집이 다섯 개 있는 동네」를 보면 이런저런 생각을 할 것도 없이 화부터 끓어오른다. 정말 우리가 시에서처럼 빵집 수, 교회 수, 미장원 수나 세면서 살아가고 있는 것은 아닌가. 이 빵집은 어떻고 저 빵집은 어떻고 하면서 하릴없는 나날이나 꾸리고 있는 것은 아닌가. 모두들 자기 입맛대로 이 교회를 가자, 저 교회를 가자하면 이 교회는 고3예수, 저 교회엔 질병예수, 은영이 교회는 성가대예수, 불신자 교회는 테이프예수일 것 아닌가. 한마디로 자기의 정체성도 잃어버리고, 그토록 찬란했던 꿈에서도 차단당한 채 하루하루를 먹고 일하고 자는 일의 반복에나 힘쓰고, 세상 잡사에나 일희일비하고, 재산과 권력은 없으니 기껏해야 섹스에나 두 눈에 불을 밝히고 사는 것이 일상인의 모습만 같아 암담하다.

   1970~1980년대의 거대담론이 사라진 후 1990년대 전반에 걸쳐 일상성에 천착한 시나 소설들이 전경린의「염소 모는 여자」등을 필두로 무척 출현하였다. 이는 일상성의 회복이란 긍정적 화두를 달았음에도 위 시들에서 본 대로 지금까지의 우리의 일상이 너무도 권태와 환멸로 훼손되어 있었다는 반증이라고 보아도 되겠다. 어쨌든 자본주의가 전지구화 한 세상 속의 인간으로서 그 자본에 왜곡된 일상을 살아갈 수밖에 없지만, 그게 '알바트로스'적 삶이나 '빵집이 다섯 개 있는 동네' 속의 삶이라면 하루하루의 삶이 결코 싱그러울 리는 없을 것이다. 사실 이런 지경의 허상의 삶을 살면서도 자본이 가져다 주는 상품과 쾌락에 취해 그 허위성을 깨고자 하는 노력을 애써 거부하고 있는 우리 아닌가. 그리고는 막상 늙음과 병고와 죽음을 맞닥뜨려선 통한의 눈물이나 흘리고 마는 소시민이 우리 아닌가.

일상과 소시민

   소시민이 직접적으로 일상인인 것은 아니지만 많은 일상인들이 때론 왜소하고 비루한 소시민성을 드러내기 마련이다. 그런 소시민의 삶과 의식을 통렬하게 표현한 시 한 편을 보자.

왜 나는 조그마한 일에만 분개하는가
저 왕궁(王宮) 대신에 왕궁(王宮)의 음탕 대신에
오십(五十) 원짜리 갈비가 기름덩어리만 나왔다고 분개하고
옹졸하게 분개하고 설렁탕집 돼지 같은 주인년한테 욕을 하고
옹졸하게 욕을 하고

한번 정정당당하게
붙잡혀 간 소설가를 위해서
언론의 자유를 요구하고 월남(越南)파병에 반대하는
자유를 이행하지 못하고
이십(二十) 원을 받으러 세 번씩 네 번씩
찾아오는 야경꾼들만 증오하고 있는가

옹졸한 나의 전통은 유구하고 이제 내 앞에 정서(情緖)로
가로놓여 있다
이를테면 이런 일이 있었다
부산에 포로수용소의 제14야전병원(第十四野戰病院)에 있을 때
정보원이 너어스들과 스폰지를 만들고 거즈를
개키고 있는 나를 보고 포로경찰이 되지 않는다고
남자가 뭐 이런 일을 하고 있느냐고 놀린 일이 있었다
너어스들 옆에서

지금도 내가 반항하고 있는 것은 이 스폰지 만들기와
거즈 접고 있는 일과 조금도 다름없다
개의 울음소리를 듣고 그 비명에 지고
머리에 피도 안 마른 애놈의 투정에 진다
떨어지는 은행나무 잎도 내가 밟고 가는 가시밭

아무래도 나는 비켜서 있다 절정(絕頂) 위에는 서 있지
않고 암만 해도 조금쯤 옆으로 비켜서 있다
그리고 조금쯤 옆에 서 있는 것이 조금쯤
비겁한 것이라고 알고 있다!
그러니까 이렇게 옹졸하게 반항한다

이발쟁이에게
땅주인에게는 못하고 이발쟁이에게
구청직원에게는 못하고 동회직원에게도 못하고
야경꾼에게 이십(二十) 원 때문에 십(十) 원 때문에 일(一) 때
문에
우습지 않으냐 일(一) 원 때문에

모래야 나는 얼마큼 적으냐
바람아 먼지야 풀아 나는 얼마큼 적으냐
정말 얼마큼 적으냐…

– 김수영, 「어느 날 고궁을 나오면서」

테드 휴즈가 『시작법』에서 피력한 바이지만, 시인들은 흔히 시 쓰기에 있어서의 어떤 허위성을 갖고 있다. 그 결과로 시의 전체 구조 속에 퍼지는 부패성이 시를 속악한 지경으로 떨어뜨리는데, 그 허위성이란 다름 아닌 "모든 사람들이 획득하려고 애쓰는 이상한 언어 따위의 추상개념 속에 양식의 이상형(理想型)이 있다"는 생각에서 나온다. 시 편편이 순전히 시인의 경험과 사유에 의한 창조물일진대, 그런 시에 어떤 양식의 이상형이 존재한다면 이제 시는 거기에 숫자만 대입해 버리면 되는 수학 공식과 같은 것이 되고 말 것 아닌가. 김수영의 「어느 날 고궁을 나오면서」라는 시를 보면 그런 허위성이 얼마나 터무니없는 것인가를 알 수 있다.

화자인 '나'는 어느 날 예전에 왕궁이었던 고궁을 나서고 있다. 이른 바 '아방궁'이라 불리었던 고궁을 나오며, 그 왕궁의 음탕함 대신 늘 '조그만 일'에만 분개했던 것에 대해 그만 자책에 빠지고 만다. 오십 원짜리 갈비가 기름덩이만 나왔다고 분개하고, 설렁탕집 돼지 같은 주인년한테나 욕을 하고, 이십 원을 받으러 세 번씩 네 번씩 찾아오는 야경꾼들만 증오하고, 땅주인에게는 못하고 이발쟁이에게만 반항했던 자신에 대해서이다. 그런 자신이 모래나 먼지 알갱이만큼이나 작게 여겨지니 참으로 안쓰러운 일이다.

그도 그럴 것이 한번 정정당당하게 붙잡혀 간 소설가를 위해서 언론 자유를 요구한다거나, 미국의 용병으로 차출되는 우리 젊은이들의 월남파병에 반대한다거나, 터무니없이 땅값이나 집값을 올려 대는 땅주인, 그리고 야경꾼보다 더 힘센 동회직원, 구청직원, 시청직원 나아가 궁극적으로 타파되어야 할 저 왕궁의 권력에는 대항하지 못한 채 옹졸하고 비겁하고 우스운 행태만 벌이는 '나' 자신이기 때문이다. 진정으로 분노해야 할 대상에 분노하지 못하는 자신은 그러므로 현실의 절정 위에 서 있지 못하고 아무래도 조금씩 옆으로 비켜서 있는 비겁한 삶일 수밖에 없는 것이다. 마치 오늘날 우리 모두가 발끝에 걸리는 '개새끼'나 차 대는 것처럼.

하기야 이 옹졸한 태도는 6·25 때 부산 포로수용소의 제14야전병원에 있을 때부터 포로경찰이 되지 못하고 간호사들과 거즈나 개켰던 전통을 가지고 있으니, 그것은 개의 비명 소리에 지고, 머리에 피도 안 마른 아이의 투정에 지고, 떨어지는 은행잎마저 가시밭으로 여길 정도로 면면이 이어져 왔다. 이런 유약한 '소시민'으로서의 '나'의 삶, 그것이 어찌 괴롭지 않겠는가. 그래서 끝내 "모래야 나는 얼마큼 적으냐/바람아 먼지야 풀아 나는 얼마큼 적으냐" 정말 얼마큼 적으냐고 탄식하고 탄식하는 것이다.

문면에 뻔히 드러난 시의 맥락을 살펴보는 데 급급했는데, 이는 이유가 있다. 왜냐하면 바로 그 뻔한 시의 맥락이 소시민적 사유를 담고 있기 때문이다. 한번 정정당당하지도 못하고, 주어진 자유도 제대로 이행하지 못한 채, 불평과 불만이 가득 찬 목소리로 그처럼 옹졸하게 반항을 하는 소시민의 소시민성! 아마도 시인은 이런 대다수 소시민들의 목소리를 담기 위해, 시에다 욕설과 비어를 동원하고, 긴장과 절제 대신 있는 힘껏 불만을 토로하는 형식을 취했으며, 궁극적으로 자학과 자기모멸까지 감행하여 소위 "참새가 죽어도 '짹' 소리는 하고 죽는다"라는 우리 속담의 구체적 실현을 보인다. 다시 말하면 서두에서 말한 어떤 시 양식의 이상형이 아니라 소시민의 형식을 소시민의 목소리로 가장 진솔하게 표현하자고 한 것이 바로 이 시인 것이다. 이게 일상 속에 처한 우리 소시민의 모습이다.

그런데 그런 일상을 탈주하고자 하는 시의 노력들이 있다.

상승과 추락의 변주

영화(映畵)가 시작하기 전에 우리는

일제히 일어나 애국가를 경청한다

삼천리 화려 강산의

을숙도에서 일정한 군(群)을 이루며

갈대 숲을 이륙하는 흰 새 떼들이

자기들끼리 끼룩거리면서

자기들끼리 낄낄대면서

일렬 이렬 삼렬 횡대로 자기들의 세상을

이 세상에서 떼어 메고

이 세상 밖 어디론가 사라진다

우리도 우리들끼리

낄낄대면서

깔죽대면서

우리의 대열을 이루며

한 세상 떼어 메고

이 세상 밖 어디론가 날아갔으면

하는데 대한 사람 대한으로

길이 보전하세로

각각 자기 자리에 앉는다

주저앉는다

                – 황지우, 「새들도 세상을 뜨는구나」

그것은 다라에 붙어 있었다.
그것이 자랄수록 다리는 하늘로 떠올랐다.
인생이란 때로 붉은 다라에서 바라본
물빛 세로줄무늬가 연속된 비닐 천막의
천장인지 모른다, 포장마차 속
아이는 다라에 눕혀져 키워졌다.
흰 실로 몸을 친친 감은 누에고치처럼.
뜨내기 손님들이 남긴 생의 얼룩이
카바이트 불빛 아래 고여 가는 우기(雨期)의 밤,
포장을 때리는 쉼 없는 빗소리에
아이는 한 겹씩 고치를 벗고 있다.
나비로 탈바꿈할 때까지, 비가 내린다.

우동을 파는 어미의 고단함 잠에 떠밀려
새벽을 견디는 시방의 포장마차 속
아무도 눈여겨본 적 없는 한 척의 배가,
조심스레 아이를 품고 물거품 이는
해변의 풍요로운 기슭으로 간다.
세로줄무늬의 천장 위로
비가, 그치고 있다.
파리 떼가 푸른 등을 반짝이며

점점이 박혀 있다.

— 박형준, 「방주 – 2에게」

우리가 익히 아는 두 편의 시이다. 황지우의 시는 사회정치학적 상상력을 담고 있고, 박형준의 시는 일상적 미시담론을 담고 있는 시이다.

모든 지식 체계는 지배계급의 권력유지의 기제로 이용된다는 게 미셀 푸코의 비판이론이었다. 그럼에도 그러한 지식과 이성을 되레 잘못된 시대와 권력에 대한 신랄한 풍자와 야유, 조롱으로 사용한 것은 누구보다도 우뚝하니 황지우다. 인위적 기법과 낯선 시 형식을 통한 그의 현실 드러내기는 참으로 도저하기까지 하다. 신문의 일기예보나 해외토픽, 비명(碑銘), 전보, 연보(年譜), 광고문안, 공소장, 예비군 통지서, 심지어 공중변소의 낙서까지 각종 클리셰를 시에 전위적으로 사용한 것은 한마디로 일그러진 현실을 일그러진 형식으로 드러내고자 하는 그의 지적능력의 소산이다.

「새들도 세상을 뜨는구나」라는 시는 일견 단정한 것 같지만 황지우의 시관(詩觀)과 특장이 너무도 잘 나타난 작품이다. 우선 1970~1980년대 독재자들이 애국을 강요하고 자기의 치적을 자랑하기 위해 극장에서 영화를 시작하기 전에 늘 틀게 하던 '애국가'와 '대한늬우스'가 시가 될 수 있다는 것을 '발견의 눈'으로 포착한 점, 애국가가 연주되는 동안 화면의 을숙도에서 떼 지어 날아오르는 흰 새들을 독재의 군홧발에 짓눌린 사람들의 자유에 대한 꿈으로 비유하는 '유추적 상상력'을 구사한 점, 그러나 그 꿈이 화면에 나타난 허상에 불과한 것이라서 애국가가 끝나는 것과 함께 그 꿈도 털썩 자리에 주저앉을 수밖에 없는 현실을 풍선처럼 부풀었다가 바람이 빠지는 듯한 '전복의 힘'을 통해 극대화시키고 있는 점 등이 그렇다.

한마디로 탈주에의 욕망이 상승과 추락의 공식을 거친다. 박형준의 시도 마찬가지다. 포장마차를 하는 어미 때문에 그 속의 다라에 눕혀져 자랄 수밖에 없는 아이의 운명은 비관적이다. 아마도 그 어미는 아이를 돌봐 줄 사람이 없으니 홀로 된 사람일 테고, 또 장마기의 우울한 날씨가 배경이 되었으나 눈보라가 친다 해도 아이는 역시 그 포장마차 속에서 한 발짝도 벗어나지 못할 것이다. 그 안쓰러운 모습을 바라보는 시인의 마음이 어찌 편하랴. 결국 시인은 상상의 나래를 펼친다. 포대기에 쌓인 누에고치 같은 아이가 빗소리에 나비로 탈바꿈하고, 그 아이가 담긴 다라가 한 척의 배가 되어 해변의 풍요로운 기슭으로 나아가는 꿈, 그 상승의 꿈이 화려한 환상으로 제시된다. 빗소리에 맞추어 되레 우기의 세상이 나비가 날고 풍요가 있는 새로운 나라로 환치되어 상승하는 환상이 얼마나 눈부시고 찬란한가. 하지만 음악이 되었던 빗소리가 그치자 순간 그 환상은 여지없이 박살나고, 그토록 욕망했던 상승에의 꿈은 결국 아이 얼굴에 푸른 파리가 떼로 박혀 있는 현실을 보여 주며 추락해 버린다.

어쩌면 시인은 자본주의의 생리를 너무도 잘 알고 있다. 사실 홀로된 그 어미가 포장마차를 해서 많은 돈을 벌어들여 아이를 일류대학에 보내고 외국유학까지 시켜 크게 성공시키리라는 기대는 갖지 않는 게 좋을 것이라는 사실은 오늘날 자본주의 생리의 기본만 알아도 될 것이다. 이미 빈익빈 부익부의 계급구조가 공고화한 이 땅에서 그런 어미의 아이가 어찌 새로운 나라에 도착할 수 있으리라고 믿겠는가. 그럼에도 시인은 상승에의 꿈을 꾸었다. 왜 그랬을까.

그리스 신화를 보면 이카로스란 인물이 나온다. 밀초로 붙인 깃털 날개로 바다 위를 날다가 밀초가 녹는 바람에 깃털들이 흩어져서 바다로 추락해 버린 인물이다. 그 날개에 붙인 밀초가 왜 녹았는가. 하늘을 너무 높이 나는 바람에 뜨거운 태양에 날개가 닿을 지경이 되어 그런 것이다. 이카로스는 밀초로 날개를 붙인 것을 알면서도 왜 태양 가까이 날았을까. 솜씨 좋은 장인(匠人)인 아버지 다이달로스가 절대로 높이 날지 말라고 당부했는데도 불구하고 그것을 어긴 이유는 무엇일까. 감옥을 빠져나와 높이 하늘을 날다 보니까 그만 오만해져서일까. 아니면 신은 인간의 이상(理想)이 태양보다 높아지는 것을 원하지 않는다는 것을 증명하기 위해서였을까.

이카로스는 예술가, 그중에서도 시인이어서 그랬을 것이라는 생각이다. 시인이어서 '규범' 이상으로 상승하려고 했다. 예술은 언제나 규범을 벗어나는 것, 그러므로 장인의 솜씨를 능가하는 것이다. 그런데 여기서 규범으로부터 벗어난다는 것은 무엇인가. 일탈, 곧 탈주를 말하는 것이다. 예술은 판에 박은 어떤 틀을 떠날 때 이루어지는 것이다. 들뢰즈라는 철학자는 그것을 "우리를 묶는 모든 것으로부터의 해방"이라고 했다. 여기서 우리를 묶는 것들이란 지루한 일상의, 판에 박은 이미지들의 모든 것이다. 그것을 넘은 이카로스의 하늘, 유토피아를 꿈꾸는 게 예술이다.

그러나 일탈의 상승만 있다면 예술은 현실을 떠나 버리게 된다. 그렇기 때문에 이카로스의 날개가 흩어져 추락하는 것이다. 영원히 추락하는 상승이다. 구체적 현실이라는 일상에서의 탈출을 통해 어떤 유토피아를 꿈꾸지만 그러나 그 탈출은 결국 귀환의 형식을 밟을 때 의미와 가치를 지니게 된다. 물론 그 귀환은 이전과 다른 일상의 발견을 통해서만 가능할 것이다.

    시조새가 있었다, 아주 오래전 해와 구름 은밀히 살을 섞는 신의 정원에 불륜처럼 날아오른. 천기를 염탐하다 신의 노여움으로 세상엔 눈이 내리고, 그칠 날 없이 눈이 내리고, 아직 깨어나지 못한 더운 알을 품은 채 화석이 되어버린 어미 시조새. 오랜 후…켜켜이 쌓인 형벌의 지층을 뚫고 약속처럼 깨어난 새끼 시조새, 등엔 잘려 나간 날개의 무덤을 지고 타박타박 사막을 걷는 낙타.

    욱신거리는 어미의 등을 두드리며
    아이가 묻는다
    - 엄만 왜 자꾸 등이 아파?
    - 응, 엄만 낙타거든
    - 엄마 등엔 혹이 없잖아
    - 있잖아, 너희 둘
    - 그럼, 우리가 혹이야?
    - 아니. 날개야, 날…개!
    아이는 거울 앞에 모로 서서
    제 등을 비추어 본다 거울 속으로
    아득히 시조새 한 마리 날아오른다.

                        - 김미승, 「아주 오래된 약속」

    일상에서의 탈주를 통한 상승과 추락의 변증법을 이해하기 위해 예시한 김미승의 작품이다. 신화적인 신비와 현실적인 삶 사이를 관

통하는 어떤 채광이 선연하다. 시인은 왜 하고 많은 것 중 시조새를 택했을까. 시조새는 중생기 쥐라기 시대에 살았던 조류의 가장 오래된 조상으로 추정되는 화석 동물이다. 그러나 늑골의 검상돌기가 없어 날지 못하는데, 이를 마치 신의 노여움을 사서 날개가 잘린 채 낙타로 추락하여 사막을 걷는 양 표현한다. 등에 잘려 나간 '날개의 무덤'을 지고서다. 물론 낙타는 시인의 상징이지만, 이 쌍봉낙타는 등이 자꾸 욱신거리고 아프다. 삶이 고단하고 가야 할 길이 아득하기 때문이다.

하지만 이 시의 묘미는 바로 이어지는 엄마와 아이의 대화에 있다. 현실적 삶의 고통 때문에 자꾸 등이 아픈 엄마에게 아이가 그 이유를 묻자 엄마는 자기가 낙타이기 때문이라고 대답한다. 곧이어 아이가 "엄마 등엔 혹이 없잖아" 하고 반문하자 "있잖아, 너희 둘"이라고 답한다. 사실 이 말은 아이에겐 모진 말이 될 수도 있다. 영특한 아이가 "그럼 우리가 혹이야?"라고 항변 섞인 말을 내뱉는 것만 봐도 알 수 있다. 아무리 고통스러워도 아이들 앞에서 겉으로 그걸 내뱉는 부모는 별로 없다. 실수를 깨달은 엄마는 "아니. 날개야, 날…개" 하며 아이를 안심시킨다. 아니 실제로 아이는 고통일 수 있지만 그야말로 우리의 삶을 추동시키는 환희의 날개일 경우가 더 많다. 결국 아이가 거울 앞에 모로 서서 제 등을 비추자 "거울 속으로 아득히 시조새 한 마리 날아오른다." 상승했다 추락했다가 다시 한 번 상승으로 치솟아 오르는 엄마의 마음이 곧 아이를 시조새가 되어 하늘 높이 날아오르게 한 것이다. 결코 현실을 놓치지 않는 이런 꿈을 발견한다는 것은 기분 좋은 일이다.

아이가 지하철 안에서 햄버거를 먹는다

어머니는 손수건을 들고
입가에 소스가 묻을 때마다 닦아 낸다
아이는 햄버거를 먹는 것이 세상일의 전부다
어머니는 침 한번 삼키는 일 없이
마냥 성스러운 것을 바라보는 얼굴이다

어머니는 저 성스러운 것에 이끌려
무화과같이 말라 간다
모든 성스러운 것은 착취자들이다

― 장철문, 「어머니에게 가는 길」

    장철문의 「어머니에게 가는 길」도 김미승의 시처럼 자식을 마치 성스러운 존재처럼 바라보는 상승의 삶을 사는 어머니들이, 실은 그 성스러운 것에 대한 갖은 헌신과 인내와 섬김 때문에 자신은 그만 무화과같이 말라 가는 생의 추락을 맞게 되는 모습을 그리고 있다.
    그런데 장철문의 시를 보면 마치 경전의 문장을 보는 것 같다. 시적 수사의 기본이라 할 수 있는 직유나 은유마저 한사코 동원하지 않고 막대기같이 간명한 언어로 일상의 여러 모습들을 담담하게 표현하는 시인의 평상심이 대단하다. 「모자」라는 시에 "어릴 때 꿈 중에는 승려와 거지도 있었다"는 구절이 있듯 차라리 시를 그만두고 스님이나 되었으면 했을 사람이라 생각했었는데, 아니나 다를까 한때 미얀마에 스님 연습하러 갔다 왔다는 후문이다. 시집 『산벚나무의 저녁』에 쓴 박형준의 발문에 의하면 집안의 맏형과 문학 지망생이었던 둘째형님의 불행한 죽음이 그에게 '한 소식' 트게 했을 것이라는 짐작을 해 볼 수 있는데, 어쨌든 젊은 시인치고 이렇게 무심 그 자체를 살아 버리는 경우는 처음이다.

「어머니에게 가는 길」이란 시도 그의 시법이라고도 할 수 없는 시법은 여지없이 드러난다. 지하철 안에서 햄버거를 먹는 어린 아들의 입가를 계속 훔쳐내며 "마냥 성스러운 것을 바라보는 얼굴"을 한 어머니의 모습을 간명하게 묘사한다. 그리고는 그 성스러운 것에 이끌려서 어머니는 무화과같이 말라 가니 "모든 성스러운 것은 착취자들이다"는 것이다. 이렇듯 너무도 심심한 듯한 시가 놀랍게도 우리에게 '한 지혜'를 트게 하는 것이다. 모든 성스러운 것은 착취자들이다! 그렇다. 모든 종교들이 그 성스러운 신과 진리를 통해 신도들을 자유케 하기 보단 그걸 보수하기 위해 많은 희생제를 요구하는 것 자체가 착취 아닌가.

성스러운 것은 고정희의 시에서 나오듯, 하루 일을 마친 해거름의 일용노동자들과, 그들이 받쳐 든 모락모락 김 나는 국수 한 그릇과, 그 모습을 조용한 순명으로 이끄는 발간 저녁놀 같은 것이 오히려 그 본 모습이다. 곧잘 아들을 신앙의 대상으로 삼아 버리는 우리나라 어머니들의 희생은 성스러운 것의 본질을 모르는 자식에 대한 과욕이다. 그것을 상승의 삶으로 착각한다. 햄버거를 먹는 것이 세상일의 전부일 뿐인 자식들은 나이 들어서도 그와 오십보백보의 행동을 할 뿐이라는 추락의 현실을 일치감치 간파해서 차라리 시인 장철문이라는 '무심 교주'를 따를 일이다.

황금나무를 본다
저 나무는 세계수, 하늘을 향해 직립한 채

부채 모양의 금빛 엽편(葉片)들을 쏟아 낸다
나무가 이곳에 뿌리내린 것은 아주 오래전이다
저 금빛 환상이 없었다면
우리는 여전히 나무 위에 집을 짓는 족속이었을까

아까부터 젊은 연인들이 서로의 손을 잡고
제단에 앉아 있다 저 신성한 이들의 황금시대를
기록할 문자가 나에겐 없다
다만 나는 내 안에서 기식하는 너무 많은 것들을
금빛 바람 위에 실어 보낼 뿐이다

내 몸을 온통 물들이는 황금나무를 보며
나도 몇 번의 제의를 거쳐 온 듯하다
마르고 헐벗은 가지가 푸르고 노란빛으로
거듭 생을 치장하는 동안

내게도 두어 편 격절과 비약의 연대기가 있었다
이제 나무에 기대어 나는 내가 꾼 꿈들이
신화의 어느 먼, 지금은 잊혀진
하나의 가계(家系)였다고 생각하며

투두둑 떨어지는 황금의 알들을 줍는다
저것들을 버리면 새들이 날개로 덮거나
마소가 피해 가리라 진동하는 냄새는

새로운 탄생의 후경(後景)이었던 셈,

나도 언젠가 난생(卵生)의 꿈을 꿀 것이다

— 권혁웅, 「황금나무 아래서」

    권혁웅은 첫 시집 『황금나무 아래서』에서 역동적인 상상력과 치밀한 묘사로 아름다운 환타지의 세계를 이룩해 놓고 있다. 그의 시는 세련된 이미지즘을 구사하고 있는데, 이는 "정서의 사물화"를 비교적 능숙하게 수행하는 데서 드러난다. 또 그의 시는 근본적으로 과거의 기억을 재생하는 것이 아니라 그것을 포함한 "충만한 현재"를 보여주는 데서도 능숙하다. 「황금나무 아래서」를 보자.
    "하늘을 향해 직립한 채/부채 모양의 금빛" 잎새들을 쏟아 내고 있는 '황금나무'는, 시인의 기억 속에 존재하는 실재적 대상이라기보다는 상상 속에서 구성하여 현재화 시킨 미적 형상이다. 아주 오래전에 뿌리를 내렸고(과거), 내 몸을 온통 물들이고 있으며(현재), 새로운 탄생을 가능케 하는(미래) '황금나무 아래서' 젊은 연인들은 서로 손을 잡고 앉아 있고, 시인에겐 그런 순결하고 "신성한 황금시대"를 기록할 문자가 없다. 다만 시인은 그 '황금나무' 아래서 금빛 환상, 금빛 바람, 황금의 알들이 주는 매혹의 힘으로 "난생의 꿈"을 꾼다. 문자가 없기에 시인은 늘 "새로운 탄생"을 꿈꿀 수밖에 없는 것 아닌가. 그럼에도 언젠가 "내게도 두어 편 격절과 비약의 연대기가 있었"고 몇 번의 제의를 거쳤다는 시인의 기억과, 새로운 난생의 꿈에 대한 시인의 강렬한 열망은, 과거의 충만했던 기억과 현재의 쓸쓸한 부재를 연결하면서, 결국 환상이기에 부재할 수밖에 없었던 황금시대를 기록할 문자들을 아름답게 살려 내고 있다. 이처럼 사실적 이미지가 아니라 상상적 환상의 이미지를 통해서 권혁웅은 과거와 현재, 부재와 현존, 안과 밖, 다시 말해 상승과 추락의 변증법을 두루 묘사하고 읽어내면서 그 결핍의 힘으로 꿈을 꾸고 있다.

어느 해 봄날이던가, 밖에서는
살구꽃 그림자에 뿌여니 흙바람이 끼고
나는 하루 종일 방 안에 누워서 고뿔을 앓았다.
문을 열면 도진다 하여 손가락에 침을 발라 가며
장지문에 구멍을 뚫어
토방 아래 고깔 쓴 여승이 서서 염불 외는 것을 내다보았다.
그 고랑이 깊은 음색, 설움에 진 눈동자, 창백한 얼굴
나는 처음 황홀했던 마음을 무어라 표현할 순 없지만
우리 집 처마 끝에 걸린 그 수그린 낯달의 포름한 향내를
아직도 잊을 수가 없다.
나는 너무 애지고 막막하여져서 사립을 벗어나
먼발치로 바리때를 든 여승의 뒤를 따라가며
동구 밖까지 나섰다.
여승은 네거리 큰 갈림길에 이르러서야 처음으로 뒤돌아보고
우는 듯 웃는 듯 얼굴상을 지었다.
(도련님, 소승에겐 너무 과분한 적선입니다. 이젠 바람이 찹사온
데 그만 들어가 보셔얍지요.)
나는 무엇을 잘못하여 들킨 사람처럼 마주서서 합장을 하고
오던 길을 뒤돌아 뛰어오며 열에 흐들히 젖은 얼굴에
마구 흙바람이 일고 있음을 알았다.

> 그 뒤로 나는 여승이 우리들 손이 닿지 못하는 먼 절간 속에
> 산다는 것을 알았으며 이따금 꿈속에선
> 지금도 머룻잎 이슬을 털며 산길을 내려오는
> 여승을 만나곤 한다.
> 나는 아직도 이 세상 모든 사물 앞에서 내 가슴이 그때처럼
> 순수하고 깨끗한 사랑으로 넘쳐흐르기를 기도하며
> 시를 쓴다.
>
> — 송수권, 「여승(女僧)」

이 시도 보면 상승과 추락의 알레고리가 작용하고 있다. 어느 황사 낀 봄날 감기가 들어 방 안에 진종일 누워 있는 아이에게 여승이 찾아오는데, 그 여승에게 반해 아이는 방 안을 탈주하여 여승을 동구 밖까지 뒤따른다. 그러나 뒤따르는 아이에게 여승은 어서 들어가라고 인사를 하고, 그에 대한 실망으로 아이는 다시 집에 돌아와 고열과 황사에 시달린다. 하지만 그 상승의 추억이 곧 오늘 순수하고 깨끗한 사랑으로 넘쳐흐르는 시를 쓰게 했으니 이 경우는 얼마나 아름다운 일인가.

일상의 푸른 새벽을 노래하라

하지만 이런 상식과 추락의 공식을 넘어 일상을 다만 푸른 새벽처럼 사는 시인도 있다. 자연학교의 학생으로 사는 그들에겐 이름도 자연의 신이 부른다.

이 작두날처럼 푸른 새벽에
누가 나의 이름을 불렀다

개울물이 밤새 닦아 놓은 하늘로
일찍 깬 새들이
어둠을 물고 날아간다

산꼭대기까지
물 길어 올리느라
나무들은 몸이 흠뻑 젖었지만
햇빛은 그 정수리에서 깨어난다

이기고 지는 사람의 일로
이 산 밖에
삼겹살 같은 세상을 두고
미천골 물푸레나무 숲에서
나는 벌레처럼 잠들었던 모양이다

이파리에서 떨어지는 이슬이었을까
또 다른 벌레였을까
이 작두날의 푸른 새벽에
누가 나의 이름을 불렀다

— 이상국, 「미천골 물푸레나무 숲에서」

강원도 속초에는 이성선 시인이 있었고, 양양엔 이상국 시인이 있다. 둘 다 설악산을 섬기며 살았지만 이성선은 나이 육십에 "이 산 밖에/삼겹살 같은 세상을 두고" 백담사 주위에 한 줌 재로 뿌려졌고, 이상국은 아직도 "작두날처럼 푸른 새벽"을 열며 살아간다. 그는 대청봉 같고 또한 양양의 밭고랑과 논두렁 같다. 그는 지금은 은퇴했지만 오랫동안 농협에서 농민들과 함께 살았기에 설악산의 대청봉을 섬기면서도 그 산자락의 비탈밭을 기는 농민들의 애환을 잊지 않았다. 『내일로 가는 소』, 『우리는 읍으로 간다』, 『집은 아직 따뜻하다』 등 촌스럽고 우직한 그의 시집들의 제목만 보아도 그가 얼마나 자본에 때 묻지 않은 정신과 시에 있어서의 삿된 것을 멀리 했는지 잘 알 수 있다.

시「미천골 물푸레나무 숲에서」는 그간 농민의 갖가지 애환을 우리네 집들의 기둥처럼 꿋꿋하게 노래했던 그의 시의 기조와 약간 달리 어떤 시원(始原)의 체험을 우리에게 안겨 준다. 일상을 살아가는 중에 미천골이라는 골짜기의 물푸레나무 숲에서 일박한 새벽, 이파리에서 떨어진 이슬이 이마에 떨어졌거나 아니면 어떤 서늘한 벌레가 얼굴을 스치는 감촉에 '나'는 깜짝 놀라 깨어나 두리번거린다. 날은 서슬 푸른 작두날처럼 맑은데 아마 하늘은 밤새 개울물 소리가 닦아 놓은 것 같다. 그 하늘로 일찍 깬 새들이 어둠을 물고 날아가니 숲 속은 얼마나 맑고 깨끗하겠는가. 보아하니 나무들은 산꼭대기까지 자란 우듬지로 물을 길어 올렸는지 온몸이 흠뻑 젖어 있고, 햇살은 그 정수리에서 깨어나 숲 속에 부챗살 같은 빛을 조명한다.

이기고 지는 그 무한 경쟁의 사람일, 욕망과 속도로 차오르는 그 삼겹살 같은 세상을 모두 산 밖에 두고 그야말로 물푸레나무 숲에서 한 마리의 벌레가 되어 잠들고 나니 이렇게 싱그럽고, 이렇게 푸르고, 이렇게 찬연한 시원을 맛보게 되는 것이다. 그런데 '나'는 막 깨어난 처음부터 그런 보이는 현상들에 취해 있는 것이 아니다. 이미 그의 몸과 영혼은 새벽 숲과 하나가 되어 있기에 새삼 그것들에 취할 것이 없다. 그렇다. 그는 이미 젖을 대로 젖어 있다. 그러기에 이마에 떨어진 그 싱그럽다 못해 서늘한 이슬 한 방울이거나 스쳐 지나간 벌레의 감촉을 "누가 나의 이름을" 부른 것으로 생각하는 것이다.

물론 누가 '나'의 이름을 불렀다는 것은 누가 '나'의 존재를 호명했다는 것 아니겠는가. 누가 나의 이름을 부른 것, 이는 어쩌면 우리가 잃어버렸던 신성이나 불성 같은 기운을 느꼈다는 말도 되겠다. 아니 누가 나의 이름을 부른 소리를 들은 순간 나의 존재와 정신의 본질이 저절로 환하게 열리게 된 것이기도 하겠다. 이런 싱싱하고 황홀한 부름은 우리 마음 안에 대지처럼 자리 잡은 백지 상태에 가까운 순수한 그 무엇, 곧 내 안에 숨은 신인지도 모른다. 어둠이 새벽이슬을 빚어내듯이 이 숨은 신이 일상의 세계와 만나면서 어떤 싱싱한 진실을 창조해 낸 것만 같다.

여기 또 일상을 충실하게 살아 낸 한 여인의 '화려한 반란'이 있다.

    닦아 내도 자꾸만 물 흘리는 그녀
    헐거워진 생이 요실금을 앓고 있다
    짐짓 모른 체 방치했던 시난고난 푸념들
    모종의 반란을 모의하는가
    아슬아슬 몸 굴리는 소리
    심상치 않다, 자꾸만 엇박자를 내는

그녀의 몸, 긴 터널의 끄트머리에서
슬픔의 온도를 조율하고 있다
뜨겁게 열 받아 속앓이를 하면서도
제 몸 칸칸이 들어찬 열 식구의 투정
적정한 온도로 받아 내곤 하던
시간의 통로 어디쯤에서 놓쳐 버렸을까
먼 바다 익명으로 떠돌던
등 푸른 고등어의 시간,
연하디연한 분홍빛 수밀도의 시간,
세월도 모르게 찔끔찔끔 새고 있다
입구가 출구임을 알아 버린
그녀의 깊은 적요가 크르르르
뜨거운 소리를 낸다, 아직 부끄러운 듯
제 안을 밝혀 주는 전등 자꾸 꺼 버리는
쉰내 나는 그녀 아랫도리에
반란이 시작되었다

– 안오일, 「화려한 반란」

    시로 꿈꾸고 시로 상처 입고 시로 깨닫고 시로 다시 일어서는 안오일 시인에게 시는 그 빛이 무덤인 줄 알면서도 생의 가장 찬란한 한 순간을 향해 빛으로 달려드는 메뚜기의 날개다. 그녀에게 시는 백 개의 혀로 사랑하는 이의 백 개의 가시를 뽑는 티티새처럼 형벌을 형벌로 다 살아 낸 뒤 비로소 '내'가 되어 날아오르는 운명이다. 그 운명의 시로 그녀는 상처 난 사과에서 되레 더 진하게 풍기는 향기를 맡으며 '내' 상처도 타자들을 풍성하게 하리라고 생각한다. 의자를 고치다가 연결 부위에 고이게 마련인 피로를 보거나, 또한 포옹하는 사람의 등을 보고서도 '품는 것은 짊어지는 것'이라는 애절한 사랑의 전언까지 들려준다. 담담하면서도 부드러운 목소리로 갖가지 일상적 존재나 사람살이에서 세계에 대한 가장 깊은 곳, 곧 진실을 묘파해 내는 안오일 시인의 시와 삶에 대한 진정성이 요새 젊은 시인들에겐 보기 드물어서 무척 미덥다.

위 시 「화려한 반란」은 너무 낡아 밑으로 물을 흘리는 냉장고를 보고 그 가족들의 냉장고를 운영했던 여인을 상기한다. 그녀는 다름 아닌 "열 식구의 투정"을 받아내고 이제는 요실금으로 고생하는 시적화자의 어머니일 것이다. 그녀는 "등 푸른 고등어의 시간"과 "연하디연한 분홍빛 수밀도의 시간" 곧 상승의 시간을 지나 이제 "긴 터널의 끄트머리"까지 다다른 탓에 헐거워진 생이 그만 물을, 오줌을 흘리는 추락의 시간에 처해 있는 것이다. 그러나 시인은 "입구가 출구임을 알아 버린/그녀의 깊은 적요가 크르르르/뜨거운 소리를 낸다"며 "제 안을 밝혀 주는 전등 자꾸 꺼 버리는/쉰내 나는 그녀 아랫도리에"서 되레 화려한 반란이 시작되었다는 전복적 상상력을 동원한다. 어쩌면 타자의 통증을 통해 서로가 소통하고 감응하는 길을 모색하는 데 있어서 이처럼 적극적 반란의 자세를 취하는 것만 같다. 이런 당당한 '살림의 여성성'은 역시 요즘 시단에서 유행하는 자극적이고 감각적인 미의 추구와는 무관하다. 여성성과 일상을 단선적이거나 이원적으로 가두지 않고 생생한 삶의 세계 속에 마음껏 풀어놓는 셈이니 이 어찌 시와 삶의 진정성이라고 말하지 않겠는가.

일상의 끄트머리까지 추락한 삶을 되레 화려한 반란으로 읽으며 상승을 추구하는 일은 관념이나 추상으로 이루어질 수 있는 것이 아니다. "개똥밭에 굴러도 이승이 낫다"는 속담도 있듯이 내가 딛고 있는 비루하고 막막한 일상의 현실을 아주 구체적이고 씩씩하게 살아낼 때만이 우리는 '창공의 왕자'로서의 알바트로스를 그나마 꿈꿀 수 있을 것이다. '빵집이 다섯 개 있는 동네'에 살면서도 그 옆의 도서관이나 문화원에 가서 책을 읽고 기타를 배우는 삶을 사는 게 상승의 삶이다.

일본에 가면 거의 면소재지 단위마다 문화원이 있다. 거기에는 여러 동호인 모임이 있는데 사람들이 바다에서 고기를 잡거나 하루 종일 딸기를 따고 돌아와서, 또한 세일즈를 하거나 학원에서 머리를 싸매고 돌아와서도, 저녁이면 문화원에 모여 기타를 배우거나 스포츠댄스를 배우거나 하는 문화행위를 일상화 하고 있다. 시를 통해서 일상과 탈주의 변주를 살펴보았지만 바로 그런 꿈과 성찰의 시를 하루에 한 편씩만 읽는다 해도 우리는 일상을 새롭게 살아갈 수 있지 않겠는가.

제4장 시와 길 그리고 집

황량한 들판 너머 끝없이 펼쳐진 길이 있다. 빠르게 흘러가는 구름장들이 어두운 그림자를 드리우지만, 그 길 끝에는 눈에 익은 집과 나무 한 그루, 그리고 따뜻한 무릎에 아이를 누인 채 "걱정 마, 모든 게 잘 될 테니"하고 속삭이는 어머니가 있는 풍경이 다가온다. 그 풍경들과 오버랩 되며 거친 물살을 거슬러 올라 자신이 태어난 곳으로 힘차게 회귀하는 연어 떼를 클로즈업 시키는 도입부의 세피아 모노톤의 화면이 강렬하다.

이 강렬한 이미지들이 영화의 주제를 단숨에 읽히게 하는 영화가 바로 구스 반 산트 감독의 〈아이다호(My Private Idaho)〉이다. 집과 길의 명상을 수일하게 보여 주는 인디영화인데, 이 영화는 1990년대를 인식하는 하나의 상징으로 남게 되었다.

"나는 길의 감식가/난 평생 길들을 맛보며 살아갈 것이다/이 길은 영원히 끝나지 않을 것이고/틀림없이 이 길로/온 세상을 돌아볼 수 있을 것이다." 영화가 국내에서 상영된 직후 각종 문예지나 시인들의 시에서 심심찮게 인용되거나 변형되어 사용되었던 영화 속 주인공의 독백이다. 아마도 문학의 영원한 주제 중의 하나가 길이기 때문일 것이다.

오래전에 보았던 영화라 기억이 불확실해서 인터넷 정보가 제공한 영화 내용을 옮겨 적어 보면, 영화는 '기면발작증'이라는 희귀한 병명의 설명으로부터 시작된다. 긴장하기만 하면 언제 어디서나 잠들어 혼수상태가 되어 버리는, 이 의미심장한 상징을 내포하고 있는 질환은 바로 주인공 마이크가 앓고 있는 병으로, 어머니와 이복형제 사이에 태어난 주인공의 내면을 압축적으로 설명하고 있는 하나의 모티프이기도 하다. 고향인 아이다호를 떠나와 여러 도시의 뒷골목을 전전하며 남창과 마약으로 생활을 영위하는 주인공은 늘 집과 자신을 버린 어머니를 꿈꾸며 기면발작증에 빠져들곤 한다. 하지만 잠에서 깨어나면 그를 기다리고 있는 건 언제나 도시의 부랑아들과 감당하기 힘든 고독과 외로움뿐이다. 그래도 그에게 위로가 되는 건 포틀랜드 시장의 아들 스코트이다. 스코트 역시 아버지의 과다한 기대와 중압에 대한 반항으로 뒷골목의 남창 생활을 자청한 상태에 있다.

그런 나름대로의 고통으로 그들은 서로의 상처를 감싸 주고 위로하며 하루하루를 닥치는 대로 살아간다. 마이크가 의식 속에 늘 잠재하고 있는 어머니를 찾아 이태리로 가는 여행에 스코트도 동참함으로써 신분과 환경을 넘어서는 그들의 우정은 더욱 돈독해진다. 하지만 결국 어머니를 만나지 못한 마이크는 스코트와의 좁힐 수 없는 거리감과 배신감을 안고 미국으로 돌아오게 된다. 한때 자청한 아웃사이더였으나 다시 원래의 환경으로 돌아간 스코트가 아버지의 장례식을 치르는 날, 공교롭게도 부랑아들의 우두머리인 봅의 장례식도 공원 한편에서 쓸쓸하게 치러진다. 여전히 뒷골목의 남창인 마이크와 이젠 부유층의 신분으로 다시 돌아간 스코트의 시선이 마주치는 순간, 영화는 처음으로 되돌아온다.

  미지의 세계로 아득히 펼쳐진 길이 있고, 지상에 어두운 그림자를 드리우는 구름장들이 빠르게 흘러가고 "걱정 마. 모든 게 잘 될 거야"라고 아이를 토닥이는 어머니와 오버랩 되며 거친 물살을 헤치고 필사적으로 삶의 근원으로 회귀한 연어 떼의 풍경! 그것으로 영화는 끝나 버리지만 도입부와 마지막 씬의 강렬한 시퀀스는 일견 눈에 익은 것이긴 하지만 좀처럼 뇌리를 떠나지 않는다.

  영화에서 도시적 삶의 위선이나 계층 간의 치유되지 않는 거리 따위를 유추한다는 건 불필요한 일일 것이다. 단지 인간이면 누구나 보편적인 공감대로 간직하고 있을 삶의 근원으로서의 최초의 '집'에 관한 기억과 삶의 영원한 화두이기도 할 '길'에 관한 성찰을 가질 수 있었다면 족하지 않을까.

     세월은 괴로움 속에 오래 머문다
     세월은 희망을 잠시 붙든다
     녹슨 못이 자주 구부러지는 지난날은
     음악처럼,
     어떤 기억이라도 썰물을 만든다
     현악의 높은 음은 이곳에서 흐리다
     맑은 날이 떠미는 저녁이
     어둠의 입구에서 멈칫거릴 때
     길은 너무 미세하고 빠르므로 혹은
     길은 우연인 듯 삶을 뒤쫓아 가므로

> 희미한 소리에 귀 기울이는 이에게
> 공기는 이미 팽팽한 불덩이로 바뀌고 있다
> 보아라, 괴로움은 노을을 삼키고 붉다
>
> — 송재학, 「노래」

　송재학의 「노래」는 영화 〈아이다호〉를 시로 옮겨 놓은 듯한 길의 시이다. 시인은 길 위에서 오랜 괴로움의 세월을 살아왔고 아직도 괴로움 속에 머문다. 그 속에서 잠시나마라도 희망을 붙들어 보지만 녹슨 못, 그러기에 벽에 제대로 박히지 못하고 자주 구부러지는 못 같은 지난날의 기억들은 썰물처럼 빠져나간다. 마치 어떤 음악이 연주가 끝남과 동시에 흔적도 없이 사라지듯. 이런 현실이 '현악의 높은 음' 곧 삶의 환희와 기쁨 같은 고음 부분을 흐리게 할 뿐이다. 어느새 저녁이 와서 어둠의 입구에 머뭇거리는데, 의미와 가치를 부여하며 좇았던 길들은 너무 소소하고 빠르게 지나가고, 혹은 우연의 일상들이나 뒤쫓아 가기에, 길 찾기의 열정으로 조그만 소리에도 귀를 기울이는 섬세하고 예민한 구도자에게 세계는 팽팽한 불덩이다. 숨조차 쉬기 힘들다. 괴로움의 팽팽한 불덩이, 그것은 노을을 삼키고 더욱 붉으니, 잠시나마 붙들었던 희망마저 사실 괴로움 아니던가.

　그런데 괴로운 세월의 길에서 잠시나마 붙드는 희망은 혹여 〈아이다호〉의 주인공이 찾아가는 '집'에 대한 희망이 아닐까. 떠나온, 그리운 집 말이다.

> 물고기의 집은 물,
> 새들의 집은 하늘,

내 집은 땅, 혹은 빈 배.

물고기는 강물 소리에 잠들고
새들은 달무리에서 잠들고
나는 땅이 식는 몸서리에 잠든다.

평생 눈 감지 못하는 물고기는
꿈속에서 두 눈 감고 깊이 잠들고
나는 새들의 꿈은 나무에 떨어져
달 없는 한밤에 잠든 나무를 깨운다.
새들의 꿈에서는 나무 냄새가 난다.

내 집은 땅의 귀,
모든 소리가 모여서 노는
내 집은 땅의 땀,
물속에 녹아 있는
소금과 번민과 기쁨과 열 받기.

깊은 속살에 파묻힌 밤 지나고
긴 산책에서 돌아오는
내 집은 땅, 지상의 배,
도망가는 지상의 파도에 흔들리는
내 집은 위험한 고기잡이배.

— 마종기, 「내 집」

물고기건 새건 사람이건 각자 생태대로 살아왔던 자기의 집을 꿈꾼다. 물고기는 물속을, 새는 하늘을, 사람은 땅을 집 삼아 산다. 그 속에서 물고기는 평생 눈을 감지 못하고, 새는 나무에서 떨어질지라도 이를 극복할 꿈을 꾸며 살아간다. 모든 소리가 모여서 노는 '땅의 땀'이자 '소금과 번민과 기쁨과 열 받기'가 공존할지라도, 아니 지상의 파도에 흔들리는 '위험한 고기잡이배' 같은 것에 불과할지라도, 나는 '내 집'을 사랑하고 내 집을 그리워하는 것이다. 내 삶의 근원이었던 최초의 집을 잊을 까닭이 있겠는가.

그 집에서 '나'는 도시의 군중 속에서 느끼던 익명성이 아닌 이름과 인격, 가계와 혈통 속의 구체적인 개별자였고, 인간을 가변성의 범주로 몰고 가는 변모하는 세상 속에서의 이질성이 아닌 근원적이고 근본적인 자기존재였다. 블로흐의 용어대로 '소외의 지양(止揚)'으로 존재한 집이었기에 그곳에서 나는 항상 우주의 중심이기도 했다. 또한 집은 진정한 자유의 영역이고 궁극적인 인간 실존의 귀환점이라는 의식의 낙인 때문에 우리는 자나 깨나 집을 그리워하는지도 모른다.

한데 우리는 그 집을 누군가 쫓아내서 그곳에서 나와 길에 헤매는 것은 아니다. 흔히 말하는 실낙원은 '나'의 죄로 인한 것이 아니란 것을 다음 시가 증명해 준다.

> 어떤 힘이 그를 잡아당기는 것일까
> 몇 남지 않은 햇살이 문을 두드릴 때
> 나태와 욕망에 가볍게 물들어 있는 영혼들
> 두근거리는 숨결로 술렁거린다
> 여린 빛줄기며 구름 이슬과 바람 속에서

그들 몸을 키울 때 따라 커가는 집들
마침내 그 속의 현기증 나는 시간과 공간들이
참을 수 없이 팽창되고 집중될 때
그들은 폭발한다
허공으로 튀며 하늘을 찔러 버린다
오래 침묵하던 사람이 갑자기 말을 쏟아 놓듯
가장 힘 있는 탈출은 가장 압축된 존재에게 이루어지는 것
꿈꾸는 영혼에게 감옥을 만들어 보라
세계가 단단할수록 우리는
그 속에 늑대 한 마리 키우는 것이다
덥석 우리의 허튼 인식의 벽을 허물어 버리는
― 손진은, 「콩깍지 혹은 집」

  보라. 콩깍지 속의 콩알들처럼 그렇게 평안하고 오순도순 살아온 집, 하지만 "여린 빛줄기며 구름 이슬과 바람 속에서" 콩알들이 몸을 키울 때 집도 따라 커 가다가는 어느 날 콩의 "시간과 공간들이 참을 수 없이 팽창되고 집중될 때" 그만 콩깍지가 툭 터져 콩알들이 모두 튕겨 나간다. 그처럼 우리도 자랄 대로 자라서 더는 그 집에서 견딜 수 없을 때 모두 뛰쳐나왔던 것 아닌가. 우리가 각종 이유를 들어 집을, 부모를, 고향을 뛰쳐나왔지만 이는 사실 몸과 더불어 생각과 인식이 자랄 수밖에 없는 존재들의 자연적 순리 현상이었을 뿐이다. 떠나온 집이 아니라 버릴 수밖에 없었던 집이다.

항구와 비단길

한데 자연의 순리에 의해 길에 내팽개쳐진 인간의 고통은 어떠하던가. 하물며 집을 뛰쳐나온 길 위에서, 자신이 나아갈 길을 찾아, 길마다에 의미를 부여하며 진리의, 도덕의, 아름다움의 궁극적인 길을 얻고자 하는 노력임에랴.

> 걸어서 항구에 도착했다
> 길게 부는 한지(寒地)의 바람
> 바다 앞의 집들을 흔들고
> 긴 눈 내릴 듯
> 낮게 낮게 비치는 불빛
> 지전(紙錢)에 그려진 반듯한 그림을
> 주머니에 구겨 넣고
> 반쯤 탄 담배를 그림자처럼 꺼 버리고
> 조용한 마음으로
> 배 있는 데로 내려간다
> 정박 중의 어두운 용골(龍骨)들이
> 모두 고개를 들고
> 항구의 안을 들여다보고 있었다
> 어두운 하늘에는 수삼개(數三個)의 눈송이
> 하늘의 새들이 따르고 있었다.
>
> — 황동규, 「기항지(寄港地) 1」

집을 나와 길에 선 젊은이들은 먼저 낭만적 동경에 휩싸여 항구에 간다. 황동규의 「기항지」는 집에서 뛰쳐나와 삶의 길을 찾는 젊은이의 낭만적 동경이 현실과 교섭하는 과정을 빼어나게 보여 주는 시이다. "걸어서 항구에 도착했다"라는 첫 구절은 이 시가 젊은 날의 방랑과 관련된 나그네의 입장에서 쓰인 시임을 알 수 있다. 동반자 없이 혼자 걸어서 무전여행을 하는 젊은 나그네는 물론 삶의 길에 대한 모험과 멀리 있는 것에 대한 동경으로 가득하여 항구에 도착했을 것이다. "경험과 모험에의 충동은 특히 젊은 날엔 에로스의 충동과 연결되는데, 항구는 멀리 있는 것에 대한 확실한 시적 기호이다. 지상의 끝이자 다시 먼 출발을 약속하는 지점이며 나그네에겐 이국정서를 환기해 주는 곳이기도 한 항구"(유종호) 아니던가.

한데 그 항구에 막상 도착해 보니 찬바람은 길게 불어 바다 앞의 녹슨 집들을 흔들고 하늘은 눈이라도 내릴 듯 음산히 내려앉아 불빛마저 낮게 낮게 비친다. 그래도 지전에 그려진 반듯한 그림, 곧 돈과 관련된 세상의 합리적 사고를 버리고, 또 반쯤 탄 담배를 그림자처럼 꺼 버리는데 이는 어두워진 하늘이 지워 버리는 그림자처럼 어떤 절망이나 운명에 대한 생각도 꺼 버린다는 뜻일까. 어쨌든 그 뒤 조용한 마음으로 배 있는 데로 내려간다. 그런데 웬걸, 정박 중의 배들은 그 머리를 거북선의 거북처럼 쳐들고 모두 육지를 향해 있는 것이다. 육지 끝으로 걸어온 나그네가 만난 것은 오히려 바다 끝 항구의 안을 들여다보고 있는 용골인 것이다. 이 얼마나 놀라운가. 곧 낭만적 동경이나 모험에의 욕망이 현실적 경험 속에서 새로운 눈을 얻게 되는 순간인 셈이다. 삶이 이루어지는 곳은 낭만적 동경의 항구 너머가 아니라 스산한 현실의 땅이라는 것을 깨닫게 되는 것이다.

그런 깨달음에도 젊은 나그네에게 허망함이나 쓸쓸함, 그리고 아픔은 남을 터. 어두운 하늘에 수삼개의 눈송이가 떠돌고 그것을 새들이 따르고 있다는 풍경의 묘사는 바로 그것이 사실적이기보다는 환정적(喚情的)인 만큼 지금 젊은이의 마음속에 자리하는 황량한 아름다움과 제휴되어 있는 것이다.

집을 나와 길에 나선 자들은 '항구'만이 아니라 '비단길'도 찾는다.

잘못 든 길이 나를 빛나게 했었다 모래시계는
지친 오후의 풍광을 따라 조용히 고개 떨구었지만
어렵고 아득해질 때마다 이 고비만 넘기면
마저 가야 할 어떤 약속이 지친 일생을 부둥켜안으리라
생각했었다 마치 서럽고 힘들었던 군복무 시절
제대만 하면 세상을 제패할 수 있을 것 같았던
내 욕망의 신록이 지금 때 절어 쓸쓸한데
길 잘못 들수록 오히려 무모하게 빛났던 들끓음도
그만 한풀 꺾였는가, 미처 다 건너지 못한
저기 또 한 고비 신기루처럼 흔들리는 구릉이여
이제는 눈앞의 고비보다 그 다음 줄줄이 늘어선
안 보이는 산맥도 가늠할 만큼은 나이 들었기에
내내 윗목이고 냉골인 마음 더욱 시려오누나
따숩게 덥혀야 할 장작 하나 없이 어떻게
저 북풍 뚫고 지나려느냐, 길이 막히면 길을 버리라고
어차피 잘못 든 길 아니더냐고 세상의 현자(賢者)들이

혀를 빼물지만 나를 끌고 가는 건 무슨 아집이 아니다
한때 명도와 채도 가장 높게 빛났던 잘못 든 길
더 이상 나를 철들게 하지 않겠지만
갈 데까지 가 보려거든 잠시 눈물로 마음 덮여도
누가 흉보지 않을 것이다 잘못 든 길이 지도를 만든다

― 강연호,「비단길 2」

    잘 알다시피 비단길(실크로드)은 아시아 내륙을 횡단하는 고대 동서통상로이다. 총 길이 6,400km에 달하는 장대한 구간으로 중국 중원(中原)에서 시작해 타클라마칸 사막의 남북변을 따라 파미르 고원, 중앙아시아 초원을 지나 지중해 동안과 북안에 이른다. 지금의 러시아, 아프가니스탄, 파키스탄, 인도 등 10여 개국을 거친다.
    시인은 이런 지옥과 같은 사막과 고원 등이 끝도 없이 이어진 길을 따라 생사를 내걸고 비단을 팔러 가는 상인의 삶에 우리의 젊음을 매칭시켜, 길 위를 걷는 젊은이들의 삶의 신산함과 고통을 표현한다. 그 모든 길은 결국 우리의 들끓는 욕망에 의해 생겨나고 사라지고 또 생겨나서 끝도 없이 걷는 것인데, 도중에 수도 없이 잘못 든 길 탓에 넘어지고 헤매고 죽을 고비를 넘게 된다. 하지만 그럼에도 되레 "잘못 든 길이 지도를 만든다"는 놀라운 깨달음을 얻게 되는 이 비단길. 우리는 우리가 걷는 길이 비단길인 줄로 착각하지만, 그 착각 때문에 우리는 다시 길에 나서게 되는 게 아닐까.

    길을 걸으며 길을
    생각할 수 있다면 길을 바라보면

길만 떠오르고 지난 길은 다 사라져 버렸으면
길에서 길을 버리지 못하고 저 길을 가지고 싶은 맘
한 걸음도 바로 걷지 못할 때 길은 잠언이 되고
길은 절벽이 되리라
길은 우리의 고향이고 길은 우리의 관이고
길은 사랑이고 저주라는 걸 길에서
끝이 없는 길에서 알게 되더라도 길이 길이고 길
아닌 것 하나도 없음을 알게 되는 날
길에서 뼈를 묻고 사라지는 하찮은 먼지의 길이 길이
되어 안다면 그 정도가 겨우 그 정도가
우리가 길을 가는 이유고 죽어서 하나의 길이
되는 이유라고 길은 말한다 길은 저 끝에서
말하는 것이 아니라 눈앞에서 눈물 앞에서
길이 되라고 한다 살아서 길을 가다가
죽어선 길이 되라고 가르친다

— 이응준, 「길」

    낭만적 동경으로 길을 나섰건 욕망의 비단길에서 길을 잘못 들었건 우리는 모두 제 깜냥으로 길 위에서 길 찾기를 계속하는 구도자가 된다. 이응준도 그런 사람이다. 길을 걸으며 길만 생각하고, 지나온 길은 사라져 버렸으면 하나 길을 끝내 버리지 못하고, 그 길에서 때론 잠언을 얻어 듣고 때론 절벽을 만나기도 한다. 어쩌면 우리의 고향이자 죽음이요 사랑이고 저주인 길은 끝이 없고, 세상에 길 아닌 것이 하나도 없음을 알게 된다. 그러기에 길에서 뼈를 묻고 먼지가 되어 사라질지라도 길을 가는 것이 존재의 이유가 되고 마침내 살아서는 길을 가다가 죽어서는 남이 따를 수 있는 길이 되라고 한다.

잭 케루악의 소설 『길 위에서』는 "어차피 우린 무덤 속에서 모두 껌이 될 운명인 것을"이란 구절을 낳으며 부패한 사회의 모범생이 아닌, 진정한 자유를 찾는 부랑자의 길에 선 청춘들의 초상을 그린다. 형식과 관습에 매인 언어, 사고, 삶의 모든 에너지를 '길 위에서' 해방시킨 작품이라는 평가를 받는 이 소설은, 자유로운 영혼을 지닌 젊은 작가와 태양 같은 정열을 발산하는 청년이 뉴욕에서 미국 서부까지 광활한 대륙을 횡단하면서 길 위에서 만난 바람과 빛 속의 풍경과 수많은 사람들의 이야기를 끝없이 펼쳐 놓는다. 리바이스 청바지와 컨버터블 자동차, 커피숍의 대유행을 낳은 비트 세대가 허위와 기만에 가득 찬 관습과 제도, 온갖 형태의 억압에 저항하며 삶의 진정한 해방과 길을 찾고자 분투하는 이 소설은 '길 찾기'의 전범을 보인다. 어쩌면 젊은이들은 이 소설의 길을 따라 자기 모험을 감행하다 보면 나중에 이 소설처럼 남이 따르는 길을 창조할지도 모른다.

길 위에서 길을 찾다

이런 길에서 길 찾기는 그러기에 구도의 행위일 수밖에 없다. 이런 구도의 행위를 이응준이 관념적으로 했다면 김명인은 구체적으로 한다.

> 어제 하루는 화엄 경내에서 쉬었으나

꿈이 들끓어 노고단을 오르는 아침 길이 마냥

바위를 뚫는

천공 같다, 돌다리 두드리며 잠긴

산문(山門)을 밀치고 올라서면 저 천연한

수목 속에서도 안 보이는

하늘의 운판(雲板)을 힘겹게 미는 바람 소리 들린다

간밤에는 비가 왔으나, 아직 안개가

앞선 사람의 자취를 지운다, 마음이 구절양장(九折羊腸)인 듯

길을 뚫는다는 것은

그렇다, 언제나 처음인 막막한 저 낯선 흡입

묵묵히 앞사람의 행로를 따라가지만

찾아내는 것은 이미 그의 뒷모습이 아니다

그럼에도 무엇이 이 산을 힘들게 오르게 하는가

길은, 누군들에게 물음이

아니랴, 저기 산모롱이 이정표를 돌아

의문부호로 꼬부라져 우화등선(羽化登仙)해 버린 듯 앞선 일행은

꼬리가 없다, 떨어져도 떠도는 산울림처럼

이 허방 허우적거리며 여기까지 좇아와서도

나는 정작 내 발의 티눈에 새삼스럽게 혼자 아픈가

길섶 풀물에 든

낡은 경(經)소리 한 구절 내내 떨쳐 버리지 못해

시큰대는 발자국마다 마음 질척거리는데

화엄은 화음 속에 얼굴을 감추고 하루 종일

굴참나무 잔가지에 얹히는 경전(經典)을 들어 나를 후려친다

— 김명인, 「화엄에 오르다」

김명인의 「화엄에 오르다」는 등산 과정과 구도 과정을 비유적으로 결합시킨 시이다. 노고단에 오르기 위해 시인은 화엄사 경내에서 어제 하루를 묵었다. 그러나 오래간만의 등반 때문에 소풍가는 어린이들처럼 꿈이 들끓어 잠을 설쳤고, 그 결과 오늘 아침 노고단을 오르는 길이 마치 천공(드릴)으로 바위를 뚫고 올라가는 것처럼 힘이 든다. 하지만 시인은 곧이어 "돌다리 두드리며 잠긴/산문을 밀치고 올라서면 저 천연한/수목 속에서도 안 보이는/하늘의 운판을 힘겹게 미는 바람 소리 들린다"고 말한다. 천공으로 바위를 뚫는 것처럼 힘든 등산 과정도 이윽고 하늘의 보이지 않는 구름 판자를 힘겹게 미는 바람 소리에 싱싱하게 씻기는 듯하다.

등산 도중 시인은 뒤처져서 앞 사람의 자취를 놓치고, 안개에 둘러싸인 산은 앞선 사람의 자취를 지워 버린다. 뒤처진 시인은 막막한 마음으로 길을 찾을 수밖에 없다. 그래서 "마음이 구절양장(九折羊腸)인 듯/길을 뚫는다는 것은/그렇다, 언제나 처음인 막막한 저 낯선 흡입" 같다. 저 '낯선 흡입' 앞에서 시인은 스스로 묻는다. "무엇이 이 산을 힘들게 오르게 하는가"하고 말이다. 계속 이어지는 "길은, 누군들에게 물음이/아니랴"라는 독백 속에서 우리는 이 등산이 인생, 즉 길의 탐구와 비유되고 있다는 것을 알게 된다.

좀 더 세밀하게 따져 보면, 등산이 천공으로 바위를 뚫고 오르는 것처럼 힘들다는 것은, 진리에 도달하는 길이 그처럼 힘들다는 뜻이리라. 더구나 등산 도중 뒤처져 길을 잃고 혼자 남은 사람처럼, 보이지 않는 길을 스스로 찾아 뚫고 나가지 않으면 결코 진리의 세계에 도달할 수 없는 것이라면 말이다. 하늘의 운판을 밀어 올리는 바람이라는 표현도, 진리에 도달하는 길은 막막한 구름을 걷어 올려야만 된다는 것에 대한 비유이다. 또한 등산 중 앞서 사라진 사람들에 대한 독백도 나보다 먼저 길을 찾아간 선인들, 그리고 그들이 제시해 주는 가르침을 가리키게 된다. 선인들의 자취를 지워 버리는 안개는, 길이란 남이 제시해 주는 것이 아니라 언제나 자신의 몫으로 남는다는 것, 스스로 찾지 않으면 안 된다는 것을 보여 준다. 사실 노자도 "길을 길이라고 말하면 더는 길이 아니다"라고 하지 않던가. 마찬가지로 '부처를 만나면 부처를 죽이고 조사를 만나면 조사를 죽이라' 는 살불살조의 화두가 선가에도 쟁쟁하다. 이는 이미 누구로부터 말해진 길이 아니라 '낯선 흡입' 속에서 내가 새롭게 찾는 길이어야 한다는 이야기이다. 앞선 사람들로부터 떨어진 시인은 이 산 저 산 골짜기 허상의 세계를 떠돌며 허우적대는 산울림처럼 허방에 빠져 허우적거린다. 앞선 사람들처럼 시인이 우화등선하지 못하는 이유는 무엇인가. 그것은 앞서 선인들의 자취를 지운 안개, 그리고 발의 티눈 탓이다. 그것들은 마음의 안개와 육신의 티눈으로, 시인의 지상적 속성이 장애물임을 가리킨다.

　마지막 부분에서 등산과정을 통해 시인이 찾고자 한 것이 화엄세계라는 것이 드러난다. "길섶 풀물에 든/낡은 경소리 한 구절 끝내 떨쳐 버리지 못해/시큰대는 발자국마다 마음 질척거리는데"에서 시인은 아직도 진리의 세계에 도달하지 못하고 그것을 가리키는 낡은 경소리에 매달려 허우적대는 자신의 모습을 본다. 『벽암록』에 나오는 선문답 중에 조사가 도를 묻는 선승에게 던진 물음이 있다. "너는 나룻배로 강을 건넌 뒤 나룻배를 머리에 이고 가겠느냐 버리고 가겠느냐" 하는 것이다. 나룻배란 화두를 의미한다. 이미 화두를 깨치고 진리를 깨달은 사람이 그것에 매여 진리 자체를 보지 못하는 어리석음을 나무라기 위한 물음이다. 우주 자체가 진리요 화엄의 현신인데 시인은 그것을 진리로 직관하지 못하고 관념과 자아에 갇혀 고뇌하고 있다. 그러한 시인에게 화엄은 끝내 얼굴을 감추고 굴참나무 잔가지에 얹히는 경전을 들어 시인을 후려친다.

황지우는 「길」이라는 시에서 이런 길 걷기, 길 찾기의 힘듦이 곧 삶이라고 말하고 있다. "삶이란/얼마간 굴욕을 지불해야/지나갈 수 있는 길이라는 생각//돌아다녀 보면/조선팔도(朝鮮八道), 모든 명당은 초소다//한려수도, 내항선이 배때기로 긴 자국/지나가고 나니 길이었구나/거품 같은 길이여//세상에, 할 고민 없어 괴로워하는 자들아/다 이리로 오라/가다 보면 길이 거품이 되는 여기/내가 내린 닻, 내 덫이었구나"라고.

수많은 길 찾기의 노력에도 길을 찾지 못한 자의 절망은 사실 처절하고 끔찍하다.

> 미안하지만 나는 이제 희망을 노래하련다.
> 마른 나무에서 연거푸 물방울이 떨어지고
> 나는 천천히 노트를 덮는다.
> 저녁의 정거장에 검은 구름은 멎는다.
> 그러나 추억은 황량하다, 군데군데 쓰러져 있던
> 개들은 황혼이면 처량한 눈을 껌벅일 것이다.
> 물방울은 손등 위를 굴러다닌다, 나는 기우뚱
> 망각을 본다, 어쩌다가 집을 떠나왔던가
> 그것으로 흘러가는 길은 이미 지상에 없으니
> 추억이 덜 깬 개들은 내 딱딱한 손을 깨물 것이다.

구름은 나부낀다. 얼마나 느린 속도로 사람들이 죽어 갔는지
얼마나 많은 나뭇잎들이 그 좁고 어두운 입구로 들이닥쳤는지
내 노트는 알지 못한다. 그동안 의심 많은 길들은
끝없이 갈라졌으니 혀는 흉기처럼 단단하다.
물방울이여, 나그네의 말을 귀담아들어선 안 된다.
주저앉으면 그뿐, 어떤 구름이 비가 되는지 알게 되리
그렇다면 나는 저녁의 정거장을 마음속에 옮겨 놓는다.
내 희망을 감시해 온 불안의 짐짝들에게 나는 쓴다.
이 누추한 육체 속에 얼마든지 머물다 가시라고
모든 길들이 흘러온다, 나는 이미 늙은 것이다.

— 기형도, 「정거장에서의 충고」

    이 시의 시적 화자는 어쩌다가 집을 떠나와 정거장에서 서성거리지만 이미 집으로 돌아갈 길이 이 지상에는 존재하지 않고 추억은 황량한 상태에 놓여 있다. 그 정거장에 검은 구름은 몰려와 멎고 군데군데 쓰러져 있던 개들은 황혼 무렵이면 처량한 눈을 껌벅일 것이다. 그럼에도 시인은 1행에서 "미안하지만 나는 이제 희망을 노래하련다"라고 쓰고 있다. 정말 희망의 길을 찾고자 해서 그렇게 다짐했던가. 하지만 시는 중반 너머 종반이 다 되도록 어떤 희망의 조짐도 표현하지 않는다. 되레 그 사이 사람들은 참으로 느린 속도로 죽어 갔고, 많은 나뭇잎들은 좁고 어두운 입구로 들이닥쳤으며, 그동안 의심 많은 길들은 끝없이 갈라졌으니 그 길을 묻던 혀는 흉기처럼 단단해진 상태다. 끝내는 지금까지 나의 희망을 감시해 온 불안의 짐짝들에게 쓰는 것이다. "이 누추한 육체 속에 얼마든지 머물다 가시라고."

한마디로 모든 길들은 흘러오고 나는 이미 늙은 것이니, 이제 더 이상 불안 따위에 시달릴 것이 없다. 그러니 어쩌면 그게 희망인지도 모른다.

결국 이 시는 인간의 실존적 불안에 시달려 온 시적 화자가 "그동안 의심 많은 길들은 끝없이 갈라졌으니 혀는 흉기처럼 단단하다"고 표현한 걸로 보아 많은 길을 찾아 헤매었으나 황량한 추억과 고향 상실감만을 안은 채 마음의 한 정거장에 당도하여 죽음 쪽으로 발길을 옮기려는 상태를 서술한 시다. 그러기에 마른나무에서 연거푸 떨어지는 물방울은 목숨을 다한 나무에서 이탈한 수액으로 시신에서 흘러내리는 죽은피를 닮았고, 종반부 화자가 "나그네의 말을 귀담아들어선 안 된다./주저앉으면 그뿐"이라고 타이르는 물방울도 기력이 다해 움직이기를 그친 비가 되는 것이다. 아울러 노트는 시의 처음부터 천천히 덮이는데 사실 이 노트는 인간의 불안과 권태와 죽음을 캐고자 했고, 나뭇잎과 우주와 자연의 비밀을 캐려 했으며, 나아가선 삶의 참된 길을 찾고자 늘 의심을 품던 노트였으나 끝내 아무것도 알지 못한 채 닫힌다. 그러니 희망, 물방울, 노트, 추억, 개, 길 등은 이제 죽음의 희망을 노래하려는 시적 화자의 심리를 추적케 하는 화려한 수사에 불과했던 것이다.

기형도의 시적 상상력은 죽음이라는 한계상황에 처할 수밖에 없는 인간의 유한성 속에서 세계를 향한 어떠한 삶의 기투도 차단되어 버린 비극적, 무신론적 실존주의에 기반하고 있다. 기형도는 1980년대 민족, 민주, 민중이라는 거대담론의 광장 속에서도 새로운 감수성의 언어를 통하여 현대적 도시문명 속의 인간소외를 묘파해 내거나 광장이라는 외면적 실존보다 거기에서 불안이나 허무라는 내부적 실존의식을 묘파해서 나름대로의 독창성을 확보해 낸다. 그럼에도 이 시들에 도저한 문명비판이나 시 밑바탕에 깔린 현실정치비판이 건강하게 자리하고 있음은 참으로 다행한 일이 아닐 수 없다.

기형도의 길에 대한 절망이 실존주의에 기반하고 있다면 차창룡의 길에서의 방황은 불교적 상상력에 터를 두고 있다.

1

오늘도 길을 잃었다. 상도동으로 간다는 것이 가다 보니 왕십리였다. 길이란 우리에게 얼마나 커다란 법인가. 조금 잘못 들면 엄청난 시간을 낭비해야 한다. 길은 아무 말 없이 우리만을 고생시키고는, 자기는 추호의 잘못도 없다는 듯이 아예 변명도 하지 않는다. 인간은 수천 수만 년 동안 얼마나 많은 길을 만들어 왔던가. 그 길은 우리를 먹여 살렸지만, 그럴수록 우리는 길에 억압당했다. 우리가 만드는 모든 것은 이렇게 우리에게 고스란히 짐을 지운다. 그렇다고 길을 만들지 않을 수도 없다. 우리는 가야하고, 가야 하기에 길을 만들어야 한다. 길을 만들다 보니 길이 길을 만든다. 그리하여 길은 어디에나 있고, 어디에나 있기에 사실은 없다. 없는 길만이 무수히 많다. 우리는 그 없는 길을 법으로 삼아 세상을 살아간다. 윤회의 슬픈 법칙이다.

2

길 안에서 아이가 팽이를 돌린다. 팽이가 돌다 보면 팽이는 팽이가 아니다. 팽이 대신 팽이가 돈다. 팽이 대신 도는 팽이는 팽이가 아니다. 팽이 대신 도는 팽이 대신 팽이가 돈다. 팽이 대신 도는 팽이 대신 도는 팽이는 팽이가 아니다. 팽이 대신 도는 팽이 대신 도는 팽이 대신 팽이가 된 아이가 돈다. 아이는 팽이가 되자마자 팽이가 아니다. 팽이 대신 도는 팽이 대신 도는 팽이 대신 팽이가 된 아이 대신 팽이가 된 내가 돈다. 나도 팽이가 되자마자 팽이가 아니다. 나 대신 아이 대신 팽이 대신 팽이가 된 지구가 돈다. 지구 또한 팽이가 되자마자 팽이가 아니다. 팽이가 된 지구가 돌자 팽이는 멈춘다. 팽이는 멈추어서 돈다. 돈다. 아무리 돌아도… 팽이는 팽이가 아니다… 지구는 지구가 아니다.

3

 연애나 결혼은 사람을 좀팽이로 만든다. 석가모니는 역시 옳았다. 득도하기 위해서는 연애해서는 안 된다. 아니다. 연애가 그토록 커다란 장애물이라면 그 장애물을 넘으면 곧바로 열반하는 것 아니겠는가. 연애는 득도하기 위한 최고의 고행인 것 아닌가. 아니다. 최고의 고행도 지나친 향락도 모두 득도에 도움이 되지 않는다. 석가모니의 말처럼 중도를 실천하는 것이 득도로 가는 길이기에. 그러나 중도를 지키는 것 또한 무지무지한 고행이며, 무지무지한 고행 속에는 또한 형언하기 힘든 쾌락이 스며 있다. 중도 역시 중도가 아니다.

4

 인간의 관계는 단 두 가지 관계밖에 없다. 애정 관계와 그렇지 않은 관계. 즉 인간을 좀팽이로 만드는 관계와 그렇지 않은 관계.

연애는 중도가 아니므로 중도를 실천하기 위해서는 연애 아닌 관계를 택할 수밖에 없다. 그러나 애정 관계가 없으면 애정 없는 관계도 없으므로, 애정 관계가 오히려 필수적이다. 그러나 애정 관계 또한 없다. 애정 관계는 인간을 좀팽이로 만들므로, 좀팽이가 되면 애정 관계는 있는 채로 없는 것. 애정 관계가 없으므로 애정 아닌 관계도 없고, 따라서 중도 또한 없으며, 중도가 없으니 득도 또한 없다. 그러나 중도든 득도든 길이란 가지 않으면 안 되는 준엄한 명령이어서, 오늘도 없는 길을 찾기 위해 밥을 먹는다. 밥은 먹자마자 없어진다.

― 차창룡, 「길 위에서, 길 안에서, 길 밖에서, 길 아래서」

길 위에서 길을 잃고 "길을 길이라고 하면 길이 아니다"는 생각에서 무상과 무아와 무주의 길을 찾고, 길 안에서는 팽이 치는 아이처럼 제자리에서 돌고 돌다 나중에는 아이 대신 팽이 혼자 도는 역설의 세상에서 길을 헤매고, 길 밖에서는 연애나 결혼조차도 고행이나 향락과 관계되어 중도 아닌 중도의 길을 추구하며, 길 아래서는 결국 "중도든 득도든 길이란 가지 않으면 안 되는 준엄한 명령이어서, 오늘도 없는 길을 찾기 위해 밥을 먹는다." 마침내 시인은 실제로 길에서 헤매다가 없는 길을 찾기 위해 시를 버리고 스스로 스님이 되어 떠나갔다.

사실 '길 찾기'란 '진정한 자아'를 찾아가는 여행이거나 '운명의 길'을 넘어 참 자유를 찾아가는 여정일 수밖에 없다. 솔 벨로의 장편소설 『오기 마치의 모험』이 여기에 부응한다. 가난한 집안에서 태어난 비운의 오기 마치는 생계를 유지하기 위해서 도둑, 강도, 사기, 돈 많은 불구자의 몸종, 과대망상에 빠진 백만장자 작가의 비서, 독수리 훈련사 등 기이한 직업을 전전하면서 유약한 자아를 강인한 자기로 탈바꿈시키며 자유로의 회귀라는 인간의 궁극적 문제를 해결해 나간다.

하지만 차창룡은 그 길 끝에서 부처를 만났고, 기형도는 "어쩌다가 집을 떠나왔던가/그것으로 흘러가는 길은 이미 지상에 없으니"라는 통렬한 절망을 하며 길 끝의 집을 그리워한다. 길에서 고행이건 쾌락이건 득도건 길을 걷다가 좌절하게 되면 그리워하는 집, 이 집에 돌아갈 날짜를 세어 보는 이진명이 있다.

  나를 낳아 준 집
  그 죽음을 떠나 벌써 학교생활 서른아홉 해
  해도 해도 공부는 끝없고
  새 과목 늘어가기만 한다
  점수 나아지는 기색도 없어
  흥미 잃을 때 많다
  집에 대한 그리움 남아 있을 때
  집에 대한 기다림 남아 있을 때
  이젠 됐으니 그만 돌아와도 좋다
  연락 왔음 좋겠다
  모두 동댕이치고 보내온 사람 따라가겠다
  집에서는 언제나 연락이 오려나
  사실 집은 학교에 들여보낸 후 냉담하기만 했다
  공부 힘들고 병나 몸 아프면 언제라도 돌아오거라
  다정한 목소리 보내 준 일 없다

환상과 환청이 와서 집 쪽을 보여 주곤 했다

집이 어떤 기슭 아래서 너울거렸다

문이 천천히 열리고 창의 커튼이 밖으로 흘렀다

어머닐까. 어머니 같은 여자 웃는 듯 손짓이

아버질까. 아버지 같은 남자 어스름히 이쪽을

그 먼 거리를 순식간에 달려온 어떤 소리가 귓가에 닿았다

정녕 그냥 돌아오겠느냐

데려올 사람에게 채비를 시키겠다

그렇게 환상과 환청이 깊게 오고 나면

돌아갈 날짜를 꼽다가 꼽은 숫자를 자꾸 놓친다

지친다. 집에 대한 그리움도 기다림도 흐려진다

아주 가끔 지루한 학교 생활 속에 비상이 울린다

지난 봄 소풍 땐 어지럼증이 있었던 소년 하나가

뱅뱅 나비를 잡다가 쓰러졌다

집이 가만히 다가와

늘어뜨린 팔소매로 소년을 안고 사라졌다

반란과 거역의 아름다움을 이루려는 젊은이 하나는

주머니칼로 제 성기를 잘라 집을 향해 먹였다

그럴 때면 그들의 친한 이웃 몇몇은

아련해하고 안타까워하다가 말수가 줄었다

이웃들의 마음속엔 어쩜

십 년짜리 공부 마치고

또 이십칠 년짜리 공부 마치고

일찍 어쨌든 당당히 돌아가는 이들도 있는데 하는

부러움이 섞여 있지 싶기도 했다

이 삶이라는 거대한 학교에 모여

얼마만큼 당당해져야 할까

밤늦도록 눈을 비비며 생활을 계산하는

동문수학하는 거대한 수의

학생들의 얼굴 경이롭고 두려웠다

자퇴와 무단결석을 맘먹기도 했다

오직 집으로 다시 돌아가기 위해서만 공부하는 거라면

아닐 것이다. 어떻게

집으로 잘 돌아갈 것인가를 위해 그것을 위해

쉰두 해 예순여덟 해 넘기도록 기다리는 이들도 적지 않은데

나는 잘 돌아갈 가망이 있는 것일까

처음엔 쉰두 해 예순여덟 해 넘기도록 학교에 끌려 나와

그래 끌려 나와 공부건 청소건 심부름이건 해야 하는 이들

나보다 더 지지부진한 이들이 없진 않구나 위안 삼았지만

학교의 뿌연 유리창을 잘 닦자고 닦다가 깨트린 날부터

훌륭해 보이기 시작하는 그들

그들도 모두 떠나온 집을 사랑하고 기다리는 것이다

집에서는 언제나 만족하려나

언제나 우리의 공부를 멈추게 하고 따뜻이 불러들이려나

그 집, 죽음 말고 어디를 더 갈 데가 있겠는가

그 집, 죽음 말고 어디가 우리를 품어 주겠는가

집이 사랑으로써 우리를 학교에 보내 가르쳤으니

공부 다 마친 날

학교 입학하기 전의 일곱 살짜리 어린아이의 명랑한 말씨로
집 앞에 당도해 대문을 열며 크게 인사할 것이다
학교 다녀왔습니다
이제는 얼마든지 쉬고 잘 수 있는 기쁨과 평안을 안고서 다시 한 번
학교 잘 다녀왔습니다
그런 올올한 공부를 위해 오늘도 학교에 출석하였으니
집에 돌아갈 날짜를 세어 본다는 일은 부질없다
집이 나를 꼭 부를 것이고 집으로 내가 태어난 죽음으로
왜 내가 가지 않겠는가 왜 우리가

― 이진명, 「집에 돌아갈 날짜를 세어 보다」

이 시는 곽노순 교수 명상집 『큰 사람, 그대 삶의 먼동이 트는 날』 중 「빈 주머니여서 큰 웃음이 나도록 살아가라」라는 제목의 글에서 모티프를 얻었다고 한다. "죽음이 나를 털려 할 때 빈 주머니여서 큰 웃음이 나도록 살아가라. 우리가 생겨날 적의 상태로 돌아가는 것을 빈 주머니라 한다. 그리로 가까이 갈수록 긴 여정의 피곤이 가셔진다. 그리고 여정이 끝나는 날 대문을 밀고 들어가 '학교 다녀왔습니다'라고 하는 학생의 기쁨을 얻으리라." 그러고 보면 이진명은 기형도의 실존적 암전보다는 종교적 꿈의 집으로 돌아갈 날짜를 세는 쪽으로 방향을 잡아 삶의 구원을 모색해보는 모양이다.

어떠한가. 우리도 삶이라는 학교에서 쉼 없이 공부하다가 죽음이라는 집에서 불러 주면 '예' 하고 냉큼 달려가야 하지 않겠는가. 달려가서 꾸중 듣지 않도록 평소에 공부 성적을 어느 정도는 갖추어야 하지 않겠는가. 아니 학교생활에 미쳐 집일랑 까마득하게 잊고 지내지

말고, 그래도 가끔은 집에 돌아갈 날짜를 세어 보아야지 않겠는가. 기형도도, 이진명도 닿지 못한 귀가를 김진경은 이룬다.

> 캄캄한 밤길을 걸어왔습니다. 무논에 내리는 가랑비가 사락사락 소리를 내고, 둑길 가에 하늘타리꽃 하얗게 피어 캄캄한 하늘을 우러르고 있습니다. 어머니, 나는 또 그 집 뜨락의 수국이 비에 젖는 걸 보고 있습니다. 성경 읽는 소리 웅얼웅얼 뜨락에 깔리고, 촛불이 흔들리는 대로 창호지 문에 흔들리는 그림자 끄덕끄덕 혼자서 잠 속의 금강경을 읽고 있습니다. 대문간에 서서 그렇게 흔들리는 그림자를 오래 보고 있었습니다. 내가 찾는 것이 어머니보다 더 멀리 있다는 걸 깨닫고 있었지요. 어쩌면 나는 이미 어머니를 부르는 나를 뒤에 남겨 두고 다시 먼 길을 떠나고 있었습니다.
> 어두운 둑길 가에 하늘타리꽃 캄캄한 하늘을 우러르며 하얗게 피었습니다.
>
> — 김진경, 「그 집 뜨락의 수국」

김진경은 캄캄한 밤길을 걸어 애써 찾아온 집에서 아직도 둑길 가에 하늘타리꽃이 피고, 뜨락의 수국이 비에 젖고 있는 것을 본다. 그런 집에서 성경을 읽거나 금강경을 읽고 있는 어머니의 환영을 본다. 창호지문에 흔들리는 어머니의 그림자를 본다. 하지만 시인은 그런 어머니를, 어머니를 부르는 '나'를 거기에 두고 곧바로 그 집을 떠나고야 만다. 자기가 찾는 것이 어머니의 환영보다 더 멀리 있다는 것을 깨달았기 때문인데, 그것이 과연 무엇이기에 찾아온 고향을, 찾아온 집을, 찾아온 어머니를 다시 떠나야만 할까.

집, 아귀지옥과 인연의 두 얼굴

찾아온 집을 다시 떠나는 이유는 김진경에겐 진리의 궁극을 보기 위한 것일 테지만, 현실 차원에서라면 다음의 정병근, 이성복, 이하석, 황지우의 시들에서 표현된 그야말로 지옥 같은 집의 실상들 때문일 것이다.

> 차들이 가래침을 뱉으며 달리는 다리 밑
> 속을 게워 낸 소파와 신경통을 앓고 있는
> 의자들이 골똘하게 버려진 그곳에
> 그의 가족들 자리 깔고 식사한다
> 밖으로 동그랗게 등을 모으고
> 무언가 저렇게 열심히 먹을 때,
> 그의 가족은 행복하거나 즐거워야 한다
> 부지런히 기어가는 다족류처럼
> 뿔뿔이 흩어지며 숨 가쁘게 살아온
> 그의 약력이 잠시 한숨을 돌리는 시간,
> 희미해지지 않으면 견딜 수 없는 날들이 흘러갔다
> 차 소리 때문에 잘 들리지 않지만
> 수탉처럼 큰소리로 떠드는 그의 얘기를
> 돌방돌방 과일을 깎는 그의 여자와
> 야생마처럼 버릇없는 그의 아이들은
> 행복이 가득한 얼굴로 들어야 한다
> 방해하면 재미없다는 듯 간혹 영역 밖을 힐끔거리며

경계를 늦추지 않는 그의 눈빛,

식사가 끝나고 할 말 없으면 심심하여라

그와 그의 가족들은 일어서서 기지개를 켜다가

돌 몇 개 강물에 던져 보다가

앉았던 자리를 탈탈 말아 쥐고 서둘러 돌아간다

썩은 강물과 가래침 뱉는 차 소리를 뒤로하고

풍선처럼 부푼 그의 가족들이 트림을 하며 집으로 간다

— 정병근, 「그의 가족」

그는 아버지의 다리를 잡고 개새끼 건방진 자식 하며

비틀거리며 아버지의 샤쓰를 찢어발기고 아버지는 주먹을

휘둘러 그의 얼굴을 내리쳤지만 나는 보고만 있었다

그는 또 눈알을 부라리며 이 씨발놈아 비겁한 놈아 하며

아버지의 팔을 꺾었고 아버지는 겨우 그의 모가지를

문 밖으로 밀쳐 냈다 나는 보고만 있었다 그는 신발을 신은 채

마루로 다시 기어올라 술병을 치켜들고 아버지를 내리

찍으려 할 때 어머니와 큰누나와 작은누나의 비명,

나는 앞으로 걸어 나갔다 그의 땀 냄새와 술 냄새를 맡으며

그를 똑바로 쳐다보면서 소리 질렀다 죽여 버릴 테야

법(法)도 모르는 놈 나는 개처럼 울부짖었다 죽여 버릴 테야

별은 안 보이고 갸웃이 열린 문틈으로 사람들의 얼굴이

라일락꽃처럼 반짝였다 나는 또 한 번 소리 질렀다

이 동네는 법(法)도 없는 동네냐 법(法)도 없어 법(法)도 그러나

나의 팔은 죄(罪) 짓기 싫어 가볍게 떨었다 근처 시장(市場)에서

바람이 비린내를 몰아왔다 문(門) 열어 두어라 되돌아올
때까지 톡, 톡 물 듣는 소리를 지우며 아버지는 말했다
　　　　　　　　　　 - 이성복, 「어떤 싸움의 기록(記錄)」

아직 딸들은 돌아오지 않았다
원조교제 가서 하늘 없는 방을 파고들며
거친 숨 넘어가는 세월들을 만들고 있을까

이쪽 너무 멀리
세월 놓친 아비들의 노래만 있다
무덤자리 곁 깊은 세상을 파보고 구덩이를 메운 옆에서
술을 마시고 잠자지 않고 떠드는 이들은
겨울밤의 오리온좌를 가리킨다

딸은 끝없이 꿈에 대해서 말하고 말하지만
그건 결국 아비가 줄 수 없는 것을 달라고 하는 것
아비의 오리온좌를 그 가슴에 심어 준들
그 말을 묻은 땅속 별자리를 제 힘으로 다질 수 있겠는가

희망에 대해 말한다면
딸이 돌아와 식은 밥 데워 퍼서 울지 않고 상을 차려 놓는 것을
아비가 천천히 드는 것
새롭게 건너뛰어 쥐는 꽃이 아니라
서로의 상처를 기워 내어

실밥 무수한 밥꽃을 피워 내는 게 희망이라며
아비들은 또 술집으로 돈 벌러 나서는 딸들을 나무라지 못한다

— 이하석, 「희망에 대하여」

지하실에 세든 가장(家長)이
방 안에 연탄불을 피워놓고 일가족을 데리고 갔다
생활난(生活難)앞에
나도 요단강처럼 멀리 흘러
걸러지고 싶다
집이
관(棺) 속 같다
아내, 아이들이
무표정하게
함께 순장되어 있는

— 황지우, 「성가족(聖家族)」

   도대체 언제부터 우리의 집이 이렇게 참담하게 변해 버렸는가. 정병근의 시에서는 서로 마음이 어긋난 가족들이 작위적으로 행복한 웃음을 지어야 하는 집이 나오고, 이성복의 시에서는 부자가 천륜이건 인륜이건 모두 내팽개쳐 버리고 짐승처럼 싸우는 집이 나오며, 이하석의 시에서는 딸들이 원조교제 나가거나 술집에 나가 돈을 벌어 오는 집이 나온다. 그리고 황지우의 시는 결국 연탄불을 피워 놓고 일가족이 죽는 참극의 집을 표현한다. 그럼에도 위의 시들은 가난 때문에 생긴 고통의 집을 표현했기에 그나마 다행이다. 도덕보다 생존

이 앞서는 사람들에게 무슨 충고를 할 수 있으랴.

하지만 자식의 고액 과외비 때문에 온밤 내내 노래방에서 웃음과 몸을 파는 주부들과, 명품백과 명품 옷을 사려고 닥치는 대로 성을 파는 처녀애들, 늙어 오늘만 내일만 하며 골골거리면서도 권력과 재물과 명예에 눈이 멀어 손바닥으로 하늘을 가리는 거짓말을 해 대는 노인네들의 집들에서 누군들 살고 싶어 하겠는가.

오늘날 이토록 참담하게 붕괴되어 버린 집들의 이야기는 끝도 갓도 없다.

어쩌다 이렇게 돼 버렸을까, 그는 자기의 집이
시장통 네거리로 접수된 것을 따져 본다
도공의 손에 짓이겨지고 패대기쳐지는 찰흙처럼
사방으로 몰려오는 모욕의 통로가 된 집
그로부터 먼저 여자가 손가락질하며 떠나갔다
그 밖으로 살아 있는 날들의 꿈이던 아이들조차
상처의 통로를 하나둘 떠나갔을 때
그는 자기가 뙤약볕 아래 민달팽이가 돼 버렸음을
알아차렸다 자신의 의지와는 상관없이
이렇게 무자비하게 내동댕이쳐질 수 있다니!
이 세상에 내가 거처할 곳은 없는가, 라고 외치면
마치 소나기 피하러 초동이 뒤집어쓰던 토란잎 같은
집을 지니기엔 인생이란 너무 짧아, 라고 누군 속삭였다
늘 죄만 생각하는 자는 죄인이라고 했던가
늘 시장통 네거리가 돼 버린 집을 생각할 때

집은 그가 헤어나려는 악몽이 되어 갔고 이웃들은
넓은 평수며 전망이나 따지는 집들에만 급급했다
이런 법이 어디 있느냐고 묻고 싶으나
어디에 대고 물어 볼 하늘조차 없다는 걸 알았을 때
그는 지붕 없는 하늘로 고개를 들기도 했다 하지만
거기 은빛 별들보다 리어커 위의 은빛 갈치가
물크러지는 밤, 그는 시장통 네거리의 집을 끌고
별 볼 일 없는 집을 짓느라 오늘도 여전한 것이다

- 고재종, 「집」

　자본이 압박하는 길을 따라 "넓은 평수며 전망이나 따지는" 집을 좇는 오늘날, 우리의 집들은 한마디로 자본의 핵심부인 '시장통 네거리'에 놓인 채 온갖 모욕과 상처와 악몽을 견뎌야 한다. 시장통 네거리에서 리어카에 놓인 갈치를 팔거나 화려한 백화점에서 명품 백에 혈안이 되거나, 사고파는 이 자본과 욕망의 시장에서 뒤처지면 아내가 욕설하며 집을 떠나가고 아이들이 침 뱉으며 가출하고 만다. "도공의 손에 짓이겨지고 패대기쳐지는 찰흙처럼" 만신창이가 되어 버린다. 그러니 이제 자본의 집은 그만 삶의 회의로 가득한 실존의 집으로 변하고 만다. 순식간에 뙤약볕 아래 민달팽이가 돼 버린 존재, 자신의 의지와는 상관없이 무자비하게 내동댕이쳐진 존재는 어느 하늘에 대고 삶의 의미를 물어볼 수도 없다. 이런 법이 어디 있느냐고 발악발악 악을 써 봐도 이에 대꾸하는 존재는 더 이상 세상에 없게 되는 것이다.
　그럼에도 가정에는, 집에는, 지상에는, 아이들이 있고, 아버지들이 찾아와 그 아이들을 옹송옹송 끌어안는다.

    지상에는
    아홉 켤레의 신발.
    아니 현관에는 아니 들깐에는
    아니 어느 시인의 가정에는
    알전등이 켜질 무렵을
    문수(文數)가 다른 아홉 켤레의 신발을.

    내 신발은
    십구문반(十九文半).
    눈과 얼음의 길을 걸어
    그들 옆에 벗으면
    육문삼(六文三)의 코가 납작한
    귀염둥아 귀염둥아
    우리 막내둥아.

    미소하는
    내 얼굴을 보아라.
    얼음과 눈으로 벽(壁)을 짜 올린
    여기는
    지상.
    연민(憐憫)한 삶의 길이여.
    내 신발은 십구 문 반.

아랫목에 모인

아홉 마리의 강아지야.

강아지 같은 것들아.

굴욕과 굶주림과 추운 길을 걸어

내가 왔다.

아버지가 왔다.

아니 십구 문 반의 신발이 왔다.

아니 지상에는

아버지라는 어설픈 것이

존재한다.

미소하는

내 얼굴을 보아라.

― 박목월, 「가정」

 십구 문 반의 신을 신고, 얼음과 눈으로 벽을 짜 올린 지상의, 연민의 길을 걸어와 댓돌에 놓인 아홉 강아지 같은 새끼들의 옹송옹송한 신발을 보고 흐뭇해 하는 아버지. 그런 아버지가 미소하는 집이라면 아직도 희망은 있다.

오늘은 특별한 날이라고

자장면집 한켠에서 짬뽕을 먹는 남녀

해물 건더기가 나오자 서로 건져 주며

웃는다 옆에서 앵앵거리는 아이의 입에도

한 젓가락 넣어 주었다

면을 훔쳐 올리는 솜씨가 닮았다

— 최영철, 「인연」

또 사랑하는 가족이 화기애애하게 웃는 집이라면 어쩌겠는가. 최영철의 시 「인연」 속의 주인공 남녀는 아마도 결혼기념일을 맞았거나 어느 한쪽의 생일을 맞아서 외식을 나온 모양이다. 한데 그 특별한 날 온 곳이 기껏해야 자장면집인 걸로 보아 노동자나 서민의 삶을 면치 못한 부부일 것이다. 그럼에도 해물건더기가 나오자 서로 건져 주며 웃는 걸로 보아 아직도 그들 사이엔 꿋꿋하고 씩씩한 사랑이 존재하고 있다. 더구나 그들에겐 옆에서 앵앵거리는 아이도 있지 않는가. 한데 아이에게 한 젓가락 넣어 주자 그 면을 훔쳐 올리는 솜씨가 부모를 닮았다고 하는, 그 사실을 포착해 내는 시인의 예리한 눈을 보라. 이런 아름다운 풍경의 집이 세상에는 더 많을 것이라고 기대해 본다.

하지만 그런 행복한 현실의 집들이 영원할 것인가. 이 지상에서 그런 자식들과 더불어 오래오래 살 것 같지만 유한성에 놓인 인간의 집들은 다시 녹슬고 허물어지고 사라진다. 그러니 실낙원의 인간으로서는 궁극적으로 돌아갈 집을 또 다시 찾을 수밖에 없을 것이다. 그 때문에 종교가 생기고 철학이 생긴 것이 아닌가. 그리하여 천국을 만들고, 철인공화국을 만들고, 혹은 영생불사의 구호를 우리의 삶 속에 세뇌시키기도 한다.

시는 그런 사기를 치지 않는다. 시는 마당에 장미가 붉은 진동을 울리는 집을 단 한 번이라도 보게 한다. 시는 문득 아내의 눈가에 패인 주름을 보고 연민으로 가슴 젖게 하는 집을 사랑한다.

저 언덕 너머 어딘가
그대가 살고 있을까
계절이 수놓은 시간이란 덤 위에
너와 난 나약한 사람
바람이 닿는 여기 어딘가
우리는 남아 있을까
연습이 없는 세월의 무게만큼 더
너와 난 외로운 사람
난 기억하오 난 추억하오
소원해져 버린 우리의 관계도
사랑하오 변해 버린 그대 모습
그리워하고 또 잊어야 하는
그 시간에 기댄 우리

시는 바리톤 고성현의 「시간에 기대어」라는 노래가 흐르는 집을 눈물 젖도록 그리워하게 한다. 시간에 기대어 변해 가는, 그래서 시간에 기대어 그리워하고 또 잊어야 하는 유한한 인간들의 슬픔을 위로하는 노래, 그런 노래가 흐르는 집을 사무치도록 꿈꾸게 한다.

제5장

시와 사랑 : 사랑과 이별의 변주

플로렌티노 아리사라는 남자가 페르미나 다사라는 여자에게 한눈에 반해 지고지순한 사랑을 하게 된다. 여자도 남자가 운명의 사랑인 줄 알고 서로 편지를 주고받으며 결혼을 결심하지만 여자 아버지의 반대와 여자의 착각으로 헤어지게 된다. 여자는 결혼을 위해서는 돈과 명예가 필요하다는 믿음으로 우르비노 박사와 결혼을 하고, 이 둘의 결혼 생활 동안 플로렌티노는 많은 여자를 만나며 바람둥이로 살지만 마음은 늘 페르미나만을 생각하며 결혼을 하지 않는다. "그는 감옥에 갇힌 사람처럼 매일 벽에 작대기를 그으며 망각의 계산을 할 필요가 없었다. 단 하루도 그녀를 기억하게 하는 일이 일어나지 않고 지나가는 법이 없었기 때문이다." 그가 페르미나를 생각한 시간은 51년 9개월 4일, 즉 반세기를 기다린 끝에 그는 페르미나 다사에게 고백할 기회가 생겼고 함께 시간을 보내게 되는 행복한 노년을 맞는다. "쏘십시오. 사랑 때문에 죽는 것보다 더한 영광은 없습니다." 영원한 사랑을 고백하는 플로렌티노의 서사는 세월의 흐름과 죽음의 공포를 이겨 낸 인내와 헌신적인 사랑이 행복한 결말로 보상받는다는 낭만과 영원에 관한 이야기이다.

 이는 가르시아 마르케스의 『콜레라 시대의 사랑』이라는 소설 내용인데, 청년 시절 한눈에 반한 첫사랑을 향한 이런 지고지순한 사랑이 현실에선 과연 이루어질 수 있을까? 어쨌거나 이렇듯 사랑은 이성이나 논리의 반대쪽에 서 있다. 상대가 어떤 사람인지 아랑곳 않고 마음의 길이 언제나 그 사람에게 향하고, 남들이 보기에는 하잘것없는 왜소한 존재임에도 심연과 고공은 깊이와 높이로 서로 내통한다. 사랑에 빠졌을 때, 이 주체할 수 없는, 나 아닌 또 다른 존재를 향한 갈망은 시와 다르지 않다. 시 역시 다른 존재를 향한 짙은 그리움을 담고 있기 때문이다. 모든 시는 망망한 밤하늘의 한 점 불빛이다. 반짝반짝 또 다른 살아 있는 정신에게 보내는 간절한 신호인 것이다. 사람들 사이에 가로놓인 섬을 넘어서서 마침내 따뜻한 손길을 부여잡고자 하는 갈망에 찬 몸짓이 시인 것이다.

 무엇보다도 무어라고 규정할 수 없는, 예전엔 느껴 본 적도 없는 이 독특한 사랑의 감정은 무어라고 명명하는 순간 이미 그것이 아닌 다른 것으로 변질되어 버릴 것 같다. '사랑'이란 말로는 표현할 수 없는, 표현한 순간 그저 범속한 사랑이 되어 버릴 것 같으니 이를 어쩌는가. 자신만의 설렘과 두근거림을 표현할 수 없다는 안타까움으로, 사랑이라는 범속한 단어를 훌쩍 넘어 자신만의 고유한 사랑을 전해 줄 언어를 모색하는 지난한 과정, 이것은 시 쓰기의 지난함이기도 하다.

 김상욱이 말한 대로 "오직 자신만의 관점으로 세계를 보는 완벽한 주관성, 자신의 세계를 방기할 정도로 타자에 몰두하는 전적인 몰아(沒我). 그 어떤 언어로도 자신을 드러낼 수 없다는 절망과 모색 등이야말로 시와 사랑의 교차지점이다." 사랑에 빠진 사람은 모든 존재하는 대상들을 그 사람과 연결시켜 생각하기를 마다하지 않는 것이다. 이런 사랑은 부지불식간에 찾아온다.

아무 소리도 없이 말도 없이
등 뒤로 털썩
밧줄이 날아와 나는
뛰어가 밧줄을 잡아다 배를 맨다
아주 천천히 그리고 조용히
배는 멀리서부터 닿는다

사랑은,
호젓한 부둣가에 우연히,
별 그럴 일도 없으면서 넋 놓고 앉았다가
배가 들어와
던져지는 밧줄을 받는 것
그래서 어찌할 수 없이
배를 매게 되는 것

잔잔한 바닷물 위에
구름과 빛과 시간과 함께
떠 있는 배

배를 매면 구름과 빛과 시간이 함께
매어진다는 것도 처음 알았다

사랑이란 그런 것을 처음 아는 것

빛 가운데 배는 울렁이며
온종일 떠 있다

— 장석남, 「배를 매며」

    이 시는 부지불식간에 사랑이 찾아드는 과정을 부둣가에서 밧줄을 잡아다 배를 매는 일에 빗대어 노래하고 있다. 사랑의 처음은, 호젓한 부둣가에서 하릴없이 넋 놓고 앉아 있다가 갑자기 날아든 밧줄을 받아 배를 매는 것처럼 예기치 못한 순간에 저항할 수 없이 시작되는 것이다. 그런데 배를 매면, 배가 떠 있는 바다와 구름과 빛과 시간이 함께 매어진다는 걸, 사랑이란 그런 것이라는 사실을 처음 알게 된다. 사랑을 시작하게 되면 사랑을 둘러싼 모든 세계까지 함께 받아들이는 일이라는 것이다. 시인은 이처럼 '사랑'이라는 추상적 관념을 '배를 매는 행위'라는 구체적 사물과 행위를 통해 형상화함으로써 사랑이라는 특수하면서도 보편적 감정에 대한 공감을 오롯이 불러일으키고 있다.

사랑은 어떻게 오나

너는 어떻게 내게 왔던가?
오기는 왔던가?
마른 흙을 일으키는 빗방울처럼?

빗물 고인 웅덩이처럼?
젖은 나비 날개의 지분(脂粉)처럼?
숲을 향해 너와 나란히 걸었던가?
꽃그늘에서 입을 맞추었던가?
우리의 열기로 숲은 좀 더 붉어졌던가?
그때 너는 들었는지?
수천 마리 벌들이 일제히 날개 터는 소리를?
그 황홀한 소음을 무어라 불러야 할까?
사랑은 소음이라고?
네가 웃으며 그렇게 말했던가?
정말 그 숲이 있었던가?

그런데 웅웅거리던 벌들은 다 어디로 갔지?
꽃들은, 너는, 어디에 있지?
나는 아직 나에게 돌아오지 못했는데?

― 나희덕, 「숲에 관한 기억」

 사랑은 마법과 같기도 하다. 사랑은 눈을 멀게 하는 갑작스러움과 논리나 통제가 무시되는 강렬함 때문에 흔히 마법적인 것으로 여겨졌다. 특히 로맨틱한 연인은 자신들의 사랑에 신비로운 확신을 주기 위해 전생까지도 들먹이며 둘만의 운명을 즐겨 말하거나 하늘의 어떤 별자리까지도 둘만의 우주적 증표로 떠 있는 양 치부하였다. 그 마법의 사랑은 흔히 또 '순결한 관능'으로 가득 찬 마법의 숲을 꿈꾸게 된다. 이런 사랑의 에덴동산은 순진함과 유혹, 목가적인 행복과

에로틱한 민감성의 양면적인 상징을 갖게 된다. 시인들은 사랑의 황홀을 묘사하기 위해 이런 숲과 자연의 이미저리를 빌려 오는 것이다. 마치 "그녀는 눈을 떴다, 그리고 초록빛으로/그 눈은 꺾이지 않은 꽃처럼 맑게 빛났다/처음으로, 이제 처음으로 눈에 띈 꽃처럼"이라고 D. H. 로렌스가 쓴 것처럼.

「숲에 관한 기억」의 사랑에 빠진 시적 화자도 순결한 관능의 열기로 좀 더 붉어진 마법의 숲에서 '너'를 만난다. 너는 사실 어떻게 온 지도 모르게 내게 온다. 마치 마른 흙밭의 고갈을 적시는 단비처럼, 빗물 고인 웅덩이에 번지는 수많은 파문처럼, 날개가 젖어서 날지 못하게 하는 것을 방지하는 나비 날개의 지분처럼, 그렇게 너는 온다. 그렇게 온 너와 함께 숲을 향해 나란히 걷는다. 걷다가 꽃그늘에서 입을 맞춘다. 그러자 그 열기로 어둡고 깊고 아름다운 숲은 좀 더 붉어지고, 온몸과 영혼에선 수천 마리 벌들이 웅웅거리며 일제히 날개 터는 소리가 들린다. 이 얼마나 황홀한 입맞춤인가. 이 얼마나 열기 나는 키스인가. 아마도 '황홀한 소음'으로나 불러야 할 이 '사랑의 소음'을 경험한 사람은 이런 최초의 키스, 최초의 정열에 대한 기억 때문에라도 그 사랑이 시든 이후를 충분히 이겨 낼 것이다.

잘 알다시피 구스타프 클림트의 「키스」는 키스의 황홀함으로 온몸이 황금빛 환희의 보석으로 가득하고 발밑에는 기화요초들이 만화방창한 것을 빼어나게 표현한 작품이다. 그런데 키스하는 두 연인이 서 있는 꽃밭 언덕은 사실 절벽으로 자칫하면 추락의 위험성을 안고 있어서, "사랑의 환상들은 아주 달콤하겠지만 그러나 그것들이 단명하는 것을 모르는 사람이 어디 있는가?"라고 18세기 프랑스 작가 피에르 드 라클로가 그 유명한 소설 『위험한 관계』에서 한 말을 기억케 한다. 어떤 철학자는 "사랑은 기만의 아들이며 환상의 자식이다"고 했다. 힌두교에서는 지속적인 사랑조차도 마야maya, 혹은 환상의 한 단면으로 간주한다고 한다. 세상과 그 안의 모든 것은 마야의 창조력으로부터 형성되었으므로 인간의 사랑은 언제나 사랑의 덧없음에 대한 인식으로 물들기 마련이라는 것이다.

아니나 다를까. 이 시에서도 그렇게 황홀한 키스가 이루어졌던 그 숲이 정말 있었던 것인가 하고 시인은 묻고 있다. 아니 아예 '너'가 내게 오던 처음부터 "내게 왔던가?/오기는 왔던가?" 하는 단정을 피하는 어투로 시작해서 시가 끝나기까지 그런 투의 물음을 계속해 댄 것은 이 숲의 기억이 진짜 현실일 수도 있고 환상일 수도 있다는 걸 말한 것이다. 설령 현실이라 하더라도 그 웅웅거리던 벌들의 황홀한 소음은 이미 사라졌고, 꽃도, 너도, 어디에 간 줄 모른다. 다만 아직도 그 황홀한 키스로 인한 몰아(沒我)로 정신을 차리지 못하고 있는 나만 여기 있는 것이다. 그러나, 그렇더라도, 그것이 뭐가 잘못됐다는 것인가. 셰익스피어는 『한여름 밤의 꿈』에서 "광인과 연인과 시인은 모두 상상으로 꽉 차 있다"고 하지 않는가. 사랑의 결과가 단명하거나 환상이라 할지라도 도대체 누가 수천 마리 벌들이 일제히 날개 터는 소리, 곧 황홀한 소음이 나는 숲 속의 키스를 마다하겠는가. 그런 환상을 어찌 즐기지 않겠는가. 연인의 키스 감정을 "수천 마리 벌들이 일제히 날개 터는 소리"로 감각화 하고 그걸 형용모순적 표현인 "황홀한 소음"으로 해석해 낸 시인은 이 하나의 '특허권'만으로도 누누이 먹고 살겠다.

어떻게 저 많은 별들 가운데

어떻게 저 많은 사람들 가운데

눈이 내리고 수영을 하던 밤

햇빛이 내리쬐고 여행 가방을 싸던 밤

시시각각 우리는 이렇게

질문도 없이 대답을 하지

이토록 가벼운 존재에 대하여

이토록 충만한 투명함에 대하여

사계절 내내

곱슬머리가 부풀어 오르는 우기에도

털모자를 눌러쓰고 걷던 혹한기에도

시시각각 우리는 이렇게

대답 없는 질문을 던지지

이곳은 지구라는 별

네가 왔다

이토록 무한한 녹색 빛

이토록 정지된 푸른 시간

사계절 내내

— 강성은, 「Le Rayon vert 에릭 로메르를 위하여」

　에릭 로메르는 '최후의 누벨 바그'라는 말을 들을 만큼 가장 지속적으로 누벨 바그 영화의 영향력을 보여 준 프랑스 감독이다. 남녀의 가벼운 사랑 줄다리기 같은 일상을 그리면서도 사람의 '마음'과 깊이 있는 인생을 이야기했다거나 클래식하면서도 로맨틱하고, 가벼우면서도 심각하고, 센티멘털하면서도 도덕주의적인 '로메르 스타일'을 창조했다는 그의 영화 중에 〈Le Rayon vert(녹색광선)〉가 있다.

청순하지만 내성적이고 소심한 소녀 델핀느는 여름휴가를 맞지만 친구들로부터 외면을 당하고 휴가 기간을 혼자 보내야 하는 처지에 놓이게 된다. 남자친구를 구할 수 있기를 내심 바라지만 자신의 성격 탓으로 뜻대로 되지도 않는다. 그러나 델핀느는 얼마 전 친구로부터 녹색은 그녀에게 행운을 가져다 줄 것이라는 이야기를 들었기에 희망을 잃지 않는다. 좋은 일이 생길지 모른다는 친구의 권유에 따라 노르망디에 있는 친구 집에서 휴가를 보내지만 거기에서도 남자를 사귀기는커녕 그곳 사람들과 잘 어울리지도 못한다.

실망 속에서 델핀느는 집으로 돌아가려다 우연히 비아리츠역에서 만난 한 남자와 몇 마디의 대화로 서로가 쉽게 통할 수가 있게 됨을 알게 된다. 태양이 바다 수평선 너머로 사라지고 있는 일몰 때, 둘은 보기 힘들 정도로 녹색 빛을 발하는 바닷가에서 지는 태양을 응시하고 있다. 빛의 굴절로 인해 일시적으로 발하는 녹색광선을 향하여 델핀느는 감탄의 소리를 지르고, 그 녹색의 빛은 결국 그 남자로부터 흘러나온다는 것을 알게 되는 것이다.

사랑의 빛을 발견하기 전의 델핀느처럼 눈이 내리거나 수영을 하거나, 햇빛이 내리쬐거나 여행 가방을 싸거나, 곱슬머리가 부풀어 오르는 우기이거나 털모자를 눌러쓰고 걷던 혹한기에도 시시각각 우리는 '질문도 없이 대답'을 하고 '대답 없는 질문'을 해 댄다. "이토록 가벼운 존재에 대하여/이토록 충만한 투명함에 대하여" 질문도 없이 대답을 하고 대답도 없는데 질문을 던진다. 참으로 외롭고 따분한 존재에 대해, 사랑에 대해, 일상에 대해.

그런데 이런 외롭고 따분한 삶에 "지구라는 별"로 "네가 왔다."

"어떻게 저 많은 별들 가운데/어떻게 저 많은 사람들 가운데"서 왔는지 "이토록 무한한 녹색 빛/이토록 정지된 푸른 시간"을 품고 네가 온 것이다. 사랑이란 이름으로 네가 내게 온 것이다. 이 얼마나 기적적인 일인가. 이 얼마나 생의 경이와 황홀로 넘칠 일인가.

사랑의 분홍과 붉음과 노랑

하지만 이런 사랑의 경이와 존재의 황홀은 당연히 열정과 욕망의 마음을 붉고 뜨겁게 드러내기 마련이다.

오리 떼가 헤엄치고 있다.
그녀의 맨발을 어루만져 주고 싶다.
홍조가 도는 그녀의 맨발,
실뱀이 호수를 건너듯 간질여 주고 싶다.
날개를 접고 호수 위에 떠 있는 오리 떼.
맷돌보다 무겁게 가라앉는 저녁 해.

우리는 풀밭에 앉아 있다.
산 너머로 뒤늦게 날아온 한 떼의 오리들이
붉게 물든 날개를 호수에 처박았다.
들풀보다 낮게 흔들리는 그녀의 맨발,
두 다리를 맞부딪치면
새처럼 날아갈 것 같기만 한.

해가 지는 속도보다 빨리
어둠이 깔리는 풀밭.
벗은 맨발을 하늘에 띄우고 흔들리는 흰 풀꽃들,
나는 가만히 어둠 속에서 날개를 퍼득여
오리처럼 한번 힘차게 날아 보고 싶다.

뒤뚱거리며 쫓아가는 못난 오리,
오래전에
나는 그녀의 눈 속에
힘겹게 떠 있었으나.

─ 박형준, 「사랑」

  해가 지고 있는 호수에 오리 떼가 헤엄을 치고 있다. 그녀와 함께 풀밭에 맨발을 뻗고 앉아 그것을 바라보고 있던 '나'는 순간 그녀의 '맨발'을 어루만져 주고 싶다. "홍조가 도는 그녀의 맨발"을 실뱀이 호수를 건너듯 부드럽게 간질여 주고 싶은 것이다. 아마도 오리 떼가 홍조로 물든 맨발로 헤엄을 치고 있는 것을 보고 순간적으로 느낀 연상일 게다. 그런 오리는 헤엄치다가 날개를 접고 호수 위에 떠 있기도 하고, 그녀의 맨발을 차마 못 간질이는 맷돌보다 무거운 '나'의 마음은 저녁 해가 되어 가라앉고, 그리고 또 산 너머에서 뒤늦게 날아 온 오리 떼는 가라앉는 저녁 해에 붉게 물든 날개를 호수에 처박기도 한다. 허나 들풀 속에서 "들풀보다 낮게 흔들리는 그녀의 맨발"은 "두 다리를 맞부딪치면/새처럼 날아갈 것 같기만" 하게 사랑스럽다.

맨발. 맨발에 대한 동경. 맨발에 대한 사랑. 맨발의 상상력! 죽은 부처가 늦게 온 가섭에게 관 밖으로 내민 맨발은 무소유와 고행으로 점철된 길의 맨발이다. 호렙산정에서 하느님의 음성을 들은 뒤 신발을 벗고 나아간 모세의 맨발은 정결과 복종의 맨발이다. 음행한 여자 막달라 마리아가 향유와 눈물과 긴 머리카락을 풀어 닦은 예수의 맨발은 경배와 구원의 맨발이다. 화가 프리다 칼로가 소아마비에다 교통사고와 병까지 겹친 다리를 잘라 버리고 노트에 그린 맨발은 고통이 승화된 예술의 맨발이다. 하늘로 날려는 춤꾼 홍신자가 보여 준 오그라들고 뒤틀린 맨발은 날개에 다름 아닌 맨발이다. 초등학교 때 숙제로 그려간 아버지의 논밭일에 만신창이가 된 맨발은 신성한 노동의 맨발이다. 그리고 또또 바닷가 모래밭을 사뿐사뿐 걷는 맨발은 무슨 맨발인가.

그런데 이 시에서 들풀보다 낮게 흔들리는, 홍조가 도는 그녀의 맨발, 새처럼 날아갈 것만 같은 그녀의 맨발은 사랑과 욕망을 일으키는 맨발이다. 맥락은 다를지 몰라도 중국인들이 나이 어린 처녀아이에게 꼭 끼는 가죽신을 신기는 전족 풍습은 그녀들이 도망가지 못하게 할 심산도 있었지만 그보다는 자기 사랑의 소유의 표지인 맨발을 다른 사람에게 보이지 않고 싶은 생각도 있어서일 것이다. 우리나라에서도 반가에선 남정네 앞에 맨발을 드러내면 음욕을 드러낸 걸로 여겨 내침을 당하기도 한 예가 있는데, 버선을 신고도 방에 끌리도록 긴 치마를 입은 것은 바로 맨발을 절대 드러내지 않겠다는, 정숙을 다짐하는 마음에서 그랬을 것이라고 여겨진다. 그러니 이 시에서 시적화자인 '나'가 그녀의 '맨발'을 어루만져 주고 싶은 것은 그녀에 대한 자기만의 간절한 사랑과 욕망을 드러낸 것이다.

어쨌든 해가 빠르게 지고 그보다 더 빨리 어둠이 깔리도록 어루만 지지 못하는 맨발을 하늘에 띄우고 싶다. 벗은 맨발을 하늘에 띄우고 흰 풀꽃들처럼 흔들리다가 그만, 어둠 속에서 날개를 퍼덕여 오리처럼 한번 힘차게 날아보고 싶다. 이는 곧 그녀의 맨발을 어루만짐으로 그토록 바라는 사랑과 욕망을 이루어 날아갈 듯한 마음을 얻고 싶은 것이다. 하지만 '나'는 뒤뚱거리며 쫓아가는 못난 오리다. 오래전에 그녀의 눈 속에 힘겹게 떠 있었으나 지금은 그나마도 그러지 못 하는 못난 오리인 것이다. 이럴 때 "아, 이 얼마나 슬프고도 괴롭고도 가슴 아픈 이야기란 말인가"라는 변사조의 말이 필요할지 모른다. 하지만 그럼에도 이 '못난 짝사랑'은 얼마나 순결한가. 홍조가 도는 그녀의 맨발을 간질이고 싶은 사랑은 얼마나 진실하고 애틋한가. 그녀는 발가락이 이리 오그라들고 저리 뒤틀리기 전에, 발바닥에 옹이가 박히고 더께가 지기 전에, 발굽이 갈라지고 또 갈라지기 전에 어서 빨리 '나'에게 맨발을 내놓아야 하리라. 온갖 세상의 오욕을 밟을 그 맨발을 도대체 '나' 말고 누가 사랑할 것인가.

    그런 사랑은 자신의 삶을 온통 그 사람을 향하여 진행되게 놔둔다.

        그는 남쪽에 있다
        남쪽 창을 열어 놓고 있으면
        그가 보인다
        햇빛으로 꽉 찬 그가 보인다
        나는 젖혀진다
        남쪽으로 남쪽으로 젖혀진 내 목에서

붉은 꽃들이 피어난다

붉은 꽃들은 피어나면서 사방으로 퍼진다

그의 힘이다

그는 남쪽에 있다

그에게로 가는 수많은 작은 길들이

내 몸으로 들어온다

몸에 난 길을 닦는 건 사랑이다

붉은 꽃들이 그 길을 덮는다

새와 바람과 짐승들이 그 위를 지나다닌다

시작과 끝은 어디에도 없다

그는 남쪽에 있다

— 김상미, 「사랑」

    베란다에 화분을 갖다 놓으면 잎새나 꽃들이 어느새 남쪽으로 향해 있다. 남쪽에 해가 있기 때문이다. 이것을 식물의 향일성(向日性)이라고 한다. 사랑도 마찬가지다. 그가 있는 쪽으로 고개가 젖혀지고 몸이 기운다. 유부남인 청마 유치환이 이영도라는, 이승에선 이루어질 수 없는 사랑 쪽을 향하여 책상마저 돌려놓았다고 하듯이, 그가 있는 쪽으로 온 마음이 다 기운다. 그리고, 젖혀지고 기운 나의 목과 마음에서 꽃들이 피어난다. 붉은 꽃이 피어난다. 그것도 한 송이가 아니라 무더기무더기 피어난다. 피어나면서 그 향기가 또 사방으로 퍼진다. 시인이 굳이 "그의 힘이다"라고 설명을 하지 않아도 깊이 사랑해 본 사람은 사랑의 힘이 얼마나 센지를 너무도 잘 안다.

    또 사랑에 빠져 본 사람은 안다. "그에게로 가는 수많은 작은 길들이/내 몸으로 들어온다"는 것을. 내 몸으로 들어온 길들이 항상 나를 이리저리 이끈다는 것을. 그리고 그 길들을 반짝반짝 윤이 나게 닦아야 한다는 것을. 길을 정결하게 닦아야만 그가 내게 올 수 있고 또 내가 그에게 갈 수 있다는 것을. 사랑이 오가는 그 길은 붉은 꽃들로 덮일 수밖에 없다. 사랑하는 사람은 사랑하는 이와의 모든 만남을 하나의 축제로 체험한다지 않는가. 그렇다면 사랑의 그 길엔 새와 바람과 짐승들마저 우주적으로 참예할 수밖에 없지 않는가. 그래서 그 길이야말로 "시작과 끝이 어디에도 없다"는 말은 바로 '영원한 사랑'에 대한 다짐이 아니겠는가.

"'난-널-사랑해' 란 말은 어떤 용도로도 쓰이지 않는다. 그것은 어린애의 말만큼이나 사회적인 제약을 받지 않으며, 하나의 숭고하고도 엄숙하며, 또는 관능적이며 도색적인 말일 수도 있다. 그것은 사회적으로 무책임한 말이다."(롤랑 바르트) 맞다. '난-널-사랑해' 라고 고백하는데 무슨 사회적 책임을 져야 하는가. 그의 쪽으로 몸과 마음이 온통 기우는데 나보고 어쩌란 말인가. 사랑한 죄 때문에 목숨을 내놓아야 한단들 그게 무슨 고통이겠는가. 그가 로미오와 줄리엣처럼 서로 원수 집안의 자식인들 무슨 상관이 있겠는가. 시냇가에 핀 맑은 꽃처럼 너의 눈이 나를 바라보는데, 내가 왜 너를 천 년 전부터 바라보지 않았겠는가.

이런 사랑은 늘 그대를 생각하게 하고 노란 은행잎을 줍게 한다.

1
내 그대를 생각함은 항상 그대가 앉아 있는 배경(背景)에서 해가 지고 바람이 부는 일처럼 사소한 일일 것이나 언젠가 그대가 한없

이 괴로움 속을 헤매일 때에 오랫동안 전해 오던 그 사소함으로 그
대를 불러 보리라.

2

진실로 진실로 내가 그대를 사랑하는 까닭은 내 나의 사랑을 한
없이 잇닿은 그 기다림으로 바꾸어 버린 데 있었다. 밤이 들면서 골
짜기엔 눈이 퍼붓기 시작했다. 내 사랑도 어디쯤에선 반드시 그칠
것을 믿는다. 다만 그때 내 기다림의 자세를 생각하는 것뿐이다. 그
동안에 눈이 그치고 꽃이 피어나고 낙엽이 떨어지고 또 눈이 퍼붓
고 할 것을 믿는다.

― 황동규, 「즐거운 편지」

"내 그대를 생각함은 항상 그대가 있는 배경에서 해가 지고 바람
이 부는 일처럼 사소한 일일 것이나 언젠가 그대가 한없이 괴로움 속
을 헤매일 때에 오랫동안 전해 오던 그 사소함으로 그대를 불러 보리
라."고 입술을 달싹이며 이 시를 읊어 보라. 그러면 참으로 가슴을 촉
촉이 저미며 다가올 이 「즐거운 편지」는 박신양 주연의 「편지」라는
영화에 삽입되어 유명해진 시이다. 황동규 시인의 고백에 의하면 습
작시와 잃어버린 시를 빼고 지금 온전히 남아 있는 것 가운데 「유성
(流星)」과 함께 최초의 작품이라고 한다. 더구나 이 시는 고등학교 중
반에 씌어져서 졸업 무렵 받은 교지에 실렸던 작품이라고 한다. 이와
같은 사실을 알고 놀라는 것은 황동규 시인의 시적 재능 때문이 아니
라 나이에 걸맞지 않은 시에 담긴 정서와 사유의 의젓함 때문이다.
이 사랑노래는 우선은 「진달래꽃」이나 「님의 침묵」에서처럼 애인

은 떠나가고 화자는 뒤에 남아, 가는 사람에게 사랑을 호소하는 상황이 제시된다. 설령 그대가 떠나갈지라도 나는 그대를 생각할 것인데, 그것은 "그대가 앉아 있는 배경에서 해가 지고 바람이 부는 일처럼 사소한 일일 것"이라고 한다. 하지만 해가 지고 바람 부는 일이 어찌 사소한 일인가. 이는 우주적인 일이 아닌가. 이런 거대한 자연현상을 사소한 일로 치부하는 화자의 아이러니는, 애인 이외의 것은 모두 사소한 것으로 치부하려는 사랑하는 자의 심리가 내포되어 있다. 어쨌든 "오랫동안 전해 오던 그 사소함으로" "언젠가 그대가 한없이 괴로움 속을 헤매일 때에" 그대를 부르겠다는 마음 자세는 참으로 갸륵한 마음이다. 죽자 살자 하고 좋아하다가 조그만 어려운 일에도 쉽사리 변심해 버리는 오늘의 사랑의 세태를 보면 역시 이런 마음은 전통적이자 여성적인 자세를 닮았다고 할 수 있다.

그런 자세로 화자는 다시 다짐한다. "진실로 진실로 내가 그대를 사랑하는 까닭은" 내가 나의 사랑을 한없는 기다림으로 바꾸어 버린 데 있다고. 그런데 비록 밤이 들면서 골짜기에 눈이 퍼붓기 시작해 그대가 날 찾아오지 못할지라도 화자는 더 이상 그대에게 연연해 하지 않을 태세이다. "아아 님은 갔지만은 나는 님을 보내지 아니하였습니다"(「님의 침묵」)는 기다림과는 전혀 다른 단언을 해 버리기 때문이다. "내 사랑도 어디쯤에선 반드시 그칠 것을 믿는다"라고 말이다. 다만 그때 내 기다림의 자세를 생각하는 것뿐, 그동안에 눈이 그치고 꽃이 피어나고 낙엽이 떨어지고 또 눈이 퍼붓고 할 것을 믿을 뿐이라는 것이다. 한마디로 대자연의 섭리라는 맥락에선 하나의 이별이라는 것도 회자정리(會者定離)처럼 무슨 대수롭거나 특별한 것이 아니라는 것을 보여 주고 있는 듯하다.

고등학교 3학년치고는 대단한 삶의 천착이다. 황동규 시인 본인은 이를 두고 "고등학교 3학년 때에 위의 사실들을 이미 모두 천착하고 있었다는 말이 아니다. 그때는 대학 입시 공부를 하며 김소월과 『두시언해(杜詩諺解)』에 빠져 있을 뿐이었다. 실존주의만 하더라도, 실존이 본질에 선행한다는 명제 정도를 기계적으로 암기하고 있었을 뿐이었지 깊이 있는 이해를 한 것도 아니었다. 그러나 육이오 직후 폐허화된 우리 사회 전체를 뒤덮었던 실존주의적 분위기는 이성적인 이해가 없이도 시인들의 정신에 막대한 영향을 미쳤을 것이다"라고 겸손해 하지만, 어쨌든 그 나이치고는 사유의 의젓함이 돋보이는 시이자 김소월적 전통가락을 벗어날 수 있는 단초를 보여 준 시인 것만은 틀림없다.

너의 노오란 우산깃 아래 서 있으면
아름다움이 세상을 덮으리라던
늙은 러시아 문호의 눈망울이 생각난다
맑은 바람결에 너는 짐짓
네 빛나는 눈썹 두어 개를 떨구기도 하고
누군가 깊게 사랑해 온 사람들을 위해
보도 위에 아름다운 연서를 쓰기도 한다
신비로와라 잎사귀마다 적힌
누군가의 옛 추억들 읽어 가고 있노라면
사랑은 우리들의 가슴마저 금빛 추억의 물이 들게 한다
아무도 이 거리에서 다시 절망을 노래할 수 없다
벗은 가지 위 위태하게 곡예를 하는 도롱이집 몇 개

때로는 세상을 잘못 읽은 누군가가

자기 몫의 도롱이집을 가지 끝에 걸고

다시 이 땅 위에 불법으로 들어선다 해도

수천만 황인족의 얼굴 같은 너의

노오란 우산깃 아래 서 있으면

희망 또한 불타는 형상으로 우리 가슴에 적힐 것이다.

— 곽재구, 「은행나무」

존 암스트롱은 『사랑의 발견』이란 책에서 '도취'를 "치명적이고도 날카로운 황홀"로 정의한다. 왜 이 정의부터 들이대는가 하면 샛노랗게 물든 은행나무 숲에 들면 사실 사랑에 도취된 어떤 사람처럼 치명적이고도 날카로운 황홀에 빠지곤 하기 때문이다. 러시아의 대문호 도스토옙스키는 감옥과 도박과 간질과 빚 등에 시달려 삶의 온갖 신산을 다 겪고도 "아름다움이 세상을 덮으리라"는 찬양의 말을 내놓았는데, 은행나무 숲의 그런 황홀에 취하노라면 역시 아름다움이 세상을 덮고도 남을 일처럼 여겨지는 것이다.

그런 은행나무의 빛나는 잎새가 바람결에 하나둘, 혹은 우수수 날린다. 또 그 잎새들이 길가에 수를 놓거나 수북이 쌓인다. 이 모습을 시인은 "누군가 깊게 사랑해 온 사람들을 위해/보도 위에 아름다운 연서를" 쓴다고 한다. 은행잎이 보도 위에 연서를 쓴다는 표현은 참으로 아름답지만, 사실 은행잎 지는 나무 밑에 앉아서 되레 우리는 얼마나 많은 금빛 연서를 썼던가. 역시 치명적이고도 날카로운 황홀에 도취되어 내가 꿈꾸는 사랑의 아름다움이 은행잎처럼 세상을 온통 덮으리라고 마음의 수천 통 편지를 쓰고 또 쓰곤 했던 것이다.

우리는 그런 수천 통의 편지를 통해 마침내 사랑을 이루기도 했다. 그래서 그 사랑과 함께 은행나무 숲을 거닐며 은행잎을 줍기도 하고, 은행잎을 그러모아 공중에 날리며 웃어젖히기도 하고, 집에 돌아오면 그 장면들을 떠올리며 온 마음에 금빛 물을 들이기도 했던 것이다. 하지만 그렇게 아름다운 사랑이 어찌 오래가겠는가. 그러기에 은행나무 우산깃 아래 서면 우리는 옛 추억을 떠올릴 수밖에 없는 경우도 있는 것이다.

다시 롤랑 바르트의 『사랑의 단상』을 펼치면, '추억'이란 "사랑하는 이에 관련된 물건이나 몸짓, 장면 등의 행복하고도 가슴 아픈 회상으로, 사랑 담론의 문법에서는 반과거 시제의 개입을 나타나게 하는 것"으로 정의되어 있는데, 사실 여기서 '행복하고도 가슴 아픈 회상'이란 그것이 이제 추억이기 때문에 가능한 것이다. 그래서 시인도 이를 "금빛 추억의 물이 들게 한다"라고 표현하지만, 그 상처는 당시엔 도취할 정도로 황홀했던 만큼이나 치명적이고도 날카로웠던 것일 게다.

하지만 오늘 다시 노오란 우산깃 아래 서니 역시 "아무도 이 거리에서 다시 절망을 노래"하게 할 수 없다는 생각이 든다. 그건 그 사랑이 결국 세상을 잘못 읽은 누군가의 곡예와 같은 불법의 도롱이집 때문에 추억으로 전락하고 말았던 것이니, 이제 그런 불법들도 끝내 샛노란 은행잎의 그 황홀과 아름다움으로 녹여 버리고 희망의 불타는 형상을 가슴속에 다시 새길 수 있다는 것이다. 참으로 그래야 할 일이리라.

사랑은 편지를 쓰게 하고 또 오래 기다리게 한다.

연애편지 쓰며 너를 기다린다

아름다운 산책은 우체국에 있었습니다
나에게서 그대에게로 편지는
사나흘을 혼자서 걸어가곤 했지요
그건 발효의 시간이었댔습니다
가는 편지와 받아볼 편지는
우리들 사이에 푸른 강을 흐르게 했고요

그대가 가고 난 뒤
나는, 우리가 잃어버린 소중한 것 가운데
하나가 우체국이었음을 알았습니다
우체통을 굳이 빨간색으로 칠한 까닭도
그때 알았습니다, 사람들에게
경고를 하기 위한 것이었겠지요

— 이문재, 「푸른 곰팡이」

"사랑하는 것은/사랑을 받느니보다 행복하나니라./오늘도 나는/에메랄드빛 하늘이 환히 내다뵈는/우체국 창문 앞에 와서 너에게 편지를 쓴다."(「행복」) 시인 유치환이 시조시인 이영도에게 수많은 연애편지를 써 보내던 우체국엔 행복이 흘러넘친다. "우체국에 가면/잃어버린 사랑을 찾을 수 있을까/그곳에서 발견한 내 사랑의/풀잎 되어 젖어 있는/비애를."(「우울한 샹송」) 이수익 시인이 잃어버린 사랑을 찾을 수 있을 장소로 생각하는 우체국엔 그리움과 안타까움이 비에 젖는 풀잎의 비애처럼 흐른다.

  그런데 이문재의 우체국엔 '파시스트적 속도'라고 할 수 있는 현대적 가속도 속에서 산책이라는 것이 존재한다. 시인은 그 산책을 아름다운 산책이라고 이름 붙인다. 그렇지만 우체국에 무슨 아름다운 산책이 있겠는가. 행복과 그리움과 세월과 사랑도 아닌 아름다운 산책이 우체국에 있다니 무슨 말인가. 계속 읽어 보니 내가 부친 편지가 그대에게 닿는 시간은 사나흘이 걸리는데 그게 "발효의 시간"이라는 것이다. 이는 아마 그리움과 사랑의 발효 시간일 것이다. 더구나 내 편지는 그대에게 가는 그 사나흘 동안 우리들 사이에 "푸른 강"을 흐르게 한다고 한다. 이도 서로 간의 신뢰와 기대로 가득 흐르는 강이란 말이겠다. 그렇다면 산책처럼 천천히 걷는 '우편배달부의 속도'가 되레 둘의 사랑과 꿈을 푹 익히는 것 아닌가.

  그러고 보니 이문재가 「저물녘에 중얼거리다」라는 시에서 "우체국이 사라지면 사랑은/없어질 거야"라고 말한 것이 이해가 된다. 모두가 속도전의 질주에 휘말려 있는 시대에 '푸른 곰팡이'의 시간이 흐르는 우체국 사랑을 얘기하다니! 그렇다면 오늘날 우리가 잃어버린 소중한 것 가운데 하나인 우체국을 멀리하면서부터 사실 사랑까지 잃어버렸다는 것을 알 수 있는데, 이 어찌 아니라고 하겠는가. 우체통이 빨간색으로 칠해진 것도 그렇게 천천히 그리고 푸르게 익혀야 할 사랑을 파시스트적 속도의 욕정으로 바꾸어 버린 세대에 대한 경고를 하기 위한 것 아니겠는가.

    올해도 어김없이 편지를 받았다
    봉투 속에 고요히 접힌 다섯 장의 붉은 태지(苔紙)도 여전하다

화두(花頭) 문자로 씌어진 편지를 읽으려면
예의 붉은별무늬병의 가시를 조심해야 하지만
장미과의 꽃나무를 그냥 지나칠 순 없다.
느리고 쉼 없이 편지를 전해 주는 건
역시 키 작은 명자나무 우체국,
그 우체국장 아가씨의 단내 나는 입 냄새와 함께
명자나무 꽃을 석삼년째 기다리노라면,
피돌기가 고스란히 드러나는 아가미로 숨 쉬니까
떨림과 수줍음이란 이렇듯 불그스레한 투명으로부터 시작된다
명자나무 앞 웅덩이에 낮달이 머물면
붉은머리오목눈이의 종종걸음은 우표를 찍어 낸다
우체통이 반듯한 붉은색이듯
단층 우체국의 적벽돌에서 피어나는 건 아지랑이,
연금술을 믿으니까
명자나무 우체국의 장기 저축 상품을 사러 간다

― 송재학, 「명자나무 우체국」

올해도 어김없이 편지를 받았다. 봉투 속에 고요히 접힌 다섯 장의 붉은 태지도 여전하다. 태지란 털처럼 가는 이끼를 섞어서 뜬 종이인데 정성이 가득 담긴 종이의 대명사다. 이 종이의 편지가 올해도 왔고 더구나 붉으니, 그 계속되는 정성과 붉음을 합쳐 그냥 열정이라고 부르자. 아니나 다를까, 편지는 서두부터 꽃 이야기로 시작된다. 화두(花頭) 말이다. 우리가 흔히 "라일락꽃 향기가 그윽한 오월이네요"라고 연애편지 서두에 쓰는 것처럼 벌써 편지엔 꽃향기와 함께 열

정이 넘쳐나는 것이다.

그런데 그런 아름다운 편지를 읽으려면 붉은별무늬병의 가시를 조심해야 한다. 붉은별무늬병이란 능금나무 등의 잎에 처음엔 주황빛의 작은 무늬가 생겨서 차츰 커지고 잎 뒷면에 노랑빛 털 모양의 돌기가 오돌토돌 돋는 병으로 그런 병든 잎을 보면 소름이 끼친다. 말하자면 그렇게 아름다운 편지도 가령 그 속에 고독이나 상처나 각종 하소연의 내용들이 담겨 있기 마련인 바, 그런 가시들을 조심해야 하는 것은 어쩔 수 없는 일 아닌가.

그렇다고 해서 장미과의 꽃나무를 그냥 지나칠 순 없다. 느닷없이 이 무슨 이야기인가. 아마도 편지 서두에 거론된 꽃이 다음에 나오는 명자나무꽃인가 보다. 그래서 자연스럽게 그런 편지를 느리고 쉼 없이 전해 주는, 키 작은 명자나무가 있는 우체국을 시인은 '명자나무 우체국'으로 명명한 모양이다. 참고로 명자나무는 장미과 낙엽 활엽 관목으로 가지에 가시가 있고, 이른 봄 비단 같은 흰 꽃이나 붉은 꽃을 피우고, 꽃이 진 뒤 주황색의 동글동글한 열매들을 다닥다닥 맺는다.

잠깐, 여기서 시는 편지를 보낸 사람보다 편지를 전해 준 명자나무 우체국으로 그 중심이 이동해 버린다. 독자들은 불만일지 모르지만, 그 명자나무 우체국엔 놀랍게도 아가씨가 우체국장이다. 그것도 입에서 단내 나는, 젊은 욕망의 아가씨다. 참 시인에게는 기가 막힐 일이겠다. 유치환이 애인에게 편지를 보내던 에메랄드빛 창이 있는 우체국이거나 이문재가 편지가 가는 삼 일 동안을 그리움이 발효하는 시간이라며 찬양했던 우체국에 입에서 단내 나는 아가씨가 우체국장이라니!

그러고 보면 붉은 태지에 화두문자로 편지를 보낸 사람이 혹시 우체국장 아가씨가 아닐까. 화두문자로 거론된 그 꽃은 명자나무 꽃이 아닐까. 더 비약해서 그 우체국장 아가씨 이름이 명자가 아닐까. 하여간 그녀의 단내 나는 입 냄새, 곧 그녀의 향기와 함께 명자나무꽃 피기를 기다린다. 명자나무 꽃은 이미 피었을지도 모르고, 심은 지 아직 젊어서 삼 년 뒤에 피는 꽃인지도 모르지만, 어쨌든 명자나무꽃 피는 것을 삼 년씩이나 기다리다 보니, 아가미로 숨 쉬는 물고기처럼 온통 가슴이 벌렁벌렁하고 숨이 턱까지 차오를 정도 아닌가.

그렇게 가슴이 벌렁벌렁하고 숨이 턱까지 차오르는 연애이니 시인에겐 "떨림과 수줍음"이겠다. 그 수줍음과 떨림이 "불그스레한 투명"이겠다. 마치 분홍빛 혹은 주황빛 노을빛처럼 말이다. 아아, 이런 순결이라니! 이런 순수라니! 보라, 명자나무 앞 웅덩이에 낮달이 머물면 붉은머리오목눈이란 새의 종종걸음이 우표를 찍어 낸단다. 보라, 우체통이 반듯한 붉은색인 것처럼 단층 우체국 적벽돌에서 아지랑이가 피어난단다. 이런 모든 것이 돌이 금이 되고, 금이 영혼이 되는 연금술이 아니라면 무엇이란 말인가. 그런 환상과 꿈의 명자나무 우체국에 나도 장기저축을 신청하러 가야 하고말고, 아무렴!

온통 불그스레한 투명의 이미지들이 아우라를 치는 그 속에 수줍음과 떨림의 순결한 연애감정으로 자욱한 이 시는 사실 의미보다는 시가 내뿜는 열정에 젖어 보는 게 옳은 독법이다. 문학평론가 박수연은 말한다. "송재학의 시는 감춤과 드러냄의 교과서이다. 시가 발언이라기보다는 눈짓이라는 점에 방점을 찍어야 했던 세대가 있다. 이들에게 시는 어떤 대상을 폭로하는 언어가 아니었다. 이때 시는 존재가 보내는 눈짓을 감춤의 언어로 이전시키고 그 후에 언어의 의미화 기능을 타진하는 과정과 함께 드러난다. …이런 점에서 송재학의 시는 그의 세대 한 진영의 전범이다."

거침없는 상상력과 화려한 이미지들로 겹겹이 교직되는 그의 감각적 사유 혹은 사유의 감각에 의한 시들은 의미의 은폐를 통해 어떤 발언보다는 존재가 보내는 눈짓에 주목하게 된다. 위 시 「명자나무 우체국」도 사실 그 의미를 헤아리자면 매우 복잡하다. 그래도 시의 의미에 대한 터무니없는 욕구를 조금이라도 충족시키자니 단순 소박한 오독을 감행할 수밖에 없다.

> 올해는 삼재였다 밥을 먹을 때마다 자주 혀를 깨물었다 나는 학생도 그만하고 어려지는, 어려지는 애인을 만나 잔디밭에서 신을 벗고 놀았다 두 다리를 뻗어 발과 발을 서로 맞대 본 사이는 서로의 임종을 지키지 못하게 된다는 말을 어린 애인에게 들었다 나는 빈 가위질을 하면 운이 안 좋다 하거나 새 가구를 들여놓을 때도 뒤편에 王자를 적어 놓아야 한다는 것을 말해 주었다 클로버를 찾는 애인의 작은 손이 바빠지고 있었다 나는 애인의 손바닥, 애정선 어딘가 걸쳐 있는 희끄무레한 잔금처럼 누워 아직 뜨지 않은 칠월 하늘의 점성술 같은 것들을 생각해 보고 있었다
>
> — 박준, 「미신」

앞에서 사랑은 논리의 대척점에 있다고 했다. 무어라고 딱히 명명할 수 없는데도, 자신을 잊어버릴 정도로 타자에 몰입해 버리는 설렘과 정열과 황홀, 이것을 수많은 언어를 동원해 표현해도 그것을 명명하는 순간 통속적인 사랑이 되어 버릴 것 같은 안타까움 때문에 자신만의 고유한 사랑을 전해 줄 언어를 늘 모색하게 하는 것이 사랑이다.

그처럼 마땅히 표현할 말이 없기에 사랑은 종종 미신을 부른다. 둘이 만나 강둑에 앉아 그렇잖아도 매일 뜨는 북극성을 바라보며 오늘밤 저 별이 우리의 사랑을 축복해 주기 위해 떴노라고 속삭이며 점성술을 하고, 처음 만나 덕수궁 돌담길을 걸으면 이별을 하게 된다거나 하는 등의 미신을 믿는다. 아무런 근거도 없이 온 생명과 온 우주를 동원하여 사랑을 확인하고 다짐한다.

사랑을 하게 되면 그래서 "어려진다." 자꾸만 어려진다. 모든 합리적이고 계산적인 사유가 순식간에 무화되기에 어린애가 된다. 어린애가 되어 어리광을 부리고, 또 온갖 것을 다 달라고 떼를 쓴다. 그리고 또 걱정하고 불안해한다. 잔디밭에서 신발을 벗고, 그 분홍빛 도는 애인의 발과 내 발을 맞대고 놀면서 어쩌자고 그런 행위를 하면 "서로의 임종을 지키지 못하게 된다"는 소리를 하는가. 이는 영원한 사랑을 다짐하고자 하는 역설적인 표현이 아니고 무엇이겠는가.

그런 걱정도 잠시, 다시 어린 애인은 잔디밭에서 '클로버'를 찾느라 바쁘다. 아마도 행운의 네 잎 클로버이리라. 이 또한 미신 아닌가. 네 잎 클로버를 찾는다 해서 사랑과 행복이 영원할 리 없지만 연인들은 그렇게 클로버를 찾는다. 사랑의 역사 이래 수많은 연인들이 찾아온 그 클로버를 21세기 과학과 이성과 정보와 인터넷의 세상에서도 찾고 찾는다. 도대체 누가 처음 이런 미신을 퍼뜨렸는지는 모른다. 하지만 앞으로도 인간에게 사랑의 욕망이 계속되는 한 이 미신은 계속 만들어질 것이다. 눈빛과 눈빛, 숨결과 숨결만으로도 모든 것을 알 것 같은 사랑이지만, 그러나 그 어떤 언어로도 확인해 낼 수 없는 것이 사랑이라는 것을 연인들은 너무나 잘 알기에 미신을 동원해서라도 자기들의 사랑을 견고하게 구축하려 할 것이기 때문이다.

결국 그러한 사랑은 운명이다. 아니 운명까지 끌어들인다. "애인의 손바닥, 애정선 어딘가 걸쳐 있는 희끄무레한 잔금처럼 누워" 점성술 같은 것을 생각한다는 게 무엇인가. 바로 자기들의 사랑을 운명과 결부시키려 하는 꿈 아닌가. 그런 사랑이야말로 올해 든 '삼재'의 불운까지도 이기게 할 것이다. 밥을 먹을 때마다 자주 혀를 깨문 것과 삼재가 무슨 연관이 있을까만, 어쨌든 공부하는 것도 그만두고 애인하고 실컷 놀고 있는 젊은 박준 시인의 욕망이 오히려 부럽다.

> 네가 오기로 한 그 자리에
> 내가 미리 가 너를 기다리는 동안
> 다가오는 모든 발자국은
> 내 가슴에 쿵쾅거린다
> 바스락거리는 나뭇잎 하나도 다 내게 온다
> 기다려 본 적이 있는 사람은 안다
> 세상에서 기다리는 일처럼 가슴 애리는 일 있을까
> 네가 오기로 한 그 자리, 내가 미리 와 있는 이곳에서
> 문을 열고 들어오는 모든 사람이
> 너였다가
> 너였다가, 너일 것이었다가
> 다시 문이 닫힌다
> 사랑하는 이여
> 오지 않는 너를 기다리며
> 마침내 나는 너에게 간다
> 아주 먼 데서 나는 너에게 가고

아주 오랜 세월을 다하여 너는 지금 오고 있다

아주 먼 데서 지금도 천천히 오고 있는 너를

너를 기다리는 동안 나도 가고 있다

남들이 열고 들어오는 문을 통해

내 가슴에 쿵쾅거리는 모든 발자국 따라

너를 기다리는 동안 나는 너에게 가고 있다

− 황지우, 「너를 기다리는 동안」

사랑은 기다림의 미학을 섬긴다. 이 시는 황지우 시인이 우연히 만난 잡지사의 선배 시인으로부터 급작스럽게 청탁을 받은 후, 그 자리에서 5분 만에 '쓰윽 긁어서' 준 시라고 한다. 사랑의 기다림을 겪어 본 사람이라면 누구에게나 공감이 갈 이 시가 단 5분 만에 그것도 하이틴용으로 지어진 것이라면 누가 믿을까. 하지만 사랑이 급작스럽게 오듯이 사랑과 흡사한 시 또한 계시처럼 찾아와 시인들을 접신에 들게 하는 것도 종종 있는 일이다.

누구나 한 번쯤은 경험했을 기다림의 절실한 심정을 평범한 일상어를 통해 절묘하게 형상화 하고 있고, 기다림이 오지 않는 '너'로 인해 초조한 기다림으로만 머물지 않고 되레 너를 기다리는 동안 내 마음도 너에게로 가는 능동적인 행위가 된다는 것을 "너를 기다리는 동안 나는 너에게 가고 있다"라는 구절을 통해 잘 드러내고 있다.

그런데 이 시에서 화자가 절실하게 기다리는 '너'는 누구일까. 물론 1차적으로는 사랑하는 연인이겠지만, 시인이 작품의 후기에서 말한 것처럼 '민주, 자유, 평화, 숨결 더운 사랑' 일 수도 있다. 그것은 반드시 있어야만 하는 소중한 것이지만, 현재에는 부재(不在)하는 어떤 것들, 즉 소망의 대상이라고 할 수 있다. 끝내 오지 않을지도 모를 '너'를 기다리는 행위는 실현되지 않을 미래에 대한 기대라는 점에서 비극적이고 절망적이지만, '너를 기다리는 동안'의 '나'의 마음은 한 없는 기대와 설렘으로 가득 찬 것이기에 의미가 있다. 또한 '너'를 맞기 위한 기다리는 행위가 되레 너에게로 가는 희망의 행위로 바뀌게 된다는 점에서 긍정적인 시라고 할 수 있다.

> 이번 어느 가을날,
> 저는 열차를 타고
> 당신이 사는 델 지나친다고
> 편지를 띄웠습니다
>
> 5시 59분에 도착하였다가
> 6시 14분에 발차합니다
>
> 하지만 플랫폼에 나오지 않았더군요
> 당신을 찾느라 차창 밖으로 목을 뺀 십오 분 사이
> 겨울이 왔고
> 가을은 저물 대로 저물어
> 지상의 바닥까지 어둑어둑했습니다
>
> — 이병률,「장도열차」

중국 대륙 사람들은 몇날 며칠을 열차침대에서 자고 깨며 긴 시간 동안 장도열차(長道列車)를 타야 하는 경우가 많아, 만나고 싶은 사람이나 친척들을 아주 잠깐 동안이나마 열차가 쉬어 가는 역 플랫폼에서 만난다고 한다. 만나고 싶은 사람에게 본인의 행로를 알리는 전갈을 미리 보내서 말이다. 열차도 사람들의 재회를 위해 역에서 15분쯤은 멈추었다 간다고 한다. 외국 여행객들은 그렇게 사람들이 역에서 서로 만나면서 우는 모습을 곧잘 목격한다.

이 시에서 시인도 대륙을 여행하면서, 당신이 사는 데를 5시 59분에 도착했다가 6시 14분에 떠난다고 편지를 띄웠다. 그런데, 당신이라는 사람은 플랫폼에 나오지 않고 말았다. 당신을 찾느라 차창 밖으로 목을 뺀 십오 분 사이 가을이 가고 겨울이 올 정도로 길고 긴 '마음의 시간'을 헤아리지 못하고.

기다림만큼 가슴 애리는 일이 세상에 어디 있을까. 황지우 시인은 앞의 시에서, 카페에 앉아 너를 기다리는 동안 카페 문이 열릴 때마다 들어오는 사람이 "너였다가/너였다가, 너일 것이었다가" 결국 네가 아닌 것을 확인하곤 한다. 기다리는 사람은 외롭다. 기다리는 사람은 오지 않는 당신의 선택을 내가 선택할 수 없으므로 그렇다. 그러나 사랑은 기다려도 당신이 오지 않는, 그런 정도로 실망하지 않는 법이다. 시인은 너를 기다리는 동안 차라리 내가 너에게 간다고 말한다. 천 년 전부터 오고 있는 너를 만나러 내가 간다고 한다.

사랑의 채밀

그런데 사랑은 가끔 혼자 꽃들과도 관계하고 "염장 미역처럼 새까맣게 웅크려 있던 사랑"도 다시 꿀을 따게 하는 마력이 있다.

옛 애인이 한밤 전화를 걸어왔습니다
자위를 해 본 적이 있느냐
나는 가끔 한다고 그랬습니다
누구를 생각하며 하느냐
아무도 생각하지 않는다 그랬습니다
벌 나비를 생각해야만 꽃이 봉오리를 열겠니
되물었지만, 그는 이해하지 못했습니다
얼레지……
남해 금산 잔설이 남아 있던 둔덕에
딴딴한 흙을 뚫고 여린 꽃대 피워 내던
얼레지꽃 생각이 났습니다
꽃대에 깃드는 햇살의 감촉
해토머리 습기가 잔뿌리 간질이는
오랜 그리움이 내 젖망울 돋아나게 했습니다
얼레지의 꽃말은 바람난 여인이래
바람이 꽃대를 흔드는 줄 아니?
대궁 속의 격정이 바람을 만들어
봐, 두 다리가 풀잎처럼 눕잖니
쓰러뜨려 눕힐 상대 없이도
얼레지는 얼레지
참숯처럼 뜨거워집니다

— 김선우, 「얼레지」

나탈리 엔지어가 쓴 『여자』라는 책은 여자들도 잘 모르는 여자 몸의 내밀한 지리학이다. 몸속 깊은 곳에 자리 잡는 난자에서부터 자궁, 클리토리스를 거쳐 유방과 뇌로 초점을 옮기며 여자 몸이 간직하고 있는 신비와 호르몬의 비밀을 풀어낸다. 그중 클리토리스는 소변을 보거나 사정을 하는 데 필요하지 않은, 순전히 여성의 쾌락을 돕는 역할만을 한다. 남자에겐 그런 성적 쾌락만을 도모하는 기관이 없어 여자는 애초부터 남자보다 성적 우위를 확보하고 있는 것인데, 남자와 달리 여자가 한 번의 성행위에서 여러 차례 오르가슴을 느낄 수 있는 비결도 팽창과 수축을 자주 할 수 있는 클리토리스의 능력 때문이라고 한다.

남자들은 성에 눈뜰 때부터 일생 동안 자위를 수없이 한다. 하물며 성에 있어서 남자보다 우위를 확보하고 있는 여자는 어떠랴. 사회적 편견은 여자들도 자위를 하는가 하고 궁금해한다. 김선우의 시 「얼레지」 속의 옛 애인도 한밤중에 전화를 걸어와 시적 화자인 '나'에게 "자위를 해 본 적 있느냐"고 묻는다. "나는 가끔 한다고 대답"한다. 그러자 남자는 계속해서 "누구를 생각하며 하느냐"고 묻는다. 사실 남자들은 자위를 하면서 자기가 꿈꾸는 여자의 온갖 음탕한 모습을 상상하는 것이다. 하지만 시 속의 여자 화자인 나는 "아무도 생각하지 않는다"고 대답하고, 꽃이 어떤 벌이나 나비를 염두에 두고 봉오리를 여는 것이 아니라는 설명을 덧붙인다.

전화를 끊고 여자는 남해 금산에서 보았던 얼레지에 대한 추억을 떠올린다. 그리고 꽃말이 "바람난 여인"이라는 얼레지꽃의 격정을 이야기한다. 바람이 꽃대를 흔드는 게 아니라 되레 꽃대 속의 격정이 바람을 만들어 얼레지꽃은 참숯처럼 뜨거워진다는 것이다. 다시 말하면 봄이 되어 생명력이 촉발시킨 자연스런 성욕 때문에 바람이 난다면 그것이야말로 되레 생명력 넘치는 여인의 제 존재의 싱그러운 발양이 아니겠느냐는 것. 그렇다면 상대에 대해 배려할 줄도 모르는 옛 남자의 쓰러뜨려 눕히는, 그런 정복욕에 가득한 일방통행적 성행위 없이도 여자는 참숯처럼 충분히 뜨거워질 수 있다는 것이다.

이것은 위의 『여자』라는 책에서 저자가 프로이트 이론을 비판하는 것과도 연결된다. "클리토리스 오르가슴은 유아 오르가슴인 반면 질 오르가슴은 성숙한 오르가슴이다. 그렇기 때문에 퇴화한 음경인 클리토리스에서 여성의 질로 관심의 초점을 옮겨야 여성이 심리적 만족을 얻을 수 있다."고 하는, 여자 몸을 진정으로 이해하지 못한 무지에서 나온 이런 이론은 여자에 대한 사회적 편견을 더욱 강하게 만들어 왔다는 지적이다. 그렇다면 되레 자위(클리토리스)로도 충분할 수 있는 '뜨거움' 속에서 사실 남자의 일방통행적 교접(질)이 주는 '고통'에서 보다 훨씬 더 만족을 얻을 수 있다고 수정되어야 하는 것 아니겠는가.

수유리라고는 하지만 도봉산이 바로 지척(咫尺)이라고는 하지만 서울 한복판인데 이거 정말 놀라운 일이다 정보가 매우 정확하다 훌륭하다 어디서 날아온 것일까 벌 떼들, 꿀벌 떼들, 우리 집 뜨락에 어제오늘 가득하다 잔치잔치 벌였다 한 그루 활짝 핀, 그래, 만개(滿開)의 산수유, 노오란 꽃숭어리들에 꽃숭어리들마다에 노랗게 취해! 진종일 환하다 나도 하루 종일 집에 있었다 두근거렸다 잉잉거렸다 이건 노동이랄 수만은 없다 꽃이다! 열려 있는 것을 마다할 것이 어디 있겠는가 그런 건 세상 어디에도 없다 그럴 까닭이 있겠는가 사전을 뒤적거려 보니 꿀벌들은 꿀을 찾아 11킬로미터 이상 왕복(往復)한다고 했다 그래, 왕복이다 나의 사랑도 일찍이 그렇게 길 없는 길을 찾아 왕복했던가 너를 드나들었던가 그래, 무엇이든 왕복일 수 있어야지 사랑을 하면 그런 특수망을 갖게 되지 광(光)케이블을 갖게 되지 그건 아직도 유효해! 한 가닥 염장 미역으로 새까맣게 웅크려 있던 사람아, 다시 노오랗게 사랑을 채밀(採蜜)하고 싶은 사람아, 그건 아직도 유효해!

— 정진규, 「산수유」

  꿀벌 떼들이 찾아온다. 서울 한복판에 벌 떼들이 뜨락의 만개한 산수유를 찾아온다. 참으로 놀라운 일이다. 얼마나 정보가 정확하기에 아파트 숲과 소음과 시멘트와 먼지 속을 뚫고 꿀벌들이 찾아왔을까. 그 꿀벌 떼들의 꽃숭어리 잔치에 시인도 하루 종일 두근거리고 잉잉거리고 노랗게 취한다. 그걸 지켜보다가 시인은 결국 사전을 뒤적인 끝에 '왕복' 이라는 단어를 찾아낸다. 산수유와 벌 떼들, 그 둘을 하나로 이어 주는 단어, 왕복! "그래, 왕복이다" 우리들의 사랑도 왕복인 것이다. 길 없는 길을 찾아 왕복하는 것이다. 그런 사랑을 하게 되면 자연히 사람도 특수 통신망인 광케이블을 갖게 되어서 네 속을 드나드는 것이다. 특수 통신망 광케이블이라는, 시에서는, 더구나 사랑시에서는 잘 사용하지 않는 너무나 비시적인 언어로 충분한 낯설게 하기를 감행하면서 시를 고양시켜 나간다. 이 시의 절정은 '염장 미역' 이란 비유다.
  자신의 내면에 빼빼 마르고 까맣게 졸아든 채로 웅크려 있는 염장 미역 같은 사랑이 사랑의 물을 만나면 바가지 가득 부풀다가, 마침내 바오밥나무처럼 무성하게 자라 어린 왕자의 별을 휘감게 되는 것이다. 산수유 꽃숭어리와 벌 떼들로부터 연상해 낸 사랑은 마지막 행에 이르러 "노오랗게 사랑을 채밀하고 싶은 사람아"라는 호소력 있는 호명으로 모든 대상을 하나로 결합하며 시적 화자 자신을 명료하게 드러내고, 다분히 김수영을 연상시키는 "아직도 유효해!"의 '!'로 시를 끝맺고 있다. 더더욱 이 시가 감동적인 것인 시적 화자의 나이가 60살이 넘은, 이젠 사랑보다는 생을 관조해야 될 나이에 이런 연상을 할 수 있다는 점이다. 지금까지 살아온 삶의 허망함처럼 "아직도 유효해!"라고 외치는 그 사랑도 필경 허무로 끝날지 모르지만 그건 중요하지 않다. 사랑은 그만큼 생을 맹목적이게 만들기도 하는 것이다.

여기 맹목적인 만큼 순수하고 순수한 만큼 맹목적인 사랑이 또 있다.

너에게 가까이 다가가
사랑을 고백해야겠다.
내 목소리에 너의 어린 이파리가
떨리지 않도록
아주 작게

너와 서늘한 이마를 맞대고
가슴으로 느낄 수 있을 만큼
작은 목소리로

말하지 않아도 통하는 것이
사랑이야 물콰리처럼 터질 듯한

내 속의 말을 참으면서

너에게 이슬처럼 다가가

나 하나 사랑을 고백해야겠다.

새순 내음 나는 이파리

연둣빛 그늘 밑에 앉아 눈물을 닦은 뒤

손 내밀어 서로를 일으켜 세울 때

눈빛으로 "사랑해" 말하리.

― 나종영, 「어린 나무에게」

    나종영은 경제인이다. 오랫동안 금융 분야에서 발군의 실력을 발휘해 온 분이다. 나종영 시인은 경제인이기 전에 시인이다. 새순 내음 나는 연두초록 그늘 밑에 앉아 그 어린 이파리가 떨리지 않을 만큼의 작은 목소리로 사랑을 고백하는 순결한 시인이다. "물꽈리처럼 터질 듯한/내 속의 말을 참으면서" 그저 이슬처럼, 눈빛으로만 "사랑해"라고 말하는 이 시인이 정말 자본주의의 꽃이라는 금융인인가 의심될 정도이다. 사람은 밥을 먹는다. 경제는 그걸 책임진다. 시는 무용(無用)의 산물이다. 쓸데 있는 것 너머에 있는 무용의 가치를 추구한다. 한데 무용의 산물인 시가 '사랑'을 노래하면 어떻게 되는가, 사랑도 무용인가? 세상은 정치와 경제가 아니라 경제와 사랑 달리 말해 노동과 사랑의 두 가지 원리로 굴러간다. 심지어 정신분석 용어로 말하더라도 삶은 노동 곧 현실원리와 사랑 곧 쾌락원리에 의해 운영된다. 나종영 시인이 시를 쓰는 것은 어쩌면 계산과 합리만으로 세상을 살지 않겠다는 고결한 생각 때문이기도 하겠지만, 스스로 현실원리와 쾌락

원리에 운영되는 마음의 구중구궐을 잘 살펴서이기도 할 것이다.
　한데 사랑에는 불륜도 있다. 그 불륜이 존재의 이유가 되어 버리면 그건 사랑 아니던가.

　　　먼저 그대가 땅끝에 가자 했다
　　　가면, 저녁은 더 어둔 저녁을 기다리고
　　　바다는 인조견 잘 다려 놓은 것으로 넓으리라고
　　　거기, 늦은 항구 찾는 선박 두엇 있어
　　　지나간 불륜처럼 인조견을 가늘게 찢으리라고
　　　땅끝까지 그대, 그래서인지 내려가자 하였다

　　　그대는 여기가 땅끝이라 한다, 저녁놀빛
　　　물려 놓는 바다의 남녘은 은도금 두꺼운
　　　수면 위로 왼갖 소리들을 또르르 또르르
　　　굴러다니게 한다, 발아래 뱃소리 가르릉거리고
　　　먹빛 앞섬들 따끔따끔 불을 켜 대고, 이름 부르듯
　　　먼 데 이름을 부르듯 뒷산 숲 뻐꾸기 운다
　　　그대 옆의 나는 이 저녁의 끄트머리가 망연하고
　　　또 자실해진다, 그래, 모든 끝이 이토록
　　　자명하다면야, 끝의 모든 것이 이 땅의 끝
　　　벼랑에서처럼 단순한 투신이라면야…

　　　나는 이마를 돌려 동쪽 하늘이나 바라다보는데
　　　실루엣을 단단하게 잠근 그대는 이 땅끝에 와서

어떤 맨 처음을 궁리하는가 보다, 참 그러고 보니

그대는 아직 어려서, 마구 젊기만 해서

이렇게 후욱 비린내 나는 끝의 비루를

속수한 것들의 무책을 모르겠구나

모르겠는 것이겠구나

— 이문재,「해남길, 저녁」

　　이문재의 시는 불륜의 어린 여자와 땅끝에 가서 이별을 모색하는 내력을 표현한 것이다. 그럼에도 이 시는 적어도 가식이 없다. 자신이 직면한 고통에 솔직하게 대면하고 있다. 그는 사랑의 끝이 땅끝과 마찬가지로 벼랑의 투신처럼 자명하기를 바란다. 망연자실하지 않기를 바라는 것이다. 그러나 삶이란 얼마나 너절한 것인지. 인연이란 얼마나 질긴 것인지. 이러지도 저러지도 못한 채 속수무책일 수밖에 없는 것이다. 아직 어린 그대가 끝의 비루를 알지 못하는 것이 그나마 다행인 것이다. 땅끝에서 손쉽게 건져 올린 사랑의 끝을 생각하는 이 시는 풍부한 묘사와 함께 한자성어를 적절하게 분리시킴으로써 자신의 내면을 풍자적으로 드러내고 있다. 그 드러냄은 미화될 여지조차 있다. 그러나 그것은 미화될 성질의 것이 아니다. 그저 그렇고 그런 불륜일 따름이기 때문이다. 지독한 사랑의 끝은 비루이기 때문이다. 그러나 아름다움이 아니라 그것이 존재 이유가 되어 버릴 때도 불륜이 비루일 수 있을까.

　　그와 반면에 다음 김윤배의 시는 삶과 함께하는 뭉클한 사랑을 표현한다.

아내는 등을 돌려 눕는다 나는 아내의 높고 날카로운 엉치뼈 위에 슬며시 손을 얹는다 아내는 파르르 내 뜨거운 마음을 떨어낸다 나는 몸을 거두어 천장을 보고 눕는다 나는 어둠 속에서 내 얼굴을 쓰다듬는다 까칠한 수염이 우수수 낙엽처럼 쓸린다

유리문 힘겹게 열린다 아내는 깊이 허리 숙인다 흘끔 가게 안으로 들어서던 남자가 가슴을 들여다본다 아내는 사내의 시선이 박힌 가슴을 한 손으로 여민다 아내 등 뒤로 일 년 내내 개나리꽃이 화사하다 아내의 가슴은 화사하지 않다 사내가 시답잖은 표정으로 진열대를 휘둘러본다 아내는 시종처럼 사내의 뒤를 따른다 사내가 말없이 가게를 나간다 가죽 냄새가 사내의 뒤를 따라 나가다 왈칵 밀려 들어 온다 아내는 입을 가리고 급히 화장실로 달려간다 돌아온 아내의 눈에 눈물이 고였다 아내의 가는 다리가 눈에 보이지 않게 떨고 있다 진열대 위의 빈 발들 아내 모르게 조금씩 자리를 옮겨 앉으며 햇빛을 턴다 먼지의 작은 입자들이 햇빛 속을 부드럽게 헤엄친다 아내가 조금씩 야위어간다 어느 날 유리문을 열던 아내가 스르르 무너져 내릴 것 같다 아내는 유리문 밖 분주히 오가는 발들을 본다 오래도록 가게를 향해 꺾이는 발들 없다

아내는 꿈속에서도 힘겹게 나의 수제화를 팔고 있을 것이다 일 년 내내 점포정리 대할인판매 광고지가 너덜대는 가게 안에서 나는 나의 가죽을 벗겨 아내의 발에 꼭 맞는 수제화 한 켤레 짓고 있을 것이다

― 김윤배, 「수제화」

참으로 구차하고 군색한 삶이 아니던가. 물론 환희의 순간과 장밋빛 몽상도 존재하지만, 이 땅의 평범한 우리 이웃들의 일상은 굴욕과 고통으로 점철되는 경우가 많다. 어떤 신통방통한 사람들은 이런 일상을 초월할 수 있다고도 하고, 어떤 민중주의자들은 이들을 미화하는데 열을 올리는 경우도 봤다. 하지만 우리의 "내심 가슴에 맺혀/욕스런 나날들 더욱 단단해지고/그렇게 견디어 낸 아름다운 굴욕들"(「굴욕들은 아름답다」)을, 그러니까 인욕(忍辱)의 미를 발견하는 김윤배를 보라.

수제화란 손으로 만든 구두이다. 한때는 기성화보다 가격도 몇 곱절로 비싸서 그야말로 돈푼깨나 있는 신사들만 신던 구두이다. 하지만 세계적 명품들이 백화점을 장악하고, 메이커구두 매장이 처처에 자리하고 있는 요즘에 누가 수제화를 신겠는가. 결국 배운 게 도둑질이라고 그간 구두 만드는 일밖에 모르는 사람들이 값싼 구두를 만들어 서민의 발을 노리고 만드는 게 수제화이다.

어쨌건 도시의 허름한 한 귀퉁이에나 있을 법한 가게에서 남편은 손수 구두를 짓고 아내는 구두를 판다. 일 년 내내 "점포정리 대할인 판매" 광고지를 붙여 놓아도 "진열대 위의 빈 발들" 위에 먼지만 쌓여가는 가게의 풍경은 신산스럽다. 한데 시인은 이를 마치 한 편의 단편소설처럼 구조를 짜 놓았다. 먼저 일하고 돌아온 저녁 잠자리에서 남편은 가난 때문에 앙상해진 아내의 엉덩이를 안쓰럽게 쓸어대나 아내는 파르르 돌아눕고, 괜히 뜨거워졌던 그의 마음은 까칠한 수염이 우수수 낙엽처럼 날릴 정도로 스산해진다.

아내가 그를 거부할 수밖에 없었던 이유는 무엇이던가. 손님이 들어와 그저 휘 한번 가게를 둘러보는 사이 시종처럼 깊이 허리 숙이고 뒤를 따르던 아내, 사내는 시답지 않다는 표정으로 아내의 가슴이나 흘끔거리다 말없이 나가고, 그러자 입을 가리고 급히 화장실로 달려가던 아내, 얼마나 큰 쓰라림과 뼈저린 울음을 참고 나온 것인지 눈에 눈물이 고였던 아내가 아니던가. 유리문 밖에 분주히 오가는 발들만 눈에 밟히나 그 발들이 유리문을 힘겹게 밀고서라도 가게 안으로 꺾이는 경우는 거의 없던 그런 낮참에 말이다.

그러나 보라. 그런 아내에 대한 연민으로 가득한 이 사내는 꿈속에서도 자기의 수제화를 어렵사리 팔고 있을 아내에게 "나의 가죽을 벗겨 아내의 발에 꼭 맞는 수제화 한 켤레"를 지을 것이라고 말한다. 이런 '거룩한' 마음 앞에서 우리는 무슨 말을 더 주절거릴 것인가. 이것이야말로 불교에서 말하는 진짜 육보시(肉報施)가 아닐까.

이런 사랑도 이별 앞에선 속수무책일 수밖에 없는 게 우리네 인생이다.

사랑은 가고 오고

여름 한낮의 햇빛 속을
맨손의 한 여자가 울면서 길을 가고 있다
저 적요의 뒷모습에 쏟아져 내리는
한낮 여름의 강렬한 함성!

여름 한낮의 햇빛의 그늘 속에서
가방을 든 한 남자가 비스듬히 서서

그 여자를 오래오래 바라보고 있다

　　　아, 사라지고 사라질 때까지 계속되는
　　　흰 길 위의 두 점의 가없는 펄럭임
　　　　　　　　　　　　　　　　　－ 이시영, 「어떤 이별」

　　보다시피 이 시는 어떤 이별의 광경을 그 이유나 사정에 대한 시시콜콜한 천착이 없이 거시적이고 함축적으로 표현하고 있다. 강렬한 함성처럼 쏟아지는 햇빛 속을 맨손의 한 여자가 울면서 길을 가고 있고, 햇빛 그늘 속에서 오래오래 그녀를 바라보고 있는 남자가 있는 풍경. 그 풍경은 나에게 여러 이별의 모습을 생각하게 한다. 그녀를 비 오는 날 우산도 없이 떠나보내면 더 서럽겠지, 소슬한 바람에 낙엽이 지는 날 보내는 것은 너무 고전적이니까 차라리 벚꽃 만발한 날 보내는 게 더 서럽겠지, 불치병에 걸린 걸 알리지 않고 떠나는 여인의 속내를 모르는 남자의 미칠 것 같은 마음에 천착해 보는 게 낫겠지, 산모퉁이를 기적 소리와 함께 돌아서 떠나 버린 여인 뒤의 철로에 주저앉아 그 많은 눈물로 주변에 무더기무더기 망초꽃을 피우거나 언약의 징표였던 구리반지를 구겨 버리는 남자의 속마음에 대해 탐구해 보는 게 낫겠지! 회자정리라는 말이 있는데 그 관념의 실제를 겪는 자의 서러움과 고통에 대한 생각은 날로 자라서 시인은 실제로 삶에서 이별을 겪고 마는 경우까지 있다.
　　그러나 장석남은 이런 이별 앞에서도 의연하다.

　　　배를 민다

배를 밀어 보는 것은 아주 드문 경험

희번득이는 잔잔한 가을 바닷물 위에

배를 밀어 넣고는

온몸이 아주 추락하지 않을 순간의 한 허공에서

밀던 힘을 한껏 더해 밀어 주고는

아슬아슬히 배에서 떨어진 손, 순간 환해진 손을

허공으로부터 거둔다

사랑은 참 부드럽게도 떠나지

뵈지도 않는 길을 부드럽게도

배를 한껏 세게 밀어내듯이 슬픔도

그렇게 밀어내는 것이지

배가 나가고 남은 빈 물 위의 흉터

잠시 머물다 가라앉고

그런데 오, 내 안으로 들어오는 배여

아무 소리 없이 밀려드는 배여

— 장석남, 「배를 밀며」

　남녀 관계엔 항상 사랑과 이별의 변주가 있다. 김소월의 「진달래꽃」, 한용운의 「님의 침묵」이 그렇고 서정주의 「귀촉도(歸蜀道)」와 박목월의 「하단에서」가 그렇다. 마찬가지로 장석남의 이 시에도 사랑과 이별의 변주가 공식처럼 자리하고 있다. 지금 시적 화자는 사랑을 하다가 누군가와 헤어져야 할 시간인 모양이다. 그래서 안타깝지만 그를 보내기로 한 것이다. 그것을 그는 어느 가을날 바닷가에서 배를 밀어 보는 아주 독특한 경험 혹은 상상력을 통해서 비유해 낸다. 먼저 이별을 모양새 있게 하는 것은 사실 배를 밀어 보는 것만큼이나 아주 드문 경험일 게다. 대개는 이별의 순간에 울고불고하거나, 원망의 비수를 들이대거나, 아니면 철저히 계산적이어서 위자료부터 챙기는 오늘의 세태에 되레 떠나겠다고 하는 상대의 등을 희번득이는 잔잔한 가을 바닷물 위에 배를 밀어 넣듯이 한껏 더해 밀어 주는 시적 화자를 보라. 아마 꿋꿋하게 잘 살라는 의미에서 그렇게 밀어 주었을 것이다.

한데 너무 많이 밀다가는 자기의 온몸이 배 쪽으로 추락해 버릴 수도 있으므로 온몸이 아주 추락하지 않을 순간, 그 순간에 아슬아슬히 배에서 손을 떼는 것이다. 한껏 더해 밀어 주다가 그만 이별의 격정에 겨워 상대 쪽으로 다시 쏠리거나 안겨 버리면 참으로 대장부답지 못할 것 같아 그 아슬아슬한 순간에 허공에서 손을 거두는 사람의 안타까운 마음이 너무도 선연히 표현되어 있다.

하지만 사랑은 참 부드럽게 잘도 떠난다. 보이지도 않는 길을 부드럽게 잘도 나간다. 그러니 어쩌겠는가. 배를 한껏 세게 밀어냈듯이 슬픔도 그렇게 밀어낼 수밖에 없는 것이다. 하지만 사랑을 떠나보내고 슬픔을 밀어낸다고 해서 배가 나가고 남은 빈 물 위의 흉터처럼 잠시 머물다 가라앉을 마음이겠는가. 오히려 나의 내부로 밀려드는, 아무 소리도 없이 밀려들어 오는 사랑과 슬픔의 배에 다시 잠식당할 수밖에 없는 인간의 애처로움이여. 아니 사랑은 오고 가고 또 가고 오는 것일진대, 오는 사랑 막지 말고 가는 사랑 잡지 말진저!

최영미의 이별시는 한층 시니컬하다.

꽃이
피는 건 힘들어도
지는 건 잠깐이더군
골고루 쳐다볼 틈 없이
님 한 번 생각할 틈 없이
아주 잠깐이더군

그대가 처음
내 속에 피어날 때처럼
잊는 것 또한 그렇게
순간이면 좋겠네

멀리서 웃는 그대여
산 넘어 가는 그대여

꽃이
지는 건 쉬워도
잊는 건 한참이더군
영영 한참이더군

— 최영미, 「선운사에서」

선운사에서 '동백'이 피고 지듯 시적 화자인 시인의 내부에서 '그대'로 지칭되는 한 사람이 피고 진다. 생성되고 소멸되어 버렸으며 만나고 헤어졌다. 그러나 한 존재의 진정한 소멸 혹은 진정한 결별은 기억 속에서 지우는 것이다. 더 정확히 말하면 고통 없이 기억하는 것이며 그리움에 허덕거리지 않고 낡은 사진첩을 넘기듯 담담하게 떠올릴 수 있어야 하는 것이다.

하지만 그렇게 되지 않는다. '피고 짐'이나 '만나고 헤어짐'은 분명 하나 동백꽃이 우리 속에서 꿈틀거리듯 그대 역시 잊히지 않고 내 안에서 쉼 없이 고통을 자아내며 소용돌이치고 있는 것이다. 결코 닿을 수 없는 '멀리서' 여전히 사랑을 담고 '웃는' 그대는 산 넘어가지만, 잊는다는 것이 '영영 한참'일 수밖에 없는 이 괴로움을 어찌하는가.

짐짓 남의 일처럼 시의 종결어미를 '-이더군'이라고 쓰며 겉으로는 툭툭 말을 던지지만, 그 속엔 그대와 헤어지고 선운사에 여행을 가서 그 붉은 동백꽃의 피고 짐을 바라보며 그대에 대한 갈망과 탄식을 감추고 있다.

>사랑이여, 보아라
>꽃초롱 하나가 불을 밝힌다.
>꽃초롱 하나로 천 리 밖까지
>너와 나의 사랑을 모두 밝히고
>해 질 녘엔 저무는 강가에 와 닿는다.
>저녁 어스름 내리는 서쪽으로
>유수(流水)와 같이 흘러가는 별이 보인다.
>우리도 별을 하나 얻어서
>꽃초롱 불 밝히듯 눈을 밝힐까.

눈 밝히고 가다 가다 밤이 와
우리가 마지막 어둠이 되면
바람도 풀도 땅에 눕고
사랑아, 그러면 저 초롱을 누가 끄리.
저녁 어스름 내리는 서쪽으로
우리가 하나의 어둠이 되어
또는 물 위에 뜬 별이 되어
꽃초롱 앞세우고 가야 한다면
꽃초롱 하나로 천 리 밖까지
눈 밝히고 눈 밝히고 가야 한다면.

— 박정만, 「작은 연가(戀歌)」

순수 서정시인이면서도 독재의 마수에 걸려 억울하게 요절한 박정만. 1981년 5월, 〈중앙일보〉에 연재되던 한수산 소설의 필화사건으로 연행된 그는 이때 받은 고문의 후유증으로 몸져누웠고, 이어 가정이 파괴된 채 술과 절망으로 살다가 끝내 건강이 악화되어 7년 만에 세상을 떠난다. 억울한 죽음을 눈앞에 두고도 그는 「대청에 누워」라는 참으로 서러운 시에서 "나 이 세상에 있을 땐 한 간 방 없어서 서러웠으나/이제 저 세상의 구중궁궐 대청에 누"울 거라고 노래하며 죽음마저도 의연하게 받아들이는 선비의 자세를 보여 주기도 한다. 또한 「도미가(都彌歌)」에선 "오늘도 낯선 땅을 헤매 돌며/오금 박힌 무릎으로 어둠을 짚어 가는/불쌍한 거렁뱅이 도미의 아내"를 위해 "눈 먼 네 눈의 옥잠(玉簪) 위에/불타는 한 송이 장미를" 놓고 기꺼이 "네 몸의 눈이 되리니"라고 다짐하며 자신처럼 불행과 고통을 당한 이웃에게 굳은 연대를 보내기도 한다.

이런 시를 쓴 그는 작고하기 전 1987년 6월부터 8월 사이에 500병 정도의 소주를 마셨고, 8월 20일부터 9월 10일까지 물경 300편의 시를 토해 낸다. 죽음을 예감하고 쏟아 낸 이 시들은 이듬해 올림픽 폐막식이 거행되던 날 영원히 주인의 손을 떠나 독자들에게 돌아가고, 주인은 쓰러진 술병처럼 저 홀로 방바닥을 나뒹굴고 말았던 것이다.

그의 서러운 삶을 반영한 듯 「작은 연가」라는 시에도 삶과 사랑의 유한성에 대한 자각에서 오는 서러움이 가득하다. 시인은 문득 어떤 발견이라도 얻은 듯 사랑하는 사람을 호명하며 꽃초롱 하나가 불을 밝히는 것을 보라고 한다. 물론 이것은 꽃송이 하나가 막 피어나는 것을 보라는 것일 게다. 얼마나 꽃송이가 환하고 아름다웠던지 그걸 등불의 다른 이름인 꽃초롱으로 바꾸고 그 꽃초롱 하나로 천 리 밖까지 너와 나의 사랑을 모두 밝히자고 한다. 꽃초롱으로 밝히는 사랑은 또 얼마나 환하고 아름다울 것인지?

하지만 그런 우리의 사랑은 어느덧 해 질 녘의 강가에 와 닿는다. 그리고 그렇게 흐르는 물처럼 저녁 어스름 내리는 서쪽으론 별이 흐른다. 사실 꽃은 피고 질 수밖에 없는 것, 그처럼 사랑도 어느덧 유수와 같이 흘러 서쪽의 저물녘을 맞게 되는 것, 그런데도 못다 한 사랑의 마음을 가진 시인은 유한한 '꽃'을 영원한 '별'로 환치시키며 우리도 그 별을 하나 얻어서 꽃초롱 불 밝히듯 눈을 밝히자고 한다. 눈을 밝히고 밤이건 어둠 속이건 헤쳐 가다가 우리가 진짜 "마지막 어둠"이 되면, 다시 말해 영원한 죽음을 맞게 되면 바람도 풀도 모두 땅에 누울 것인데, 그렇다면 저 초롱은 누가 끌 것인지를 걱정한다.

하지만 우리가 죽어도 사랑의 꽃초롱이나 별초롱은 꺼질 수 없는 것, 그 때문에 "저 초롱을 누가 끄리"라고 진술한 것은 오히려 우리가 죽는다면 '저 초롱을 누가 계속 켜리' 라는 말이 된다. 더더욱 어둠의 유수 속에 뜬 별이 되어, 꽃초롱 하나 들고 천 리 밖까지 "눈 밝히고 눈 밝히고" 가야 할 일이 남은 너와 나, 아니 우리 모두의 사랑이기에 그 초롱은 결코 꺼질 수 없는 것. 어쩌면 시인의 사랑이 사라지더라도 시인의 시를 읽는 독자들이 계속 켜댈 그 꽃초롱, 별초롱은 우리의 사랑을 다시 천 리 밖까지 환하게 밝히고 또 밝힐 것이다. 그것이 비록 작은 사랑이라 하더라도, 또 꽃처럼 유한하기에 서럽고 서러운 사랑일지라도, 사랑은 별과 함께 영원할 것이라면.

내 쓸쓸한 날 분홍강 가에 나가
울었지요, 내 눈물 쪽으로 오는 눈물이
있으리라 믿으면서.
사월, 푸른 풀 돋아나는 강가에
고기 떼 햇빛 속에 모일 때
나는 불렀지요, 사라진 모든 뒷모습들의
이름들을.

당신은 따뜻했지요.
한때 우리는 함께 이곳에 있었고
분홍강 가에 서나 앉으나 누워 있을 때나
웃음은 웃음과 만나거나
눈물은 눈물끼리 모였었지요.

> 지금은 바람 불고 찬 서리 내리는데
> 분홍강 먼 곳을 떨어져 흐르고
> 내 창가에서 떨며 회색으로 저물 때
> 우리들의 모든 모닥불들과 하나님들은
> 다 어디 갔나요?
> 천의 강물 소리 일깨워
> 분홍강 그 위에 겹쳐 흐르던.
>
> — 이하석, 「분홍강」

 젊은 날은 참 아름답고 쓸쓸한 것이다. 보이지 않는 미래에 대한 희망과 불안, 미지의 사랑에 대한 설렘과 안타까움, 존재에 대한 비의와 회의 등이 공존하다가 어느 날은 그 분홍빛 마음이 잿빛으로 확 변해 버리기도 한다. 누구에겐가, 무엇에겐가 자기의 전 존재를 던져가 닿고 싶으나 누군가, 무엇인가 나를 호명해 주지 않는 바에야 바람에 흔들리는 하나의 몸짓에 불과할 터이니, 이 얼마나 고독하고 쓸쓸한 일일 것인가.
 그래서 '내 쓸쓸한 날' 분홍강 가에 가서 운다. 물론 여기서 '분홍강' 이란 젊은 날의 상징적 색깔인 분홍빛에서 착안하여 만든 젊은이들의 꿈의 강이다. 그런 분홍강 가에 가서 울면 내 눈물 쪽으로 오는 다른 눈물도 있으리라고 믿었기에 운다. 때는 연두 초록 마구 번지는 사월, 청명햇살 쏟아지는 강물에 고기 떼마저 몰릴 때, 분홍강 가에서 나는 그간 내게서 뒷모습을 남기고 사라져 간 이름들을 부르기도 했다. 다행히 분홍강 가에서 울고불고해서인지 그곳에서 당신을 만났다. 따뜻한 당신! 그래서 따뜻한 당신과 나는 함께 그 분홍강 가에 있었는데, 앉으나 서나 누워 있거나 팔을 괴거나 우리는 웃음은 웃음으로, 눈물은 눈물로 만나며 놀았던 것이다.

1774년 이후, 유럽 사람들은 지금까지 알았던 사랑에 대해 다르게 생각하게 되었다고 한다. 바로 그해에 괴테가 처녀작 『젊은 베르테르의 슬픔』을 내놓으면서 삽시간에 유럽 전역을 휩쓸었기 때문이다. 이 얇은 책은 간결하고도 매력적으로 사랑의 본성을 설파했는데, 그것은 사랑이 하나의 감정이라는 것이었다. 그동안 사랑의 경험은 끊임없이 문학의 주제로 애용되어 왔지만, 사랑에 빠지는 느낌에 대한 섬세하고도 체계적인 설명을 주제로 한 것은 이 작품이 처음이었다. 베르테르는 끊임없이 샤르로테와 함께 있고자 하는 갈망에 사로잡힌다. "오늘 그녀를 볼 거야, 오늘 그녀를 만날 거야." - 또 그는 그녀와의 접촉에서 극도의 황홀감에 젖는다. "무심코 그녀와 손가락이 닿을 때, 탁자 아래서 내 발이 그녀의 발에 닿을 때면 내 가슴은 얼마나 뛰는지!" - 그러면서 그는 다시 의혹으로 고통 받는다. "그녀는 나를 사랑할까? 과연 내 사랑이 보답을 받게 될까?" - 그러나 그녀는 언제나 그의 마음에 있었으며 그 밖의 다른 일들은 하찮게만 여겨진다. "사랑이 없다면 세상이 대체 무슨 의미가 있단 말인가? 빛이 없다면 마법의 등잔이 무슨 소용이란 말인가?"

사랑의 이 네 가지의 강렬한 경험, 즉 갈망, 황홀, 고통, 그리고 모든 가치의 근원이 그대라는 느낌이 사랑에 대한 로맨틱한 환상을 규정한다. 그런데 아이쿠! 시에선 그만, 지금은 바람 불고 찬 서리 내리고 있다. 분홍강은 먼 곳을 떠서 흐르고, 나는 창가에서 떨며 회색으로 저물고 있다. 어쩌자고 헤어져서, 그때 그 분홍빛 시절의 모든 축제의 모닥불과 너무 좋아 절로 터져 나와 부르던 하느님들은 다 어디

갔느냐고 외친단 말인가. 천의 강물 소리가 분홍강 하나로 통합되던 그 합일의 순간들은 정녕 어디로 가고, 왜 베르테르는 "자살을 해야만 했던 것이란 말인가!"

영원한 사랑은 이별의 출소 없는 감옥

저렇게 많은 중에서
별 하나가 나를 내려다본다
이렇게 많은 사람 중에서
그 별 하나를 쳐다본다

밤이 깊을수록
별은 밝음 속에 사라지고
나는 어둠 속에 사라진다

이렇게 정다운
너 하나 나 하나는
어디서 무엇이 되어
다시 만나랴

— 김광섭, 「저녁에」

삶과 사람과 자연의 일체감을 노래한 「성북동 비둘기」의 시인 김광섭에게 「저녁에」란 시가 있다. 연애시로도 읽히는 이 시는 사실 다양한 해석을 낳을 수 있는 시다. 우선 시적화자가 저녁에 하늘을 쳐다보니 참으로 많은 별들 중에 별 하나가 '나'를 내려다보고 있다. 그 별을 눈치챈 나도 물론 이 지상의 많은 사람 중의 하나로서 그 별을 쳐다보는 것이다. 저렇게 많은 별들과 이렇게 많은 사람들 중의 유일한 존재로서 서로 교감할 수 있는 것은 어떤 특별한 인연이 아니고선 불가능할 것이다. 결국 시적화자인 '나'에게 그 별은 특별한 의미로서의 별인데, 이는 아무래도 시적화자가 유일하게 사랑하는 어떤 사람의 상징일 수밖에 없다.

그런 유일한 애인을 왜 별로 상징했는가. 물론 그 별을 순수니, 이상이니, 진실이니, 사랑이니 하는 의미를 내포시켜 그렇게 할 수도 있다. 하지만 나는 아무래도 시적화자의 유일한 애인은 이미 죽어서 하늘의 별 하나로 존재하고 있을 거라고 생각한다. 왜냐하면 그것은 다음 연이 이에 대한 어느 정도의 근거를 마련해 주고 있기 때문이다. "밤이 깊을수록/별은 밝음 속에 사라지고"라는 말은 시적화자의 고독의 밤이 깊을수록 별이 된 너는 천상의 밝음 속으로 아득히 멀어지고, 이어 "나는 어둠 속에 사라진다"는 말은 지상에 홀로 남겨진 시적화자의 외로움과 고독과 슬픔이 더욱 짙어 가는 어둠 속에 잠긴다는 뜻으로 풀이할 수 있기 때문이다.

결국 마지막 연에서 "이렇게 정다운/너 하나 나 하나는/어디서 무엇이 되어/다시 만나랴"라는 말은 천상과 지상으로 나뉜 너와 나 곧 우리는 더 이상 이 땅에서 만날 수 없다는 것에서 오는 좌절감과 여기에서 파생하는 그리움의 단적인 표현인 것이다. 라깡은 "인간의 욕망은 타자의 욕망"이라고 했다. 이는, 인간은 타자의 욕망의 대상이 되길 원한다는 의미로 무엇보다도 타자의 성적 욕망이 되길 욕망하며 또 타자로부터 인정받기를 욕망한다는 것이다. 그런데 이 시에서 나를 욕망하게 하고 꿈꾸게 하고 그리워하게 하는 타자는 이미 죽어 별이 되어 있다. 그러니 그와 "다시" 만나기 위해선 나도 죽어 별이 되는 수밖에 없는 것 아닌가.

그런데 그의 「꽃 단상」이란 시를 보면 사실 우리는 한방에 같이 살면서도 외롭다고 한다. "꽃은 영감 속에 피며/마음을 따라다닌다/사람이 외로우면/사람과 한방에 같이 살면서 외롭고/사람이 슬프면/사람과 같이 가면서 슬프다/이런 꽃은 꽃 속에 꽃이 있고/사랑이 있고 하늘이 있지만/그 이야기를 함부로 하지도 않고/누구에게나 그 속을 좀처럼 보이지도 않는다." 그러니까 여기에서 꽃은 신비한 영감 속에서 피고, 마음을 늘 따라다니고, 이 꽃 속에 또 꽃이 있고, 사랑이 있고, 하늘이 있는 걸로 보아 진실로 진실로 사랑하는 사람을 가리키는데, 그 이야기를 함부로 하지도 못하고 누구에게 그 속을 좀처럼 내보일 수도 없으니 외로울 수밖에 없고, 그렇게 외로우니 그 사람 말고 다른 사람과 한방에 같이 살면서도 외롭고 슬플 수밖에 없는 것이다. 그러니 그 진짜 애인으로 상징된 하늘의 별을 보고 "어디서 무엇이 되어/다시 만나랴"하고 탄식하게 되는 걸 어쩌랴.

> 당신의 무덤가에 패랭이꽃 두고 오면
> 당신은 구름으로 시루봉 넘어 날 따라오고
> 당신의 무덤 앞에 소지 한 장 올리고 오면
> 당신은 초저녁별을 들고 내 뒤를 따라오고
> 당신의 무덤가에 노래 한 줄 남기고 오면
> 당신은 풀벌레 울음으로 문간까지 따라오고

당신의 무덤 위에 눈물 한 올 던지고 오면
당신은 빗줄기 되어 속살에 젖어오네

– 도종환, 「당신의 무덤가에」

　유난히 기다란 목에 고양이처럼 파란 눈을 가진 여인을 많이 그린 모딜리아니는 사랑의 힘으로 구원받은 사람이다. 앙드레 살몽이 지은 『모딜리아니, 열정의 포엠』이란 책을 보면 그는 이탈리아에서 몰락해 가는 사업가의 집안에서 태어난, 그림 솜씨와 문학적 소양을 갖춘 천재적인 미남이었다. 그는 어머니의 적극적인 후원을 받아 그림 공부를 하러 파리에 오지만, 이국에서 겪은 지독한 가난과 알코올과 마약, 그리고 병마 때문에 행려병자처럼 거리를 떠돌았다. 거의 20여 년 동안 모든 것을 철저히 버리고 환상같이 모호하게 부유하며, 정체성을 알 수 없는 예술 때문에 그의 삶은 파괴되고 추락하고 철저히 피폐해졌다.
　한데 모딜리아니에겐 두 여인이 있었다. 그토록 난폭한 삶을 수식하는 소품으로 등장하는 사랑이 아니라, 하나는 그의 열정을 끌어내 주고 다른 하나는 그의 구원을 이끌어 주었다. 먼저 첫사랑인 시인 베아트리스 헤이스팅스는 비록 그의 술주정 때문에 떠나가긴 했지만 방탕한 생활로 몸을 망가뜨리고 악마와 계약을 맺었다는 소문까지 나돌았던 모딜리아니가 위대한 재능을 꽃피울 수 있게 했다. 그녀의 시에 대한 열정과 시적 의식이 그의 천재성을 끌어내고 눈뜨게 했다고 위 책의 저자는 말한다. 두 번째 여자는 서른세 살에 만난 19살의 미술학도 잔느 에뷔테른느였다. 그녀는 천사와 같은 부드러움과 인내를 가진 내면의 여자로서 그를 늘 위로하고 감쌌다. 그러나 모딜리아니가

병이 악화되어 결혼한 지 2년여 만에 죽자 그녀도 임신 9개월의 몸으로 친정집 6층에서 투신했다. 평소 "천국에서도 당신의 아내와 모델이 되어 주겠다"던 약속의 실천이자 영원한 사랑의 완성이었다.

사람들이 모딜리아니의 그림을 좋아하는 것은 유난히 긴 목과 파란 눈에서 묻어나는 인간 본연의 고독과 우수 때문인 걸로 안다. 한데 그토록 저주의 삶을 살면서도 인간에 대한 끝없는 사랑이 그에게 많은 초상화를 그리게 했다고도 말한다. 더불어 잔느와의 전설적 사랑이 있었기에 성모 마리아와 같은 구원자로서의 여성상을 그렸다고 볼 수 있는데, 이는 여성을 육체적 특징만을 강조하는 대상물로서 취급하는 것에 대한 저항이라고 할 수도 있다. 종종 모딜리아니의 여인상의 눈동자가 사라져 버리는 것은 삶과 운명에 대한 초연함, 또 그 영혼의 깊이를 표현하고자 한 것으로 본다. 사랑의 힘이 없었다면 그 깊이를 얻지 못했을 것이다.

사랑의 힘과 사랑의 위대함. 그건 시인 도종환에게도 대단한 것이었다. 데이트 때마다 애인의 집 문 앞에서 창문에다 아주 작은 조약돌을 던져 신호를 보내고 휘파람으로 선구자를 불렀다거나, 나중에는 아내가 된 애인이 결혼반지를 팔고 긴 머리를 잘라 그를 계속 공부시켰다거나 하는 애틋한 에피소드는 누구에게나 있을 법하다. 하지만 그의 아내가 암으로 죽자 틈만 나면 그 무덤 곁에 가서 시 한 수씩을 바치길 무려 시집 두 권이 넘도록 했으니, 그의 사랑의 지극함을 무슨 말로 다 표현하랴. 「옥수수밭 옆에 당신을 묻고」란 시에서 "살아 평생 당신께 옷 한 벌 못 해 주고/당신 죽어 처음으로 베옷 한 벌 해 입혔네" 라는 시 구절이 있는데, 나는 이 부분을 읽다가 오열을 참지 못한 적이 있다. 「당신의 무덤가에」란 시도 끝내 죽은 아내를 잊지 못하는 마음이 아예 노래로까지 되어 버린다. 도종환 시인은 죽기 전 그의 부인에게 약속한 대로 암과 같은 세상의 불의와 싸우고 또 아내가 가르쳐 준 사랑을 실천하기 위해, 사회적으로 문화적으로 올곧은 활동을 한다.

그대의 무덤 옆에는 아니고, 그대의 무덤 앞
한 층계 아래 보리수를 심은 이유를 묻는다면
이렇게 될 줄은 몰랐다고 말하지 않으리라

그대가 나에게 전해 준 웃음을 떠올리고
꽃이 피었을 때 한 번, 열매가 익었을 때
한번 찾아오리라

네 개씩 날개를 달고 뭉쳐 핀 꽃
그대가 웃을 때
쪼그만 치아 같다고,
깨끗한 피 수혈한 열매,
그대가 웃을 때 잇몸 같다고,
속으로 웃음을 전해 주리라

그대가 남긴 유일한 연인이 되어
보리수 꽃과 열매가 모두
웃음에 닿도록 하리라

그늘이 될 만한 나뭇가지를 쳐내고
둘레의 억새풀을 뜯어내고
보리수 가지 넓이로 쌓아 놓은
돌담을 넓혀 가리라

- 이윤학, 「보리수」

사랑의 상실만큼 가슴 아픈 게 어디 있을까. 연인과의 합일을 꿈꾸는 것이 사랑이라면, 이별은 그 꿈을 산산조각 낸다. 그것도 이별이 사별이라면 그 고통은 상상할 수도 없을 것이다. 사랑은 합일을 지향하지만 지상에서의 영원한 합일은 불가능하다. 하지만 이별은 사랑의 전제조건이다. 사랑의 기쁨은 사랑의 고통을 담보로 주어진 것이다. 이런 점에서 사랑의 운명은 애초부터 비극적이다. 누구나 죽음을 맞이할 수밖에 없는 삶이 그렇듯이 말이다. 그러나 그런 비극적 운명을 피하지 않는 사랑의 주인공들이 모두 우리들 아닌가. 그러기에 사랑의 대상이 사라졌음에도 그를 잊지 않고 영원히 기억하려는 안간힘을 쓴다. 아니 영원에로까지 그 사랑을 승화시키고자 하는 애절한 노력을 한다. 이윤학 시인도 그런 점에서 마찬가지다.

죽은 애인의 무덤 앞에, 아니 그 무덤 한 층계 아래 보리수를 심는다. 보리수를 심은 이유를 묻는다면 내가 "이렇게 될 줄은 몰랐다고 말하지 않"겠다고 한다. 아무리 의연하고 강직한 사람도 사랑 앞에선 모두 보수주의자가 된다. 죽은 애인의 무덤 앞에 보리수를 심어서까지 애인을 잊지 않고 기억하려는 행위가 사실 사삭스러운 것이지만, 자기도 어느새 남들처럼 그렇게 돼 버린 것이다. 그런데 왜 하필 보리수인가. 네 개씩 날개를 달고 뭉쳐 핀 보리수 꽃이 "그대가 웃을 때

/쪼그만 치아 같"고, "깨끗한 피 수혈한" 보리수 열매가 "그대가 웃을 때 잇몸 같"이 생겼기 때문이다. 그래서 보리수를 보며 "그대가 나에게 전해 준 웃음을 떠올리고/꽃이 피었을 때 한 번, 열매가 익었을 때/한번 찾아"와선 속으로 웃음을 전해 주리라고 다짐한다. 사실 지상에서 애인의 웃음만큼 아름다운 게 어디 있을까. 더구나 쪼그만 치아와 깨끗한 선홍빛의 잇몸을 가진 애인의 속웃음은 얼마나 아름다울까. 결코 잊히지 않는 그 웃음에의 기억은 애인이 떠난 이 슬픈 지상에서 그나마 살아갈 힘을 준다. 그 웃음 때문에 나는 "그대가 남긴 유일한 연인이 되어" 심지어 보리수 꽃과 열매조차 모두 웃음에 닿도록 하리라고 한다.

줄리아 크레스테바는 『사랑의 역사』에서 "사랑의 언어는 직설적으로 옮기려 하면 부적절하고, 즉시 암시적이며 불가능한 것이 되어 수많은 은유들로 흩날려 간다."고 말한다. 이 시에서 쪼그만 치아와 깨끗한 피 수혈한 잇몸으로 웃는 애인의 웃음은 그녀의 모든 것에 대한 은유이자 환유다. 죽은 애인에 대한 수많은 사랑의 기억을, 수많은 사랑의 언어를 사용해 직정적으로, 혹은 직설적으로 표현해 봐야 애인의 웃음 한 번에 어찌 비기랴. 그 웃음은 이제 지상에 없지만 화자의 마음엔 영영 살아 있을 것이기에 그것을 상징하여 그녀의 무덤 층계 아래 보리수를 심은 것이다.

그리하여 그 사랑의 상징목에 "그늘이 될 만한 나뭇가지를 쳐내고/둘레의 억새풀을 뜯어내고/보리수 가지 넓이로 쌓아놓은/돌담" 곧 애인의 웃음의 영역을 넓혀 가겠다는 애절한 사연을 아주 담담하고 속삭이는 듯한 언어로 표현해 내는 시인의 진정성이 미덥다.

강나루 가에는 커다란 버드나무가 자라고 있었다

나는 소매에서 책을 꺼내 읽었다

여인들이 버드나무 밑에서 울고 있었다

여인들은 잎이 무성한 버드나무를 꺾었다

배에 올라탄 남정네들에게

버드나무 가지를 둥글게 구부려 정표로 주었다

배가 떠날 시간이었다

내려서 뒤돌아보지 말고 걸어야 했다

책갈피에 버드나무 잎이 끼여 있었다

저녁 무렵 잠깐 잠이 든 사이였다

꿈속에서 한 권의 책을 손에 쥐고 있었다

꿈속에서 해가 지고 있었다

그 책은 이승에서 내가 평생 써야 할 시였다

— 박형준, 「명경(明鏡)」

    이 슬프면서 아름다운 우화가 말하고자 하는 것은 과연 무엇일까. 저녁 무렵 잠깐 잠든 사이 꿈을 꾸었다. 꿈속에서도 해가 질 무렵이었다. 꿈속에서 한 권의 책을 손에 쥐고 읽고 있었다. 그런 그 앞에선 버드나무 아래서 여인들이 울고 있고, 배가 막 떠나려 하고 있고, 배에 올라탄 남정네들에게 여인들은 사랑의 정표로 버드나무 가지를 둥글게 구부려 주고, 그 버드나무 잎이 그의 책갈피에도 끼여 있지만, 배에서 내려서도 뒤돌아보지 말고 걸어야만 하는 슬픔이다. 어쩌면 인생은 덧없는 꿈이라는 상투적인 것을 얘기하고 있는 것 같기도 하다. 아니다. 여기서 배는 인생이고, 그 인생 속에서 우리는 사랑과 이별을 할 수밖에 없고, 그중 이별은 강을 건너는 행위 곧 이승과 저승으로 나뉠 수밖에 없는 상태인 것이다. 그러나 사랑하는 사람의 눈물을 뒤로하고 오연하게 앞으로 나아감으로 성취될 수 있는 그 무엇이 시라고 말하는, 저승까지 가져갈 것이 시라면, 뒤집어서 이승에서도 평생 써야 할 시는 그 책갈피에 낀 버드나무 잎같이 생생한 사랑과 이별의 변주인 시일 수밖에 없는 것이다. 이는 꿈속에서 본 이별의 광경을 통해 시인이 끝내 써야 할 시가 무엇인가를 조용히 연상케 하는 시인 것이다.

제6장

시와 생태
:
존재와 생명

오늘날 문학뿐 아니라 모든 분야에서 가장 인기가 있는 시대적 주제는 아마도 '생태환경'일 것이다. 이는 생태환경의 심각한 파괴로 인한 지구와 인간 삶의 미래조차 보장을 받을 수 없는 처지에 놓인 인간들의 불안감 때문이다. 이처럼 지구의 환경오염이 극한 상황에까지 이른 근본적인 이유는 무엇일까? 그것은 자연과 인간을 서로 무관한 별개의 존재로 여기고, 자연을 인간의 이기적 욕망을 달성하는 도구로만 생각해 온 서구의 과학기술, 물질 위주의 사상에 기인한 바 크다. 에리히 프롬은 『소유냐 삶이냐』에서 바로 이 점을 적절하게 지적하였다. "우리는 인간과 자연의 조화라는 선지자들의 비전을 포기하고, 자연을 정복하고 그것을 우리의 목적에 맞게 변형시키는 것으로 문제를 해결하려 했다. 그 결과 자연의 정복은 자연의 파괴에까지 이르게 되었다. 정복과 적대감에 눈먼 우리는 자원이 유한하다는 사실, 마침내 고갈되어 버릴 수도 있다는 사실, 자연이 인간의 탐욕에 대한 반격을 가해 오리라는 사실을 인식하지 못했다."

그래서 인간과 자연이 공멸하지 않고 공생하기 위해서는, 죽어 가는 자연을 치유하여 인간과 자연이 적대와 대립이 아닌 화해와 조화를 이룰 수 있는 방향으로 나아가야만 한다는 것이다. 이에 새로운 가치관으로 떠오른 생태적 상상력, 나아가 우주적 상상력은 우주의 순리에 의한 자연과의 친화를 바탕으로 하는 삶에 대한 모색이다. 하늘의 해와 바람과 비가 없으면 불가능한 삶, 또 나무와 풀꽃과 새와 개구리와 지렁이와 함께 너나들이하지 못하면 곧바로 자본의 논리에 침식당할 수밖에 없는 삶에 대한 성찰인 것이다. 현실과 꿈의 경계를 싱싱한 교감으로 넘나드는 이런 활달한 상상력을 통한 시적 실천을 위해선 우선 나부터 삶의 지혜를 발휘해야 한다. 놀랍게도 이런 지혜들은 이미 동양사상에 무수히 존재하고 있다.

> 하백이 물었다. "무엇을 자연이라 하고 무엇을 인위라 합니까?"
> 북해약이 말했다. "소나 말의 발이 네 개인 것을 자연이라 하고, 말머리에 굴레를 씌우고 쇠코를 뚫는 것을 인위라 한다. 그러므로 인위로써 자연을 망치지 말고, 조작으로써 본래 모습을 훼손하지 말고, 탐욕으로써 명리에 따르지 말라고 하는 것이다. 이 세 가지를 삼가 지켜 잃어버리지 않는 것을 '그 참에 돌아감'이라고 한다."

『장자』 「추수(秋水)」편에 나오는 글인데, 오늘날 환경과 생태의 위기는 단순한 땜질 처방식의 대처보다는 인간과 자연의 근원적 마음을 돌아볼 때 그 극복의 실마리나마 찾아낼 수 있지 않을까 하는 생각에서 인용했다. 장자는 일찍이 수천 년 전에 인위와 조작으로써 자연 본래의 모습을 훼손하지 말고 참으로 돌아가라고 외쳤다. 거의 모든 사람들이 문맹이던 시절에 쇠코를 뚫고 말에 굴레를 씌우는 문명화가 결국 지구를 황폐하게 만들 것이란 점을 간파한 장자의 가르침은 놀라운 선견지명이라 아니할 수 없다. 도가의 자연관은 "사람은 땅을 본받고 땅은 하늘을 본받고 하늘은 도를 본받고 도는 자연을 본받는다(人法地 地法天 天法道 法道自然)."(『노자』 25장)거나, "천지는 나와 생존을 같이하고 만물은 나와 한 몸이다(天地與我幷生 萬物與我爲一)."(『장자』-제물론)라는 글들로 인간과 자연이 둘이 아님은 물론이고 자연을 사람과 땅과 하늘보다도 우위에 두어, 이 세상의 모든 가치에 우선하는 최고의 가치로 파악하였으니 얼마나 대단한가.

동양에서는 예로부터 자연과 인간의 대립 대신 조화를, 힘에 의한 자연의 정복 대신 지혜로 자연을 본받고자 하는 전통이 이어져 왔다. 『주역』은 자연계의 현상을 관찰하여 여러 법칙을 발견하고, 이를 다시 인류의 일상생활에 끌어들여 설명하였다. 『주역』의 건괘(乾卦)에 "하늘의 운행은 굳세어 쉼이 없다. 그러므로 군자는 이를 본받아 스스로 힘써 노력하여 쉬지 않는다(天行健 君子以 自彊不息)."라고 한 것이나, 곤괘(坤卦)에 "땅의 형세는 순후하다. 그러므로 군자는 이를 본받아 순후한 덕으로 만물을 포용한다(地勢坤 君子以 厚德載物)."라고 한 것 등은 우주의 자연법칙 곧 천도(天道)를 기초로 해서 인간의 사회환경 곧 인도(人道)와의 조화를 이루며 살아갈 수밖에 없는 원리를 밝혀 놓은 것이다.

유가의 여러 경전에서도 인간과 자연은 넓은 의미에서 하나의 존재라는 '천인합일'을 강조한 대목이 자주 눈에 띈다. 이러한 정신은 특히 북송의 유학자 장개가 쓴 『서명』에 잘 표현되어 있다. "하늘은 나의 아버지이고 땅은 나의 어머니이다. 나는 이렇게 보잘것없는 존재이지만 하늘과 땅의 한가운데 처해 있다. 그러므로 하늘과 땅 사이에 가득 차 흐르는 기운은 나의 몸뚱이이고, 하늘과 땅을 지배하는 주재자는 나의 성품인 것이다. 인류는 모두가 나의 자매이고 생물은 모두가 나의 동반자이다." 그리고 "촘촘한 그물로 잔 물고기까지 한 꺼번에 다 잡지 않는다면 물고기는 남아서 다 먹을 수가 없을 것이며, 알맞은 시기에 산에 들어가 도끼로 나무를 벤다면 재목은 남아서 다 쓸 수가 없을 것이다."(『맹자』-등문공) 라거나 "성인은 풀과 나무가 한참 자랄 시기에는 산림에 도끼나 낫을 들고 가서 그 생장을 중간에 끊는 일이 없도록 하고, 어패류가 알을 배거나 그 알이 부화될 시기에는 연못에 그물이나 독약을 갖고 가서 그 생장을 중도에 끊는 일이 없도록 한다."(『순자』-왕제)는 글들은 유가의 자연 사랑이 어떤 것인지를 잘 밝혀 주고 있다.

생명의 무게와 존재의 사슬

그렇다면 불교의 자연과 생명에 대한 인식은 어떤 것일까. 이는 석가모니가 전생에서 수도승으로 지내던 때의 일화 하나만 들어도 명쾌히 알 수 있다.

하루는 명상에 잠긴 수도승에게 토끼 한 마리가 숨을 할딱이며 숨어들었다. 수도승은 호랑이한테 쫓겨 온 토끼가 가엾은 생각이 들어 품에 숨겨 주었다. 그러자 호랑이가 곧장 달려와 토끼를 내어 달라고 요구했다. 일주일 내내 쫄쫄 굶다가 발견한 토끼를 잡아먹지 못하면 자기가 죽는다는 것이다. 그러고 보니 호랑이도 불쌍했다. 호랑이도 엄연한 생명 아니던가. 수도승은 난감했다. 하지만 수도승은 이내 딜레마에서 벗어났다. 토끼도 살리고 호랑이도 살리기 위하여 토끼와 같은 무게의 자기의 살점을 떼어 주기로 한 것이다. 그래서 저울을 갖다 놓고 한쪽에는 토끼를, 또 한쪽에는 자기 허벅지살을 베어 올려놓았다. 그런데 웬일인지 아무리 커다란 살덩이를 올려놓아도 저울추는 토끼 쪽으로 기우는 것이었다. 마침내 자기 몸 전체를 저울 위에 올려놓자 비로소 저울은 수평을 이루었다. 여기서 수도승은 모든 생명의 무게가 동일하다는 사실을 깨달았다. 그래서 자기 몸 전체를 던져 호랑이에게 보시함으로써 호랑이와 토끼를 살리고 자신은 죽는다.

이 이야기는 불교설화이기 때문에 과장된 점이 있다. 하지만 야만과 무지의 시대라는 기축기(基軸期)에 이토록 생명에 대한 귀중한 인식을 했다는 것은 놀라운 일이다. 모든 생명의 무게가 같다는 생각은, 자신의 생명과 타자의 생명을 똑같이 존귀한 것으로 보는 것이다. 이러한 기본적인 생명인식은 오늘날 직면한 생태계의 문제를 해결할 단초가 된다는 점에서 매우 고무적이다.

그런데 이런 생명의 무게니 혹은 값어치를 따진다면 과연 얼마나 나갈까. 먼저 고은의 다음 시 한 편을 감상하면서 따져 보자.

　　내 고향 새끼 사슴 두 마리가
　　한꺼번에 화살에 맞아 죽었습니다
　　거기 달려온 에미나이
　　얼빠진 채 맴돌다가 맴돌다가

그냥 죽어 버렸습니다

화살도 맞지 않고

그냥 죽어 버렸습니다

그 에미나이 배 갈라 본 즉

기나긴 창자 열두 발

토막토막 끊어져

그것이 새끼 잃은 슬픔이었습니다

이 세상 만물 가운데

무릇 슬픔이 있어야 하거니와

어찌 그것이 슬픔만하겠습니까

예로부터 창자 끊어지는 아픔이 슬픔일진대

오늘밤 내 주전부리 슬픔 따위는

쉬쉬 흙구덩이에 파묻어 버려야 합니다

내년이나 내후년 이맘때까지

누구 알세라 파묻어 둔 채

거기 새 다북쑥 돋아 나온들

어찌 그것이 어미 사슴의 죽음만하겠습니까

그건 썩지 않을 슬픔으로 새끼 낳고 세상 열고자

해 떠오르는 시뻘건 아침 먼 데 달려갑니다

— 고은, 「슬픔」

여기 보면 어미 사슴이 새끼 사슴 두 마리가 화살에 맞아 죽자 거기 달려와 얼빠진 채 마냥 맴돌다가 죽어 버렸다고 했다. 화살도 맞지 않았는데 죽은 걸 이상히 여긴 나머지 배를 갈라 보니 기나긴 창자 열두 발이 토막토막 끊어져 있더라고 했다. 새끼를 잃은 아픔 때문이었다는 걸 더 말할 필요가 없다. 이걸 사람들은 단장(斷腸)의 아픔이라고 한다. 그렇다. 생명이라는 건 하나의 생명의 훼손 앞에서 창자 열두 발이 끊어져 죽어 버려도 모자랄 정도로 고귀한 가치와 무게를 지닌 것이다. 아까 전생의 싯다르타처럼 자기 온몸을 던지는 것과 맞먹는 것이다. 한마디로 생명의 무게나 값어치는 저울로 잴 수 없으며 값으로 매길 수 없다.

그러기에 그 생명을 구하려고 우주가 온통 긴장한다. 다음 이시영의 시가 그것을 선연하게 보여 준다.

> 새끼 새 한 마리가 우듬지 끝에서 재주를 넘다가
> 그만 벼랑 아래로 굴러떨어졌다
> 먼 길을 가던 엄마 새가 온 하늘을 가르며
> 쏜살같이 급강하 한다
>
> 세계가 적요하다.
>
> — 이시영, 「화살」

참으로 가슴 뭉클한 시이다. 새끼 새 한 마리가 둥지에서 떨어지자 그걸 구하려고 쏜살같이 급강하 하는 엄마 새의 모습을 숨도 쉴 수 없을 만큼 팽팽한 긴장으로 묘사한 시이다. 새끼 새를 과연 엄마

새는 구할 수 있을지 손에 땀을 쥐게 한다. 떨어지는 어린 생명을 구하려는 엄마 새의 필사적인 노력에 세계도 숨을 죽이고 지켜본다.

그런데 오늘날 이런 고귀한 생명이 처해 있는 처지는 어떠할까? 먼저 감옥의 창틀에 두툼히 쌓인 먼지 속에서 싹이 터서 자라는 것을 보고 생명에 대한 경외감을 크게 깨달아, 그때까지 저항적 삶과 시로 일관했던 자기 삶과 시에 일대 전환을 이루었다는 김지하의 시 한 편을 보자.

생명
한 줄기 희망이다

캄캄한 벼랑에 걸린 이 목숨
한 줄기 희망이다

돌아설 수도
밀어붙일 수도 없는 이 자리

노랗게 쓰러져 버릴 수도
뿌리쳐 솟구칠 수도 없는
이 마지막 자리

어미가
새끼를 껴안고 울고 있다
생명의 슬픔

한 줄기 희망이다

― 김지하, 「생명」

　이 시를 보면 한 줄기 희망인 생명이 캄캄한 벼랑에 걸려 있다고 한다. 돌아설 수도 없고, 밀어붙일 수도 없으며, 노랗게 쓰러져 버릴 수도, 뿌리쳐 솟구칠 수도 없는, 마지막 자리에 처해 있다고 한다. 그 끝에서 어미가 새끼를 껴안고 울고 있는 처지, 그러니까 현재 생명이 이런 급박한 처지에 놓여 있다는 것이다. 어쩌면 불교에서 말하는 백척간두 위의 절체절명에 처한 생명의 현실이다.

　도대체 뭐가 어찌 됐기에 생명이 이런 처지에 놓이게 됐을까. 말할 것도 없이 폭발적인 인구 증가와 급격한 산업화 도시화 추세와 함께 파생된 지구환경의 문제 때문이다. 오늘날 최대 현안으로 떠올라 있는 이 문제점은 오존층 파괴에 따른 인체 피해와 생태계 파괴, 자동차 및 난방으로 인한 이산화탄소 배출량 증가, 육식용 소의 대규모 사육으로 인한 메탄가스 발생이 가져온 지구온난화, 삼림파괴와 야생동물의 남획으로 인한 생태계의 균형상실, 유해폐기물의 폭발적 증가에 의한 환경오염 등 다양하다.

　비근한 예로 하천의 오염이 극에 달해 물고기를 찾아보기 어렵게 되었으며, 연근해 곳곳에 출몰하는 적조현상과 기형 물고기의 출현이 다반사가 되어 버렸다. 기형아의 출산이 늘어나고 있으며 유전자 식품이나 환경호르몬 때문에 전에 없던 각종 질병이 유발한다. 그리고 공단 인근의 수목들이 죽어 가고 있으며 도심 주택가마저도 황사나 스모그에 갇히는 일이 너무 잦아졌다. 농촌에선 농약과 골프장과 러브호텔 때문에 민물고기들이 씨가 마르고 있으며 삼림과 농토가 무수히 침탈당하고 있다.

요새는 특히 계절을 가릴 것도 없이 미세먼지로 한반도가 부옇게 덮여 시야를 차단하고 호흡기를 망가뜨린다. 또한 토목정권의 '4대강 살리기 사업' 때문에 불과 3~4년 만에 되레 4대강이 죽어 가고 있는 비극적 참상을 목격하고 있는 현실이다. 하늘과 강물과 산과 대기 어느 것 하나 온전한 것이 없다.

이 모든 것은 개발과 성장의 단맛에 취한 사람들의 무자비한 산업화 정책 탓이었다. 원래 자본주의적 산업화의 회로는 생산물의 탐욕스런 증식만을 꾀할 뿐 자기 자신에 대한 반성의 기능이 결여되어 있는 법이다. 그래서 이 땅의 환경을 걱정하는 사람들이 그토록 생태계 파괴의 위험성을 경고해 왔다. 물론 이 일에는 시인들이 제일 먼저 앞장서 왔고, 이숭원, 이희중 등 문학평론가들도 가세했다. 이하의 글들은 두 평론가의 평론에서 대폭 인용했다.

생태 파괴의 문명

우리 시대의 비는 계절과 무관하다.
시도 때도 없이
푸른 것은 모조리 갉아먹어 버리는
전천후 산성비.

그렇다 전천후로

비는 죽은 구근을 흔들어 깨워서
자꾸만 생산을 재촉하고 있다.
그래서 생산이 넘치고 넘치는
그래서 미처 다 소비하기도 전에
쓰레기통만 가득 채우는 시대.

쓰레기통에서
장미가 피기를 기다린다고는
누군가 참 잘도 말했다.

한때는 선지자의 예언처럼 고독했던
그러한 절망이 도처에서 천방지축으로
장미처럼 요란하게 꽃피고 있는 시대.

죽은 자의 욕망까지 흔들어 깨우면서
그 위에 내리는
시도 때도 없는 산성비.

사람들은 모두 우산을 쓰고 있다.
일회용 비닐우산이 되어 버린
절망을 쓰고 있다.

비극이 되기에는
너무나 흔해 빠진 우리 시대의 비.

대량생산의 장미를 쓰레기통에 가득 채우는

전천후 산성비 오늘도 내린다.

— 이형기, 「전천후 산성비」

이 시는 이미 1972년에 생태파괴를 고발한 시이다. 여기서 산성비란 보통 산도 5~6 이하의 비를 말한다. 산성비는 화력발전소, 공장, 자동차, 가정 등에서 석탄이나 석유를 원료로 사용할 때 발생하는 아황산가스나 이산화질소 등의 오염물질이 대기에 떠 있다가 공기 속의 수증기와 작용하여 황산과 질산으로 바뀌고 이것이 빗속에 섞여 내리는 것을 말한다. 황산이나 질산으로 바뀐 비가 생물의 생명에 치명적 피해를 주는 것이다. 구체적으로 나무를 고갈시키고 숲을 파괴한다. 산성 물질이 지닌 독성 때문에 나뭇잎이 황갈색으로 변하면서 말라죽게 된다. 또 이 산성 물질은 흙 속의 인, 칼슘, 마그네슘 등 영양물질을 없앤다. 강과 호수를 죽이고 강철과 시멘트를 부식시킨다. 그래서 평론가 도정일은 그 옛날 로버트 프로스트처럼 이제 시인은 숲으로 가지 못한다고 했던 것이다.

하늘에서 내리는 비가 흙을 적시고 산천초목의 뿌리를 적셔 생명의 원천을 구현해 준다는 것은 상식에 속한 일이다. 비가 땅속에 스며든 뒤 청량한 샘물이 되어 우리의 목마름을 달래 준다는 것도 알고 있다. 그러나 언제부턴가 비는 산성화되고 이 비를 맞는 사람이 건강을 해치고 초목이 말라죽는다. 이 산성비가 도처에 전천후로 내리고 있다. 이 시는 바로 그런 산성비 폐해의 심각성을 고발한 것이다.

가을 햇볕에 공기에

익은 벼에

눈부신 것 천지인데,

그런데,

아, 들판이 적막하다

메뚜기가 없다!

오, 이 불길한 고요

생명의 황금고리가 끊어졌느니

– 정현종, 「들판이 적막하다」

    생태학은 생명의 원천으로서의 대지와 자연을 인간사회에 긴밀하게 연결하고자 하는 학문이다. 현대 생태이론에 따르면 모든 존재의 체계는 이들 '사슬' 사이의 에너지 흐름에 연결되고 하나의 유기체로 통합된다고 한다. 존재의 사슬은 무생물의 수준을 겨우 벗어난 미약한 종류의 존재로부터 가장 우수한 피조물에 이르기까지 여러 중간 단계를 포용한 위계질서에 의해 배열되어 있다. 이는 엄청난 규모의 사슬로서 가히 인간의 상상을 초월하는 것이다. 그런데 이 사슬은 모두 조화로운 화해를 그 기본정신으로 꾸려진다.

    문학평론가이자 시인인 이희중의 글을 빌려 온다. "주인 없는 빛과 공기와 물을 이용하여 풀과 나무의 푸른 잎은 제 몸을 만들고 키운다. 풀과 나무의 푸른 잎을 소와 양과 기린이 먹는다. 소와 양과 기린을 사자와 호랑이와 표범이 먹는다. 이는 지구에 사는 생물이 빠짐없이 연루된 먹이사슬의 간단한 그림이다. 풀과 나무의 푸른 잎과 그것을 먹고사는 동물을 아울러 먹는 곰과 원숭이와 사람은 그 사이에 끼어들 것이다. 그리고 모든 동물은 종족을 복제한 후 짧은 한살이가 끝나면 미생물에 의해 무기물로 환원되는데, 그 과정에서 애초 그들의 생존의 근거가 되었던 빛과 공기와 물을 해치지 않는다.

먹이사슬에서 먹히는 쪽의 수를 적정히 늘리고 먹는 쪽의 수를 적정히 줄여 포식의 연쇄가 망가지지 않도록 하고, 그 삶의 무기적 환경과 에너지의 순환을 원활하게 하는 것을 생태계의 균형이라고 한다. 오랜 세월을 통해 자리 잡은 이 균형은 대단히 미묘해서 어느 한 쪽이 변화하면 그 요인은 연쇄적으로 파급되고 생태계는 새로운 균형을 모색한다. 그 와중에서 어떤 종족은 도태될 수 있다.

그런데 이런 존재의 연쇄사슬을 무너뜨리는 게 있다. 인간이다. 이런 인간에 의한 현재의 지구생태계의 파괴 혹은 변동은 거의 모든 생물에게 위협이 된다. 먹이사슬에 가담한 생물들의 암묵적인 준칙은 생존에 필요한 최소한의 포식이다. 호랑이는 배가 고프지 않으면 코앞에 얼씬거리는 동물을 결코 손대지 않는다. 그러나 사람은 그렇지 않다. 사람은 생리적인 위장 외에 마음의 위장을 하나 더 가지고 있어서 배가 터지도록 갖고도 더 가지려고 안달을 한다. 그래서 사람은 원천적으로 자연 혹은 지구 위의 현 생태계에 가장 적대적이다. 지구 위에서 생멸한 생명의 장구한 역사에서 이렇게 스스로에게 파괴적이고 위협적인 생물은 없었을 것이다."

생태 사슬에 대한 정확한 논리와 이해에 갈음하는 글이어서 길게 인용했다. 바로 위「들판이 적막하다」라는 시도 인간의 증산 욕망에 의해 마구잡이로 뿌려진 농약 때문에 메뚜기가 사라짐으로 말미암아 지렁이, 개구리, 미꾸라지, 거미, 참새 등이 한꺼번에 사라지고, 그 바람에 사람도 너나없이 떠나감으로 적막해져 버린 들판에 대한 고발 시이다. 한마디로 생명의 사슬, 곧 황금고리가 끊어졌으니 이 어찌 불길한 일이 아니겠는가.

> 무뇌아를 낳고 보니 산모는
> 몸 안에 공장지대가 들어선 느낌이다.
> 젖을 짜면 흘러내리는 허연 폐수와
> 아이 배꼽에 매달린 비닐끈들.
> 저 굴뚝들과 나는 간통한 게 분명해!
> 자궁 속에 고무인형 키워 온 듯
> 무뇌아를 낳고 산모는
> 머릿속에 뇌가 있는지 의심스러워
> 정수리의 털들을 하루 종일 뽑아 댄다.
>
> — 최승호, 「공장지대」

문학평론가 이숭원의 평론을 보자. "최승호의 시를 보면 그야말로 엽기적이고 소름이 끼친다. 9행으로 되어 있는 이 간결한 시는 어떤 장편논문보다 환경오염의 심각성과 그 끔찍한 결과를 선명하게 드러낸다. 우선 '무뇌아' 라는 존재 자체가 불길하고 공포스럽다. 사람은 생각하는 동물이라는데 뇌가 없는 아이라니? 이 상상하기조차 싫은 무뇌아를 출산한 산모의 심정은 어떠할까. 이 시는 바로 여기에 초점을 맞추었다. 생명을 생산한 어머니의 입장에서 이런 결과로 인한 죄의식은 너무 클 것이다. 자신이 남편과 정상적인 부부관계를 가진 것이 아니라 공장 굴뚝과 간통을 했기 때문에 이런 일이 벌어졌을 것이라고 생각할 테니 말이다. 물론 이는 기형아를 낳은 산모들의 일반적인 죄의식과 통한다. 내가 무언가 잘못했기 때문에 이런 기형아를 낳았을 것이라는 생각이다.

그러면 이 산모의 죄는 무엇인가? 그것은 공장이 있는 지역에 거주한 것, 혹은 공장에서 노동자로 일한 것일 뿐이다. 그것이 죄라면 죄인데 시인은 이것을 굴뚝과의 간통 때문이라는 이미지로 표현했다. 공장지대의 오염이 무뇌아를 만들어 낸 원인이라면 이것은 인간과 무관한 것처럼 여겼던 사물의 세계가 인간 속으로 들어오는 것을 의미한다. 그래서 산모의 몸에 공장지대가 들어선 느낌을 가지며 젖에서 폐수가 흘러내린다고 생각하고 아이 배꼽에 비닐끈이 매달려 있다고 생각한다. 이러한 그로테스크한 상상은 자신이 자궁 속에서 고무인형을 키워 온 것이 아니냐는 자문으로 이어진다. 아마도 이 사람은 공장에서 고무인형 만드는 일을 했던 모양이다."

이러한 상상력은 인간이 만들어 낸 사물의 세계가 인간에게 영향을 미치고 그 결과 인간도 사물의 차원으로 전락해 버리고 만다는 인식을 전달한다. 그만큼 이 짧막한 시는 공해의 피해를 드러냄과 동시에 산업사회에서의 인간에 대한 인식에까지도 함께 드러내는 의미의 함축성을 갖는다.

인간의 탐욕은 어디까지인가

역시 이희중의 글이다. "사람이 만물의 영장이라 하지만 이는 어림 턱도 없는 소리이다. 사람은 대부분의 동물들과 마찬가지로 생장에 필수적인 물질을 스스로 생산하지 못한다. 그래서 사람은 스스로의 생존을 다른 생물에 의지할 수밖에 없다. 지구 위에 존재하는 생물들의 먹이사슬을 거슬러 올라가면 그 실마리 끝에는 언제나 필요한 것을 스스로 생산하는 녹색식물이 있다. 그래서 녹색식물은 생태계에서 유일한 생산자로 분류된다. 식물의 이파리는 다른 별과는 달리 지구 위에서는 흔하디흔한 이산화탄소와 물을 모아, 외부에서 지구로 유입되는 유일한 에너지인 햇빛의 힘으로 탄수화물을 만들어낸다. 무에서 생명을 창조하는 최초의 위대한 작업인 탄소동화작용에 소요되는 것은 이 지구라는 별 위에서는 적어도 극히 최근까지는 아까울 것이 없었다. 식물은 이 작고 형편없는 별을 온통 생명으로 뒤덮게 한 말 없는 공로자이며 자애로운 수혜자인 셈이다. 우주공간에서 우리 지구를 바라볼 수 있었던 사람들은 그 아름다움을 잊을 수 없다고 했다. 보석처럼 빛나는 녹색의 별, 그 푸른빛은 바다와 수풀들의 빛깔이었지 사람 때문은 아니었다.

    사람은 무서운 속도로 숲을 파괴할 뿐만 아니라 빛과 공기와 물을 더럽힌다. 그들은 방자하게도 이 별의 주인임을 자처하고 다른 모든 생물이 자신을 위해 존재하는 것으로 믿는다. 땅속에 묻힌 것들을 파내어 칼을 만들고 총을 만들어 동족을 죽인다. 사람은 습관적이고 주기적으로 전쟁을 벌여 동족을 대량으로 사냥하는 아주 드문 동물로 알려져 있다. 그리고 자신의 분수에 넘치는 보금자리를 위해 숲을 불태우고, 적대적인 동물을 철저히 학살한다. 그들은 야금야금 자신의 서식지를 넓혀 나가 이제 이 별 위에서 그들의 발길에 더럽혀지지 않는 곳은 사실상 남아 있지 않다. 우리는 우리 땅에 호랑이가 사라졌음을 애통해 하지만 만약 살아 있다면 어쨌을까? 이 좁은 땅에서 그들이 서식할 공간을 양보했을까? 을숙도를 생각하면 결과는 자명하다. 필경 그물로 잡아서 조금 넓은 그물 속에 가둘 뿐이었을 것이다."

　사람은 다른 동물을 죽인 만큼 스스로의 수를 늘렸고, 이제 온 지구는 그들로 인해 시끄럽다. 이 시끄러운 종족의 무책임한 파괴의 결과는 결국 스스로인 사람에게 재앙의 새까만 그림자를 드리우고 있다. 그래서 요새 사람들은 너도나도 자연보호를 외친다. 그런데 명목상으로는 그런 자연을 보호하자고 외치는 인간의 행위가 인간 스스로의 욕심 때문에 그러한다는 사실, 그 아이러니를 다음 시에서 한번 보기 바란다.

　　　　새마을 회관 앞마당에서
　　　　자연보호를 받고 있는
　　　　늙은 소나무
　　　　시원한 그림자 드리우고
　　　　바람의 몸짓 보여 주며
　　　　백여 년을 변함없이 너는
　　　　그 자리에 서 있었다
　　　　송진마저 말라 버린 몸통을 보면
　　　　뿌리가 아플 때도 되었는데
　　　　너의 고달픔 짐작도 못하고 회원들은
　　　　시멘트로 밑동을 싸바르고
　　　　주사까지 놓으면서
　　　　그냥 서 있으라고 한다
　　　　아무리 바람직하지 못하다 해도
　　　　늙음은 가장 자연스러운 일

오래간만에 털썩 주저앉아 너도
한번 쉬고 싶을 것이다
쉬었다가 다시 일어나기에
몇백 년이 걸릴지 모르겠지만
너의 졸음을 누가 막을 수 있으랴
백여 년 동안 뜨고 있던
푸른 눈을 감으며
끝내 서서 잠드는구나
가지마다 붉게 시드는
늙은 소나무

— 김광규, 「늙은 소나무」

    이 시를 보면 요즈음 인간이 벌이는 자연보호라는 것이 얼마나 허울 좋은 일인가를 알 수 있다. 새마을 회관 앞마당에 서 있는 늙은 소나무는 이제 너무 늙어서 송진도 말라버린 채 잠이 들고 싶어 하는 나무이다. 그런데 사람들은 이런 나무에다 주사를 놓고 시멘트로 밑동을 싸바르면서까지 살아 있게 하려고 안달이다. 왜냐하면 그 나무는 백여 년을 변함없이 그 자리에 서서 바람을 몰아오고 시원한 그림자를 드리웠는데 앞으로도 계속 그래야만 한다는 사람의 생각 때문이다. 이는 한마디로 인간의 욕심이다. 나무도 수명이 다하면 죽을 수밖에 없다. 그런데도 새마을 회관에 드리우는 바람이나 그늘 때문에, 그리고 그것을 계속 누리고 싶은 인간의 욕심 때문에 죽어야 할 나무가 죽지 못하는 것이다.
    흔히 생명시, 혹은 생명운동을 이야기하면 모두들 생명 있는 것들만 추구하는 우를 범하고 마는데 이는 매우 잘못된 생각이다. 그래서 생명시 혹은 생명운동보다는 생태시 혹은 생태운동이라고 명명해야 한다. 이는 모든 목숨이 나서 자라고 생명을 힘차게 구가하고 다시 종족을 복제한 후 한살이가 끝나면 자연의 무기물로 돌아가는 그 생태 사이클을 자연스럽게 인정하고 수용하는 것이 우리가 추구하는 생태시, 생태운동이라고 생각하기 때문이다. 그런데 그런 자연스런 죽음은 인정하지 않고 순전히 생명만을 구가하려고 애를 쓴다면 세계는 어떻게 되겠는가.

여러 의사들로부터 들은 이야기인데, 팔순을 넘긴 노인들이 치명적인 암에 걸려 수술을 하면 3개월 정도 더 생명을 연장할 수 있을 뿐인데도, 그 많은 돈을 들이고 고통을 받을 각오를 하며 수술을 받자고 한다는 것이다. 물론 이 수술을 조장하는 것은 의사들이 고액의 수술비를 벌어들이고자 하는 상술 때문인데도, 수술을 하면 마치 몇십 년이라도 생명을 연장할 수 있을 것처럼 생각하고, 환자나 가족이 함께 수술에 매달리는 모습을 보면 인간의 불쌍한 욕심이 얼마나 큰가를 알 수 있다는 것이다.

자연보호라는 것이 결국 환경운동에 머물면 아니 된다. 이것은 어디까지나 인간이 중심이 되고 다른 모든 생물은 부차적인 것이 되기 때문이다. 환경공해 탓에 인간이 피해를 보기 때문에 자연보호를 하고 환경운동을 한다면 이는 근본적인 치유가 되지 못한다. 자연 속의 모든 생물을 주체로 인정하여 그 자연과 사람이 나와 타자라는 1대 1의 대등한 관계를 회복할 수 있을 때만이 진정으로 생태는 보호되고 자연스런 생태 사이클이 유지될 수 있다.

〈쌀〉과의 전쟁,

양강도 두만강변 풀섶

짐승같이 부스스한 여성들,

밀무역한 빵조각을 생쥐같이

깜박거리며 물어뜯고 있다.

이 광경을 보고도 느낌 없는

코미디 채널로 돌려 버리는 너는

한 조각 토스트를 앞에 두고 한숨 쉬고 있다.

나눠 가질 줄 모르는, 그런 꿈도 없는

남쪽사람 너는 빈혈과 싸워가며

〈살〉과의 전쟁을 힘겹게 벌이고 있다.

공부보다 기술보다 확실한 투자,

몸매만이 살길이다.

믿을 만한 무기이다.

날씬날씬한 너의 몸매에서 풍기는

동물적 체취, 너의 몸매에서 피어나는

화려한 조화(造花)

― 서림, 「몸매 이데올로기」

    이 시를 보면 기가 막힌다. 우리의 형제인 북한 사람들은 지금도 쌀 때문에 곤경을 치르고 있는데 남쪽인 우리는 살과의 전쟁을 치르느라 온 나라가 난리이다. 그러면서도 해마다 남아도는 쌀 때문에 창고저장비만 해도 2,000억 원이 넘어 골치 덩어리이니, 쌀을 북한에다 좀 보내자고 하면 극우주의자들은 그들을 '종북'이라고 몰아대며 각종 훼방을 놓는다. 인간의 무지무지한 욕심은 그 상상을 초월한다.

오늘날 팩스아메리카를 추구하는 미국의 욕심은 얼마나 큰지 아는가. 마이클 클래어라는 사람이 쓴 『자원의 지배』라는 책을 보면 세계는 지금까지 모든 자원 전쟁을 종교적, 민족적 싸움으로 왜곡 보도했다는 사실을 명명백백히 보여 준다. 그중에서도 특히 중동에서의 석유개발과 석유수송로의 방위를 강화하려는 미국과 그 정책을 혐오하는 중동국가 간의 갈등에 대해서 적나라하게 밝혀 놓고 있다. 미국은 현재 자국 내에 세계 3분지 1이 넘는 석유매장량을 가지고 있다. 그럼에도 그걸 결코 꺼내 쓰지 않고 온통 중동 등지에서만 싼값에 가져다 쓴다. 미국이 사막에 불과한 중동지역에 그토록 집착하며 그들에 반대하는 나라는 전쟁이라는 초강수로 초토화를 시켜 버리는 이유가 바로 석유라는 자원의 안정적 확보 때문인 것이다.

앞으로 인류에게 일어날 전쟁은 석유와 물, 목재와 광물을 차지하려는 싸움이 될 것이라고 많은 학자들은 경고한다. 자연이 우리에게 베풀어 준 이러한 선물들은 사람들의 과도한 문명과 개발로 끊임없이 고갈되어 가고 있다. 이렇게 자원은 한정적인데 인간의 욕심은 끊임없으니 전쟁이 일어나지 않을 수가 없고, 궁극에는 지구의 종말이라는 비극을 맞게 될지도 모를 일이다.

그럼에도 개인들은 개인들대로 또 아래의 시와 같이 흥청망청하고 있다.

생사가 고작 호흡지간(呼吸之間)의 일이라는데, 호흡 사이의 거리가
가까우면 가까울수록 그만큼 죽음도 빨리 다가온다는데
우리는 너무 빠르게 호흡하고 있는 건 아닐까
헉헉거리며 일 초 전의 전생에서 일 초 후의 내생으로
뻔질나게 윤회의 들숨 날숨 쳇바퀴를 돌리고 있는 건 아닐까

도로의 목구멍 위로 들숨 날숨처럼
헉헉대다 숨 막히는 빽빽한 차량들
숨 가쁘게 먹고 싸고 사정하는 인간의 구규(九竅)를 닮은
아파트가, 하수도의 목구멍이 막히도록 내뱉는 구정물

만약, 10억이 넘는 중국 인민들이 한꺼번에
천안문 광장을 자가용을 타고 질주한다면, 동시에 먹고 싼다면
무쓰를 처바른다면 지구는 어떻게 될까
자금성 노자의 후예들이 소소(素素)하게
허(虛)의 자전거 바퀴나 굴리는 덕택에
압구정성 가득 자동차 바퀴가 넘쳐난다?

아아 모든 게 패스트모션이구나 죽음도 엄숙하게
완성되지 못한다 다만 무성영화 그림처럼 우스꽝스러울 뿐
압구정동 그 짧은 호흡지간에서 삥이치며
왔다리 갔다리, 다방구를 하고 있는
존재의 참을 수 없는 숨가쁨이여

백 미터를 9초대에 주파하는 칼 루이스와, 지금 살아 있다면
한 삼박 사일 싸묵싸묵 걷다가 나머지 오십 미터를
비워 둔 채, 바위에 앉아 쉬고 계실 노자 선생

그러나 보라 맛의 덫에 빠진 노자의 후예들이
햄버거에 맛 들려 황황히 몰려가는 모습을
압구정성, 그 온갖 구매욕의 슈퍼마켓이 헉헉 내뿜는
현란한 바람의 향기가 온 천지로 휘몰아치며
온갖 잔잔했던 것들을 숨 가쁘게 풍차 돌리는구나

죽음이라는 육신의 일시적 브레이크도
지칠 줄 모르고 미끄러져 가는 저 가속도의 색혼들을
끝내, 멈추게 할 수 없으리라
― 유하,「바람 부는 날엔 압구정동에 가야 한다 9 – 게으름의 찬양」

    생사가 호흡지간의 일임에도 불구하고 사람들은 촌각을 다툴 정도로 헉헉거리는 속도에 취한다. 호흡 사이의 거리가 짧으면 짧을수록 죽음이 가까워 온다는데도 더더욱 속도에 취한다. 그리고는 헉헉대다 숨 막힌 차량들처럼 숨이 막힌다. 숨 가쁘게 먹고 싸고 사정하는 인간들처럼 아파트가 하수도의 목구멍이 막히도록 구정물을 내뱉는다. 맛의 덫에 빠져, 햄버거의 맛에 들려 온갖 구매욕이 넘쳐나는 백화점과 슈퍼마켓으로 달려간다. 죽음이라는 육신의 일시적 브레이크도 지칠 줄 모르고 미끄러져 가는 저 가속도의 색혼들을 끝내 멈추

게 할 수 없을 정도로 달려간다.
 그러니 그들에게 수탈과 착취를 당한 자연은 어떻게 되겠는가. 다행히도 아직 이 땅에는 그런 자연을 사람과 똑같이 여기는 시인들이 있다.

자연과 생명의 푸른 광휘

> 날이 밝자 아버지가
> 모내기를 하고 있다
> 아침부터 먹왕거미가
> 거미줄을 치고 있다
> 비 온 뒤 들녘 끝에
> 두 분 다
> 참으로 부지런하시다
>
> — 정호승, 「들녘」

 정호승의 시를 보면 우리가 30~40년 전에 겪었던 어린 시절 들녘 풍경이 나온다. 왜 어린 시절인가? 볏잎에 먹왕거미가 거미줄을 치고 있기 때문이다. 거미는 볏잎에 스미는 각종 날벌레나 병충을 잡기 위해 거미줄을 치는데, 요새는 농약 때문에 메뚜기도 미꾸라지도 없는 실정이어서 거미가 줄을 칠 리 없다. 그런데 왜 오늘 이 시가 마치 현재의 일인 양 튀어나왔는가?
 바로 위에서 말한 오늘날의 서구 중심의 과학기술과 근대문명, 곧 자본주의의 폐해를 극복할 수 있는 대안을 생각했기 때문이다. 이 대안은 바로 "만물은 생명의 그물 속에서 동등한 목숨을 가진다"고 생각하는 생태학적 세계관이다. 이 시에서 오월 푸르른 날 아버지는 모를 내고 먹왕거미는 거미줄을 치는 농촌풍경을 선연하고 보여 주고 나서는 끝부분에 가서 "두 분 다/참으로 부지런하시다"라고 말한다. 모를 내는 아버지나 거미줄을 치는 먹왕거미나 두 분 다 부지런하시다고 말함으로 "천지만물은 모두 하나일 따름이고 차별이 없다"는 장자의 말처럼 모두를 공경의 대상으로 여기는 것이다. 이는 한마디로 인간중심, 이성중심, 욕망중심의 현대인의 심성에 맑고 깨끗한 구원의 힘을 제시한 것이다.

번데기로 살 수 있다면
버드나무 껍질에 세 들고 싶다
한겨울에도, 뿌리 끝에서 우듬지 끝까지
줄기차게 오르내리는 물소리
고치의 올 올을 아쟁처럼 켜고
나는 그 숨소리를 숨차게 쟁이며
분꽃 씨처럼 늙어갈 것이다
고치 속이, 눈부신 하늘인 양
맘껏 날아다니다 멍이 드는 날갯죽지,
세찬 바람에 가지를 휘몰아
제 몸을 후려치는 그의 종아리에서
겨울을 나고 싶다, 얼음장 밑 송사리들
버드나무의 실뿌리를 젖인 듯 머금고

그때마다 결이 환해지는 버드나무

촬촬, 물소리로 울 수 있다면

날개를 달아도 되나요? 슬몃 투정도 부리며

버드나무와 한 살림을 차리고 싶다

물오른 수컷이 되고 싶다

— 이정록, 「물소리를 꿈꾸다」

이정록의 시이다. 번데기로 살 수만 있다면 버드나무 껍질에 세 들어선 한겨울에도 뿌리에서부터 우듬지 끝까지 줄기차게 오르내리는 물소리를 듣고 싶다는 내용의 시이다. 겨울나무는 죽은 것 같지만 사실 그 냉엄한 추위 속에서도 물관을 통해 끊임없이 물과 영양분을 올려 보내며 봄을 기다리는 강인한 생명력을 발휘한다. 바로 그런 나무와 한 살림 차리고 싶다는 건 생명이라는 화엄 속에 주체를 던지겠다는 것이다. 아니면 버드나무라는 타자와 나라는 주체가 하나의 합일을 이루겠다는 것이다. 나무에 대한 사랑 없이 이런 바람이 어찌 가능하랴.

그래서 오늘날 자연을 아끼고 보호하기 위해서 맨 먼저 할 일은 시를 읽고 쓰는 일이라고 생각한다. 시는 대상을 사랑하지 않고는 쓸 수 없기 때문이다. 대상을 사랑한다는 것은 만물을 사랑하는 것이다.

너 들어 보았니

저 동구 밖 느티나무의

푸르른 울음소리

날이면 날마다 삭풍 되게는 치고

우듬지 끝에 별 하나 매달지 못하던
지난겨울
온몸 상처투성이인 저 나무
제 상처마다에서 뽑아내던
푸르른 울음소리

너 들어 보았니
다 청산하고 떠나 버리는 마을에
잔치는 아직 끝나지 않았다고
그래도 지킬 것은 지켜야 한다고
소리 죽여 흐느끼던 소리
가지 팽팽히 후리던 소리

오늘은 그 푸르른 울음
모두 이파리 이파리에 내주어
저렇게 생생한 초록의 광휘를
저렇게 생생히 내뿜는데

앞들에서 모를 내다
허리 펴는 사람들
왜 저 나무 한참씩이나 쳐다보겠니
어디선가 북소리는
왜 둥둥둥둥 울려 나겠니

— 고재종, 「면면(綿綿)함에 대하여」

우리가 어렸을 때 경험한 일이고, 지금도 여행을 하다 보면 마을 동구마다 흔히 몇백 년 묵은 느티나무가 서 있는 걸 볼 수 있다. 그 나무는 대개 수백 년씩을 살며 그 마을의 흥망성쇠와 마을 사람들의 각종 사연을 마치 자기 둥치에 새겨진 수많은 상처 자국 만큼이나 세세히 알고 있다. 그러기 때문에 그 상처에서 겨울이면 우우우 푸른 울음소리가 들려 나올 법도 하다. 그러나 그 나무는 봄만 되면 연두 초록의 잎새를 둥글게 피워 올려 다시 마을을 감싼다. 그리고 여름이면 그 너른 그늘로 일에 지친 사람이건 까치건 매미건 개미건 모든 생물을 끌어모은다. 이 얼마나 장관인가! 그렇게 봄만 되면 생생한 초록의 광휘를 생생하게 내뿜어 마을을 감싸는 나무를 보고 누군들 희망을 갖지 않겠는가. 다 떠나 버리고 늙은이와 아낙네만 몇몇 남았어도 그 나무의 생생한 초록을 바라보며 다시 사람들은 논에 모내기를 한다. 북이라도 둥둥둥둥 울려 주고 싶은 일이다.

느림, 공경, 연민의 실천

  사람이 지구 위 현 생태계의 운명에서 벗어나 새로운 자연생태계에 편입되거나 인공의 생태계를 구성할 가능성은 아직까지는 거의 없어 보인다. 그렇다면 지금이라도 파괴의 걸음을 멈추는 것만이 인류가 지구에서 조금이라도 더 살 수 있는 유일한 길이다. 그럼에도 아직 우리는 종족 전체를 완전히 제어하지 못해 늘 전쟁 속에 살고 있다. 여전히 우리는 더 많은 물질의 발굴과 변환에 몰두하고 있으며 그것이 주는 만족에 현혹되어 있다. 결과적으로 더 많은 것을 땅에서

캐내고, 더 많은 숲을 뒤엎고, 더 많은 물을 더럽히고, 더 많은 공기를 탁하게 만드는 데 많은 사람의 관심이 쏠려 있다. 그래야만 행복해질 수 있다고 가르치고 있다. 지금 이 순간에도 얼마나 많은 길과 집이 생겨나고 있으며, 얼마나 많은 나무들이 태워지고 잘리는가. 우리는 허겁지겁 돈을 모아 자동차를 사야 하고, 허겁지겁 먹고 마시고 쓰레기를 버려야 하고, 또 별 볼 일 없는 책들을 수없이 찍어야 한다. 그것이 문명과 자본주의의 생리이다. 그들은 파괴를 생산으로 미화하고 숭상한다. 아마도 사람들이 이 별에서 사라지는 날이 온다면 그 원인은 물질적 풍요 때문일 것이다.

이런 술 취한 자가 모는, 더구나 브레이크 없는 자동차의 가속도를 누가 잡으랴. 생태환경의 위기는 사실 미학적인 주제가 아니라 실천적인 주제로 떠오른다. 생태계의 위기는 자연스럽게 사람의 존망과 관계되어 있기 때문에 이 위기극복을 위한 실천에 나서야 한다는 점이다. 지난날 민족과 민중의 권리를 위해, 그 부당한 권리의 침탈을 막기 위해 싸워야 했던 윤리와 실천의 시대에 예술 또는 문학의 자리는 수난과 고통의 자리였다. 1970~1980년대의 윤리적 실천적 주제가 사회과학적 상상력을 요구했다면 오늘의 주제는 자연과학적 상상력을 요구한다. 자연과학적 상상력은 시와 더 멀기 때문에 이런 생태문제에 대한 시적 대응은 어려울 수도 있다.

그럼에도 우리가 한 가지 희망을 갖는 것은 사람이 자연을 심리적으로 동경할 뿐만 아니라 그 아름다움을 깊이 느끼고 나아가 그 아름다움을 표현할 수 있는 지구 위의 유일한 생물이라는 점이다. 우리는 그 옛날 혼돈과 정적의 세계에서 생명의 세계로 옮겨 왔다. 우리는 결국 자연으로 돌아갈 존재라는 것을 잊지 않고 있으며 그 시간이 아름답고 평온하기를 간절히 빈다. 이 소박하며 최종적인 꿈을 환기하고 그 꿈이 뿌리로부터 흔들리고 있는 위기의 실상을 더 많은 종족에게 알릴 수 있다면, 아름다운 자연의 풍광을 영원히 잃어버릴 수도 있다는 서글픈 사실을 온전히 알릴 수 있다면, 우리는 그 끔찍한 미래를 조금이나마 바꿀 수 있지 않을까.

이 실천에 앞서 마음다짐 할 것을 세 가지만 제안한다. 먼저 오규원의 시를 한 편 보자.

> 7월 31일이 가고 다음 날인
> 7월 32일이 왔다
> 7월 32일이 와서는 가지 않고
> 족두리꽃이 피고
> 그 다음 날인 33일이 오고
> 와서는 가지 않고
> 두릅나무에 꽃이 피고
> 34일, 35일이 이어서 왔지만
> 사람의 집에는
> 머물 곳이 없었다
> 나는 7월 32일을 자귀나무 속에 묻었다
> 그 다음과 다음 날을 등나무 밑에
> 배롱나무 꽃 속에
> 남천에
> 쪽박새 울음 속에 묻었다
>
> — 오규원, 「물물(物物)과 나」

이 시는 지금까지의 시간관념으로는 결코 해석될 수 없는 시이다. 7월 31일 다음에는 당연히 8월 1일이 나와야 하는데 엉뚱하게 달력에 존재하지도 않는 7월 32일이나 33일 34일이 나온다. 지금까지의 서구 중심의 직선적 시간관이 깨진다. 우리는 1년을 12달, 365일로 계산한다. 오늘날 서구의 수적인 시간, 강박적으로 분할하고 원자화하고 측정하고 계산하는 시간개념은, 저 뉴턴의 "절대적이고 수학적인 진리의 시간개념"을 무기로 해서 시간의 고유성과 다양성을 말살하기 시작했던 산업사회와, 저 가련한 프랭클린에게서 "시간은 돈이다"는 사실을 배워 시간에 충만해 있는 은총과 자비를 비천하고 무자비한 시간 세기로 고갈시켜 버린 후기산업사회와 이데올로기적으로 너무도 궁합이 잘 맞다.

이런 근대적인 시간개념이 낳은 근대문명과 그로 인한 자본의 확장은 우리의 생태적인 삶의 풍성함을 모두 앗아 버렸다. 제이 그리피스가 쓴 『시계 밖의 시간』이라는 책을 보면, 마다가스카르섬의 말라가시족의 캘린더는 호리병박꽃이 피는 달, 황소가 사코아나무 그늘을 찾는 달, 뿔닭이 조는 달, 빗물에 밧줄이 썩는 달 등이 나온다. 인도 안다만 숲의 나바호족의 '향기 캘린더'에는 1월은 눈이 얼어붙는 달, 2월은 새끼 독수리의 달, 4월은 여린 새순의 달, 9월은 채소가 익는 달, 11월은 미풍의 달이 있다. 모두 다 1월, 2월, 3월, 하는 근대적 시간개념의 달력은 아무 의미가 없고 다만 그들의 삶과 자연현상이 그 행위 속에 하나로 합일되는 달력만을 필요로 한다.

그들에겐 가령 4월이라 해도 수많은 4월이 있는 것이다. 4월을 여린 새순의 달이라고 한 것은 그때의 자연현상과 삶의 행위의 가장 중요하고 특징적인 국면을 뽑아 그렇게 붙였기 때문이다. 그러기에 4월을 복사꽃이 피는 달, 벌나비가 날아오는 달, 은어를 잡는 달 등 풍성하게 열려 있는 자연과 삶의 행위 속에 즉각적으로 다시 붙일 수 있는 것이다.

근대적 시간개념은 필히 속도를 낮게 한다. 더 많은 것을 갖게 한다. 심지어 15초로 쪼개진 시간 달력을 만들어 놓고 생산을 독려하고 과잉의 재부를 독점하는 현대사회에서 그래도 생태계의 파괴를 늦추는 것은 바로 이 시간관념의 파괴이다. 우리는 일요일 하루라도 근대적 시간관념에서 완전히 해방되어 씻지도 말고 청소도 말고 그냥 몸이 하자는 대로 푹 쉬어 버리면 자동차 오일도 아끼고 물도 아끼고 허덕거리는 허기도 다스릴 수 있을 것이다. 이런 점에서 오규원의 이 시는 매우 상징적이다. 바로 우리의 실천에 앞설 첫 번째의 마음가짐이다.

쥐었다 폈다
두 손을 매일 움직이는 건
벽 위에 허공에 마룻장에 자꾸만
동그라미 동그라미를 대구 그려쌓는 건
알겠니
애린
무엇이든 동그랗고 보드랍고 말랑말랑한
무엇이든 가볍고 밝고 작고 해맑은
공, 풍선, 비눗방울, 능금, 은행, 귤, 수국, 함박, 수박, 참외,
솜사탕, 뭉게구름, 고양이 허리, 애기 턱, 아가씨들 엉덩이,
하얀 옛 항아리, 그저 둥근 원
그리고

> 애린
>
> 네 작고 보드라운 젖가슴을 만지고 싶기 때문에
>
> 찬 것
>
> 모난 것
>
> 딱딱한 것, 녹슨 것
>
> 낡고 썩고 삭아지는 것뿐
>
> 이곳은 온통 그런 것들뿐
>
> 내 마음마저 녹슬고 모가 났어
>
> 애린

— 김지하, 「결핍」 부분

　두 번째의 제안은 위 김지하의 시에서 힌트를 얻은 것이다. 바로 우리의 삶과 마음속에 늘 동그라미를 그리는 것이다. 우리의 아파트는 네모지다. 우리의 책상도 네모지다. 우리의 방도 네모지다. 네모는 곧 직선을 필요로 한다. 직선이 필요조건이다. 그런데 이런 것들은 왠지 모가 난다. 딱딱하다. 엄격하다. 인간미가 없다. 그런데 놀랍게도 그런 네모와 직선을 추구한 사람이라는 존재는 어느 한구석 네모진 곳이 없다는 사실이다. 이러한 사람이 어찌 모든 것을 네모지게 만들었을까?

　동그란 것은 신기하게도 보드랍고 말랑말랑하고 가볍고 밝고 작고 해맑게 여겨진다. 공, 풍선, 비눗방울, 능금, 은행, 귤, 수국, 함박, 수박, 참외, 솜사탕, 뭉게구름, 고양이 허리, 애기 턱, 아가씨들 엉덩이, 백자 항아리, 이런 모든 것들같이 말이다. 1970~1980년대 감옥이 둥글고 작게 만들어졌다면 그 속에서 검찰관이 민주화 인사들을 고문할 마음이 생겼을까? 지금 네모 딱 진 거대한 광화문의 정부청사가 둥글고 작게 생겼다면 그렇게 딱딱한 권위주의가 나왔겠는가? 달마상은 둥글둥글 해맑게 웃는 옛 할아버지 얼굴이다. 우리는 둥글고 작고 부드러운 것이 아름다운 줄 알아야 한다. 우리가 생태계의 문제를 해결할 수 있는 첩경은 바로 이 둥글고 작고 부드러운 것에 대한 공경부터 시작된다고 생각한다.

다음 세 번째 제안을 한다. 오탁번의 시를 보자.

> 추석 송편 솥에 넣을 솔잎을 따려고
> 땅거미가 질 때 발소리 죽이고
> 뒷산에 올라가는 할머니의 얼굴은
> 손자놈 콧물보다 더 진한 생애의 때
> 잿빛의 머리칼은 한 줌도 안 되지만
> 소나무의 아픔은 옛 짐작만으로도 다 안다
> 해 넘어가고 첫잠 든 소나무가
> 은하수 멀리까지 단꿈을 꿀 때
> 살며시 솔잎을 따야 아프지 않고
> 솥에 들어가도 뜨거운 줄 모른다
> 말없이 솔잎이 숨 거둘 때마다
> 젊은 날의 사랑처럼 송편이 익는다
>
> — 오탁번, 「솔잎」

오탁번의 시에서도 알 수 있듯이 연민의 마음은 이 쓸쓸한 지상에서 얼마나 필요한지 모른다. 옛날 우리 어머니들은 마당에 뜨거운 물을 버리지 않았다. 마당에 살고 있는 개미, 벌레 등이 죽는다는 이유에서였다. 또 어떤 어머니는 계란을 프라이 하려고 할 때 단박에 깨서 넣는다고 했다. 여러 차례 두드려 깨면 계란이 너무 아플 거라는 이유였다. 그런데 오탁번 시인은 추석 송편에 넣을 솔잎을 따려고 땅거미가 질 때 발소리도 죽이고 올라가 딴다고 했다. 소나무가 아플 테니 첫잠이 들 때 살며시 따야 한다는 이유였다. 얼마나 대단한가. 이것은 만물에 대한 연민 없이는 가능하지 않는 행위들이다.

  생태학적 위기와 환경의 문제가 실천적인 과제라는 사실에 동의하고 또 이 문제의 심각성에 동의한다면, 이 문제가 예술에 있어서 좋은 작품을 생산하느냐 아니냐의 문제와 별개의 길에 놓여 있는 것이라는 사실을 알게 된다. 예술 또는 문학 이전의 삶의 문제라는 점을 말이다. 그렇다면 생태계와 환경 위기의 주제를 훌륭히 소화한 몇 편의 작품을 쓰는 것에서 나아가 직접적 행동에도 나서야 할 것이다.

  그 행동에 나서는 데 자신의 마음부터 다스려야 한다는 생각에서 시간에 대한 새로운 인식, 둥글고 작고 보드라운 것에 대한 공경, 그리고 연민의 마음으로 세상을 살피는 것 세 가지를 제시했다. 이것이 너무 막연하여서 불만을 가질 사람이 있을 지도 모르겠다. 그런 사람은 이미 개수대에서 물과 쓰레기를 덜 버리고, 목욕탕에서 샴푸와 세제를 덜 쓰고 있을 것이다.

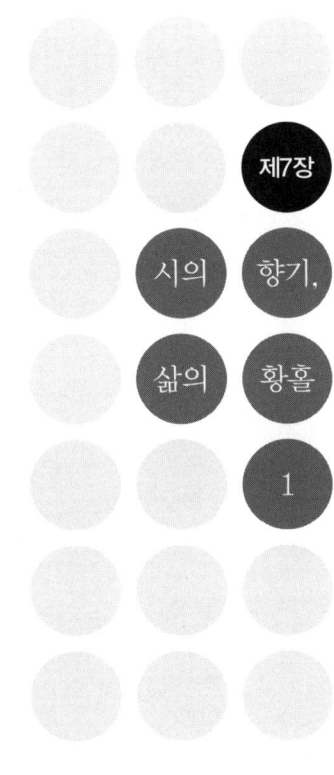

제7장 시의 향기, 삶의 황홀 1

시가 삶을 노래하는 것은 특별한 일이 아니다. 사실 시와 풍경, 꿈, 길, 집, 사랑, 생태, 노동, 구도 등 모든 주제들이 삶의 다양한 변주이다. 시와 문학이 그 대상에 있어 가장 근원적이고 총체적인 삶에서 출발하지 않으면 어디서 시작하겠는가. 그럼에도 여기서 굳이 시와 삶의 주제로 이야기를 하고자 하는 것은, 포스트모더니즘과 그 이후의 많은 시들이 삶을 도외시하고 시의 토대를 무슨 트렌드한 문화니 철학에 둠으로써 시의 본령을 잊어 가는가 싶어서이다.

시는 삶에서 출발시킬 때 향기가 나고 그 향기로 인한 삶 또한 황홀을 맛보는 경계에 든다. 한 편의 시가 삶을 윤기와 물기로 빛나게 하고 젖게 한다. 가령 미더운 작품들을 꾸준히 생산해 온 문태준의 시 한 편을 보라.

시의 향기가 확장하는 삶의 기쁨

    어물전 개조개 한 마리가 움막 같은 몸 바깥으로 맨발을 내밀어 보이고 있다
    죽은 부처가 슬피 우는 제자를 위해 관 밖으로 잠깐 발을 내밀어 보이듯이 맨발을 내밀어 보이고 있다
    펄과 물속에 오래 담겨 있어 부르튼 맨발
    내가 조문하듯 그 맨발을 건드리자 개조개는
    최초의 궁리인 듯 가장 오래하는 궁리인 듯 천천히 발을 거두어 갔다
    누군가를 만나러 가고 또 헤어져서 저렇게 천천히 돌아왔을 것이다
    늘 맨발이었을 것이다
    사랑을 잃고서는 새가 부리를 가슴에 묻고 밤을 견디듯이 맨발을 가슴에 묻고 슬픔을 견디었으리라
    아, 하고 집이 울 때
    부르튼 맨발로 양식을 탁발하러 거리로 나왔을 것이다
    맨발로 하루 종일 길거리에 나섰다가
    가난의 냄새가 벌벌벌 풍기는 움막 같은 집으로 돌아오면
    아, 하고 울던 것들이 배를 채워
    저렇게 캄캄하게 울음도 멎었으리라

— 문태준, 「맨발」

어물전에서 개조개 한 마리가 몸 바깥으로 맨발을 내밀어 보이고

있다. 어물전에서 흔히 접할 수 있지만 대개는 그냥 지나치고 말 풍경이다. 그런데 시인의 눈은 참으로 섬세하고 예리하기도 하다. 글쎄 개조개가 자기의 등껍질 바깥으로 내밀고 있는 그 '맨발'이 한사코 시적 이미지로 잡히는 것 아닌가. 그러니 그 다음은 당연히 이미지의 사유화(思惟化)가 진행될 수밖에 없다. 시인은 그 개조개 앞에 쪼그려 앉아서 당장 궁리에 빠진다. 그 개조개의 맨발이 마치 "죽은 부처가 슬피 우는 제자를 위해 관 밖으로 잠깐 내밀어 보인 맨발"과 같다고 말이다.

부처가 열반 후 하늘에서 내려온 금관 속에서 부처의 시신은 편안한 잠을 자고 있었다. 다비식을 거행하려 했으나 부처님이 가장 아끼던 제자 가섭이 아직 오지 않았다. 먼 곳에서 용맹정진을 하고 있던 가섭을 기다리다 지친 제자들이 다비를 하려 했으나 불이 붙지 않는 것이다. 마침내 가섭이 엿새만에야 돌아와 통곡을 하자 죽은 부처는 관 밖으로 슬며시 두 발을 내밀어 보인다. 팔상도의 곽시쌍부(廓示雙趺) 이야기이다. 그런데 왜 하필 맨발이었을까. 성경엔 부정을 행한 막달라 마리아가 사람들의 돌팔매 속에서 자기를 구해 준 예수에 대한 존경과 예배의 마음 때문에 눈물과 향유와 자기의 긴 머리를 풀어 그의 발을 닦아 주는 이야기가 나온다. 그런데 출가 후 줄곧 맨발로 살아온 부처의 발은 끊임없이 상처를 입고 부르트고 아물곤 하여 단단한 옹이가 박혔을 것이다. 부처님의 맨발은 그러므로 길의 메타포이다. 그 길은 물론 고행의 길이자 누더기만을 걸친 무소유의 길이었다. 가장 사랑하는 제자에게 그 발을 내민 것은 결국 가섭이 가야 할 구도의 길이 무엇인가를 알려준 것이다.

그런데 시인은 한낱 미물일 뿐인 개조개를 자연스럽게 부처로 본 것 아닌가. 하기야 모든 중생이 부처라 했으니 똥 친 막대기인들 부처가 아니겠는가. 그러니 "펄과 물속에 오래 담겨 있어 부르튼 맨발"이란 것도 역시 세상 장거리에서 영위해 온 삶을 상징한다. 그런데 어쩌다가 시장에 잡혀 왔는가. 결국 개조개도 이젠 죽을 목숨이 아닌가. 부처님도 면하지 못한 죽음을 개조개인들 피할 수 있겠는가. 연민의 마음이 들어 마치 조문하듯 그 맨발을 건드리자 개조개는 기진맥진해 있는 듯 천천히 발을 거둔다. 그 "천천히"를 시인은 "최초의 궁리인 듯 가장 오래하는 궁리인 듯"이라고 표현했는데, 이는 개조개의 일생을 그 한 구절에 요약하는 말이다. 이후로는 일사천리이다.

그렇게 천천히, 누군가를 만나러 가고 헤어져서 돌아오던 맨발, 사랑을 잃고서는 가슴에 묻고 슬픔을 견디던 맨발, 하루 종일 양식을 탁발하러 거리를 나섰던 맨발, "아, 하고" 울고 "아, 하고" 울음을 멈추던 '나'라는 실존과 이에 딸린 식솔들을 위하여 한평생 캄캄한 울음을 울었던 맨발, 그 맨발의 개조개가 이제 진짜 마지막의 캄캄한 울음을 멈추려 하고 있다. 곧 누군가의 입으로 들어가 아삭아삭 씹혀 버리고 말 것이다. 사람도 결국 그 개조개처럼 가난의 맨발로 뻘뻘거리며 식솔들을 영위하다가 운명이 다하면 땅의 밥이 되고야 마는 게 아닌가. 어쨌거나 개조개의 생태를 다양한 의미로 확장시켜 우리네 인생 모습으로 유추 시키는 시인의 솜씨가 볼만하다. 이런 진정 어린 시들에선 향기가 난다. 이런 시 앞에서 우리는 서럽지만 조용히 삶의 운명을 수긍하게 된다.

누구나 혼자 있을 때는
돈 걱정 여자 걱정 같은 거나 좀 면하면

못자리에 들어가는 못물 같은 것이나 생각해 보면 좋다
그 못물이 못자리 한 바퀴 빙 돌아
새로 한 논둑에 생긴 손자국 발자국 앞에 슬몃 머무는 것
생각해 보면 좋다

그것도 아니면
못자리에 들어가는 못물의 소리를
하루 중 가장 조용한 시간 가운데다
앉혀 보는 것은 어떤가
그 소리로써 잠자리의 곁을 삼아 보는 것은 어떤가

못자리에 들어가는 못물처럼
하루나 이틀 살아 보는 것은 어떤가
아니, 여러 날씩
살아 보는 것은 어떤가

— 장석남, 「못자리에 들어가는 못물처럼」

    옛사람들 말에 세상에 가장 아름다운 것 두 가지가 있다고 한다. 그중 하나는 제 자식 입에 밥숟갈 들어가는 것이고, 또 하나는 마른 논에 물 들어가는 것이다. 누군 이걸 농경사회의 정서라고 일축할지 모르지만, 오늘날 도회인들에게도 제 자식 입에 고봉 밥숟갈 들어가는 것이야 어찌 기분 좋은 일이 아니겠는가. 양념통닭이니 피자니 하도 군것질을 많이 해서 식사 때마다 밥숟갈을 깨작거리는 자식을 달래고 달래어 밥 먹이느라 애쓰는 젊은 엄마들을 생각하면 능히 짐작

하고도 남을 일이다. 또한 사업이 부도날 지경에 처한 사람에게 마른 논에 물 들어가는 것처럼 마침내 자금이 돌면 얼마나 기쁜 일이겠는가. 염장 미역처럼 새까맣게 오그라졌던 가슴이 물 만난 고기처럼 싱그럽고 생생하고 역동적인 희망으로 물결칠 것이다.

시인은 혼자 있을 때 그런 못자리에 들어가는 못물을 생각해 보면 좋다고 한다. 그 못물이 못자리 한 바퀴 빙 돌아 못자리를 하느라 새로 한 논둑에 생긴 농부의 손자국 발자국 앞에 슬며시 머무는 것을 생각해 보면 좋다고 한다. 아니 못자리에 들어가는 그 못물의 소리를 하루 중 가장 조용한 한밤에 생각해 보고, 그 못물의 소리를 자장가 삼아 보자고 한다. 그리고는 또 못자리에 들어가는 못물처럼 하루나 이틀 살아보고, 좀 더 여러 날씩 살아보는 것은 어떤가, 하고 우리들에게 묻는다.

못자리에 들어가는 못물처럼 목마른 사람을 적셔 주고, 못자리에 들어가는 못물처럼 생명의 씨를 싹 틔우고, 못자리에 들어가는 못물처럼 하늘도 담고 산도 담는, 그런 우주적 순리에 순응하는 삶을 살게 된다면 얼마나 좋겠는가. 하루 이틀이라도 이처럼 살아 본다면 얼마나 좋겠는가. 그런데 이런 행복은 돈 걱정 여자 걱정 같은 거나 좀 면하면 가능할 것이라 한다. 우리는 태어나서 평생 돈 걱정 여자 걱정으로 산다. 평생을 노동하고 사랑하며 산다. 그 노동과 사랑이 우리를 늘 걱정 속에 살게 하기에 우리는 못자리에 들어가는 못물 같은 건 생각지 못하고 산다. 그러기에 단 하루 단 이틀이라도 못자리에 들어가는 못물을 생각하고, 하루 중 가장 조용한 시간에 그 못물 소리를 듣고 싶은 마음이 너무도 간절한 것이다.

어릴 적엔 떨어지는 감꽃을 셌지

전쟁통엔 죽은 병사들의 머리를 세고

지금은 엄지에 침 발라 돈을 세지

그런데 먼 훗날엔 무엇을 셀까 몰라.

— 김준태, 「감꽃」

어릴 적, 남녘의 오월이면 우리는 감꽃을 셌다. 새벽같이 일어나 마당가에 하얗게 떨어진 감꽃을 주워 먹기도 하고, 목걸이를 만들어 걸기도 했다. 감꽃을 주워 먹을 정도로 가난했지만 우리는 형제들과 우애 있게 지냈고, 부모님 말이라면 추상같이 여기면서도 부모님을 섬기는 데 추호의 망설임도 없었다. 배고파 감꽃을 주워 먹으면서도 그걸 다 먹지 않고 목걸이를 만들어 형제들에게 서로 걸어 주던 때는 순수의 때였다. 그런 모습을 지그시 바라보던 부모님들은 또 얼마나 흐뭇해하였을까.

그런 남녘에 1980년대 초입에 전쟁과 같은 일이 일어나고 말았다. 아닌 밤중에 홍두깨라고, 하루아침에 생전 듣지도 보지도 못한 자들이 자기들의 권력욕을 채우겠다고 나서서 감꽃을 함께 세던 형제들에게 총을 쏘아 대고, 칼을 찔러 대고, 군화발길질을 하고, 발가벗겨서 시멘트 바닥에 질질 끌고 갔다. 그러니 그에 당당히 맞선 사람들은 당당했지만, 우리같이 무지렁이가 할 일은 당당히 맞서다가 죽은 자들의 머리를 세는 것밖에 없었다.

그런데 그렇게 죽은 이들의 머리를 세면서도 삶을 엄정히 세우던 우리가 지금은 무엇을 세고 있는가. 엄지에 침 발라 돈을 세고 있다. 항쟁 당시 죽고, 부상당하고, 또 그 항쟁 때문에 감옥 가고, 직장 못

잡고, 가정파탄이 된 사람들은 당연히 보상 아닌 배상을 받아야 하는 것은 너무나 옳은 일이다. 그리고 그것은 돈 만이 아니라 역사적 평가 속에서 먼 후대까지라도 면면한 사랑과 대접을 받아야 마땅하다. 하지만 그 항쟁 덕으로 교수도 되고, 기자도 되고, 시인도 된 사람마저 엄지에 침을 발라 돈을 센다. 보상금을 센다. 보상금의 액수를 센다.

아르헨티나 독재자 바델라는 1976년 군사 쿠데타를 일으켜 정권을 잡은 뒤 1983년까지 국가재건이라는 명목으로 좌익소탕을 하며 강제 실종 3만 명, 강제 입양 500명, 정치범 1만 명, 정치적 망명자 30만 명이라는 어마어마한 숫자의 희생자를 양산한다. 아르헨티나 '오월광장 어머니회'는 수많은 사람들이 실종되고 살해되는 더러운 전쟁이 진행되던 1977년 5월부터 매주 목요일 오후 3시 부에노스아이레스 마요광장을 도는 행사를 지금껏 해 오며 실종된 자식들이 돌아오길 기도하고 있다. 아르헨티나 정부는 1991년 희생자 가족들에게 막대한 보상을 제안했지만 "우리 자식들은 언젠가 돌아온다. 우리는 어떠한 금전 보상도 거부한다. 생명은 생명 그 자체로 가치가 있지 어떠한 금전으로도 바꿀 수 없다."며 금전 보상을 단호히 거부했다.

그런데 우리는 민주화유공자란 이름으로 엄지에 침을 발라 보상금을 세고, 기차 등 교통비를 할인 받고, 자녀들은 공무원 시험 때 가산점도 받는 등 이것저것 혜택을 누린다. 그러한 우리는 내일은 무엇을 셀까. 내일은 우리의 죽음의 나이를 셀까. 자기 민주화 운동 경력을 돈으로, 권력으로 바꾼 사람들은 통장 개수나 유권자들의 머리를 셀까. 그러니 장기집권의 독재로 나라의 정치를 왜곡시킨 독재자의 딸이 다시 대통령이 되더니 결국 탄핵으로 물러나게 되는 참경을 치르게 되기도 한다. 그런 세상 속에서 우리의 삶은 얼마나 윤기와 물기를 잃고 사막화 하였는가.

물론 김준태의 「감꽃」이란 시가 오월민주항쟁 이후에 씌여진 것은 아니지만 이 시가 이렇게도 적용될 수 있구나 하는 마음이다.

> 물고기는 제 몸속의 자디잔 가시를 다소곳이 숨기고
> 오늘도 물속을 우아하게 유영한다
> 제 살 속에서 한시도 쉬지 않고 저를 찌르는
> 날카로운 가시를 짐짓 무시하고
> 물고기는 오늘도 물속에서 평안하다
> 이윽고 그물에 걸린 물고기가 사납게 퍼덕이며
> 곤곤한 불과 바람의 길을 거쳐 식탁 위에 버려질 때
> 가시는 비로소 물고기의 온몸을 산산이 찢어 헤치고
> 눈부신 빛 아래 선연히 자신을 드러낸다
>
> — 남진우, 「가시」

일생에 단 한 번 우는 전설의 새가 있다. 그 울음소리는 이 세상의 어떤 소리보다도 아름다운 것이다. 둥지를 떠난 그 순간부터 그 새는 가시나무를 찾아 헤맨다. 그러다가 가장 길고 날카로운 가시를 찾아 스스로 자기 몸을 찔리게 한다. 죽어 가는 새는 그 고통을 초월하면서 이윽고 종달새나 나이팅게일도 따를 수 없는 아름다운 노래를 부른다. 가장 아름다운 노래와 목숨을 맞바꾸는 것이다. 그리하여 온 세상은 침묵 속에서 귀를 기울이고 신까지도 미소를 짓는다. 그 이유는 가장 훌륭한 것은 위대한 고통을 치러야만 비로소 얻을 수 있기 때문이다.

콜린 맥컬로가 쓴 소설 『가시나무새』는 바로 이런 '켈트의 전설'을 배경으로 아름답고도 매혹적으로 펼쳐진다. 물고기가 제 몸속에 가시를 숨기고서도 물속에서 우아하게 유영을 하지만, 죽음에 이르러서는 마침내 제 온몸을 산산이 찢고 가시를 선연히 드러내는 모습, 그것은 어쩌면 인간의 삶에 대한 알레고리이다. 삶은 음험하다. 가슴속의 가시 때문이다. 삶은 무사안일하다. 가슴 속에 가시를 품고도 유유하기 때문이다. 삶은 허위로 가득하다. 가슴에 가시를 품고도 이를 짐짓 무시하고 오늘도 평안하기 때문이다. 그러나 삶은 늘 괴롭다. 이 가시가 늘 제 자신을 찌르기 때문이다.

　그럼에도 물고기가 제 몸속의 가시 때문에 유유히 유영할 수 있었던 것처럼 우리 인간에게도 그 가시가 있어야 한다. 몸속의 그 가시가 증오건, 허위건, 양심이건, 진실이건 그 가시로 신음하고, 그 가시로 꿈꾸며, 그 가시로 긴장하고, 그 가시로 의연하게 살아가는 것이 인간이다. 그러나 삶이 이렇게 고통인 것은 어느 누구도 살아서는 자기 몸속의 가시를 밖으로 드러낼 수 없기 때문이다. 밖으로 드러낸 순간 우리는 이미 일평생 행복에 대한 꿈으로 허덕이던 마음을 까마득히 잊고 새로운 삶으로 건너가는 죽음의 관문을 지나고 있을 테니까.

삶의 오체투지로 얻은 시들

　　　가난한 사람들이 아직도
　　　너덜너덜한 소굴에서 살아간다
　　　시커먼 연기가 솟고 소방차들이 달려왔을 때

무너지는 잿더미 앞에서 울고 있는
아이와 노파를 나는 보고 있었다

서울 한복판에 이런 변두리의 인생들이 있다는 것
헌혈 플래카드를 큼직하게 내건
적십자혈액원 건물이 바로 옆에 있지만
가난한 피는 여전히 가난하고
궁핍에서 죽음에 이르는 길에 너절하게
불어나는 물건들이 있다는 것

그 누구도 물왕(物王)이 되지는 못할 것이다
넝마촌과 붙어 있는 고물상, 폐품들의 무덤
그 크기는 왕릉만 하다
나는 그것을 고물왕(古物王)의 무덤이라고 불러 본다

가난한 사람들이 손수레를 끌면서
오늘도 문명의 잔해를 나르는 곳, 그 입구를 지키며
엎드려 있는 검은 개는
스핑크스처럼
짖지도 않고 나를 보고 있다

— 최승호, 「가난한 사람들」

인간소외의 사전적 정의는 인간이 본래 가지고 있는 인간성을 박탈당하여 비인간화되는 것이다. 그러한 비인간화는 사회적 제도나 정치·경제체계 등 일반적으로 문명이라고 불리는 것의 발전과 더불어, 오히려 그것이 인간에 대하여 마이너스 작용을 하는 데서부터 생긴다. 이와 같은 소외 현상을, 프로이트학파에서는 문화기구에 대한 개인의 적응장애로 보고, 칼 마르크스는 그 원인이 자본주의 체제에서 유래한다고 하였다. 그것과 함께 오늘날에는 고도화된 산업사회에서 나타나는 병리현상이라고도 생각된다.

여기 최승호의 시 「가난한 사람들」은 그 전형적인 예이다. 사실 서울 한복판에 변두리 인생들, 아니 가난한 사람들이 너덜너덜한 소굴에서 살아간다는 사실조차 처음엔 생각지 못했을 것이다. 그러나 시커먼 연기가 치솟고 소방차가 달려왔을 때에야 거기 무너지는 잿더미 앞에서 울고 있는 아이와 노파를 보며, 그들이 서울 한복판의 적십자 혈액원 건물 바로 옆에 존재했었다는 것을 알게 된다. 시인은 여기서 적십자 혈액원이란 말에서 착안하여 "가난한 피는 여전히 가난하고"라는 표현을 한다. 이 말은 가난이 '피'에다 방점을 두면 개인의 기질이나 성격 등에 기인한 것이란 프로이트적 해석을 낳을 수 있고, '여전히'라는 말에 방점을 치면 체제나 대물림 등에 기인한 것이란 마르크스적 해석을 낳을 수 있다.

하지만 최승호는 역시 고도화된 산업사회 문명이 가져온 병리현상으로서의 가난과 소외를 보고 있는 것 같다. "궁핍에서 죽음에 이르는 길에 너절하게/불어나는 물건들이 있다는 것"이란 표현과 "가난한 사람들이 손수레를 끌면서/오늘도 문명의 잔해를 나르는 곳"이란 표현에서 그걸 적극적으로 드러낸다. 사실 불이 난 현장에서 생긴 넝마며 폐품은 고물상으로 간다. 그뿐만이 아니라 궁핍에서 죽음에 이르는 길, 곧 우리 모두의 문명적 삶에서 너절하게 늘어나는 것들도 고물상으로 간다. 누구도 그 물건의 소유주인 물왕(物王)이 되지 못한 채 고물왕의 왕릉이 되기 위해 고물상으로 가게 된다.

그런데 바로 이 문명의 잔해들을 역시 가난한 사람들이 손수레를 끌면서 나르는 것이다. 아이러니컬하게도 그 문명의 소외 속에 있는 사람들이 그 문명의 병리적 현상을 무덤 쪽으로 나르는 걸로 생계를 유지하는 것이다. 그러니 고물상 입구를 지키며 엎드려 있는 스핑크스만 한 개가 짖지도 않고 '나'를 보고 있을 수밖에 없다. 스핑크스만큼 큰 소외를 안은 자들이 이젠 분노할 기력도 없이 다만 스핑크스만치 큰 싸늘한 냉담으로 사람도 아닌 개가 되어 앉아 있는 것이다.

    실종된 아들의 시신을 한강에서 찾아냈다는
    어머니가 가져다준
    김치와 가지무침으로 밥을 먹는다
    내 친구는 불행한 사람이 만든 반찬으로는
    밥을 먹지 않겠단다

    나는 자식이 없어서
    어머니의 마음을 다 헤아리지 못한다
    더구나 자식을 잃어 보지 않아서
    그 아픔의 근처에도 가 볼 수가 없다

    웃을 줄 모르는 그녀의 가족들이
    날마다 깜깜한 그림자를 끌고
    우리 집 앞을 지나간다

그들은 골목 막다른 곳에 산다

나는 대문을 잘 열어 두기 때문에
그녀는 가끔 우리 집에 와 울다가 간다
오늘처럼 친구가 와 있을 때도 있지만
얼마 전 가족을 둘이나 잃은 독신인 친구에게도
아들을 잃는 어머니의 슬픔은
멀고 낯설어 보인다

고통에 몸을 담고
가쁜 숨을 쉬며 살아온 줄 알았던 나의
솜털 하나 건드리지 않고 소멸한
슬픔은 또 얼마나 많았을까

— 조은, 「골목 안」

조은의 시집 『따뜻한 흙』의 뒤표지엔 다음과 같은 시인의 말이 실려 있다. "인왕산이 일반에게 처음 개방되었을 때는 거의 매일 갔다. 조금 으슥해진다 싶으면 걱정 말라는 듯 인사를 건네는 군인들이 있어 때로는 밤이 되도록 너럭바위에 앉아 도심을 내려다보곤 했다. 곳곳에서 군인들을 만났지만 한동안 그들이 각자 다른 인격체라는 생각은 들지 않았다. 그러나 늘 그 자리에 서 있어야 했던 그들은 스스로 산으로 드는 자들을 살펴봤을 것이다. 그러다 의연한 척 자신들의 인사를 받고 있는 자가 어느 날은 울면서 그곳까지 왔다는 사실도 알았을 것이다. 죽음의 그림자에 발목이 감겨 있는 듯한 늙은이들이 왜 무거운 몸을 끌고 날마다 그곳으로 오르는지에 대해서도, 생각했을 것이다."

　울면서 산으로 드는 자들, 죽음의 그림자에 발목이 감긴 채 무거운 몸을 끄는 자들, 뒷모습까지 행복과는 거리가 멀어 보이는 자들이 어딘들 없을까. 인간의 실존이 근원적 고독과 죽음이라는 한계상황에 놓인 존재라고 보면 삶은 결단코 불행이고 아픔이고 고통이고 슬픔인 것이다. 나는 그렇기 때문에 지금까지 누구에게나 희망에 대해서 말하지 않는다. 오히려 인생은 슬픔이기 때문에 그 궁극적 슬픔을 완성하기 전에 나날의 일상을 축제로 바꾸어 살자고 한다. 하지만 이에 대한 진정한 이해를 하는 사람을 만나기란 쉽지 않다. 그건 그런 불행과 아픔과 고통과 슬픔과 고독과 죽음이 아직은 자기 것이 아니기 때문이다.

　그런데 조은의 「골목 안」이란 시를 보면 불행과 슬픔을 직접 겪은 사람들이 여럿 나온다. 먼저 한강에서 실종된 아들을 찾아냈다는 골목 막다른 곳의 어머니, 얼마 전 가족을 둘이나 잃은 독신인 친구, 늘 고통에 몸을 담고 가쁜 숨을 쉬며 살아온 '나' 등이 그들이다. 하지만 놀랍게도 그들의 불행과 슬픔 혹은 아픔과 고통은 서로 교감되지 않는다. 한강에서 자식의 시신을 찾아낸 어머니가 김치와 가지무침을 가져다주지만 '나'는 자식이 없어서 그 어머니의 마음을 다 헤아리지 못한다. 아니 자식이 없으니 자식을 잃어버린 경험도 없어서 더욱 그 어머니의 아픔의 근처에 가 볼 수가 없다. 심지어 웃을 줄 모르고 가끔 '나'의 집에 와 울다 가는 어머니를, 얼마 전 가족을 둘이나 잃은 독신인 친구마저도 멀고 낯설어 하는 것이다. 자기도 불행과 슬픔을 겪었으니 그 어머니의 아픔과 고통을 이해할 만도 하지만 되레 "불행한 사람이 만든 반찬으로는/밥을 먹지 않겠다"고까지 말하는 것이다.

　결국 사람들은 모두 각자의 불행에 갇혀 있다. 오죽하면 누군가의 솜털 하나 건드리지 못하고 소멸할 뿐인 슬픔일까. 하기야 일평생 삽자루에 맡긴 생애를 강물에 씻고 강둑에 쪼그려 앉아 담배나 피우는 농민들의 슬픔을 누가 헤아리는가. 일평생을 한 회사에 몸 바친 노동자들이 오륙도니 사오정이니 하며 지하도의 홈리스로 전락하는데도 우리는 지나가며 그들을 슬쩍 한번 쳐다볼 뿐 솜털 하나 떨지 않는다. 직업이 뭐냐고 묻는 질문에 시인이라고 대답했더니 시인도 직업이냐고 되묻는 사람들의 세상에서 술과 가난으로 죽어 가는 전업 문인들의 슬픔과 고통을 누가 한 번 헤아리기나 해 보았을까. 우리는 연대니 사랑이니 희망이니 하며 늘 입바른 소리를 지껄여도 불행과 슬픔은 모두 개개인에게 갇혀 있다는 생각이 살아갈수록 더 드는 것을 어찌하랴.

　　　막차는 좀처럼 오지 않았다
　　　대합실 밖에는 밤새 송이눈이 쌓이고
　　　흰보라 수수꽃 눈시린 유리창마다
　　　톱밥난로가 지펴지고 있었다
　　　그믐처럼 몇은 졸고
　　　몇은 감기에 쿨럭이고
　　　그리웠던 순간들을 생각하며 나는
　　　한 줌의 톱밥을 불빛 속에 던져 주었다
　　　내면 깊숙이 할 말들은 가득해도
　　　청색의 손바닥을 불빛 속에 적셔 두고
　　　모두들 아무 말도 하지 않았다

산다는 것이 때로 술에 취한 듯

한 두릅의 굴비 한 광주리의 사과를

만지작거리며 귀향하는 기분으로

침묵해야 한다는 것을

모두들 알고 있었다

오래 앓은 기침 소리와

쓴 약 같은 입술담배 연기 속에서

싸륵싸륵 눈꽃은 쌓이고

그래 지금은 모두들

눈꽃의 화음에 귀를 적신다

자정 넘으면

낯설음도 뼈아픔도 다 설원인데

단풍잎 같은 몇 잎의 차창을 달고

밤열차는 또 어디로 흘러가는지

그리웠던 순간들을 호명하며 나는

한 줌의 눈물을 불빛 속에 던져 주었다.

— 곽재구, 「사평역(沙平驛)에서」

막스 피카르트가 쓴 『침묵의 세계』란 책이 있다. "언어는 성스러운 침묵에 기초한다"는 것을 모토로 침묵이 사랑, 믿음, 죽음, 생명 등과 같은 다른 원현상(原現像)들과 마찬가지로 본래적으로 자명하게 존재한다는 것을 침묵과 사랑, 침묵과 신앙, 침묵과 역사, 침묵과 시 등을 연관시켜 그 진리의 세계를 보여 준다. 사실 침묵은 이름 붙일 수 없는 천 가지의 형상 속에 그 모습을 드러낼 수 있는데, 소리 없이 열리는 아침 속에, 소리 없이 하늘로 뻗어 있는 나무들 속에, 말 없는 계절들의 변화 속에, 소리 없는 비처럼 밤 속으로 떨어져 내리는 달빛 속에, 그러나 무엇보다도 마음의 천변만화 속에 내릴 수 있다.

그러한 침묵은, 인간의 정신 속에선 '숨은 신'에 관한 앎으로 나타나고, 인간의 영혼 속에선 사물들과의 무언의 조화나 '음악'으로 나타나기도 한다. 현대는 모든 것이 스스로 요란한 소리를 냄으로써만 자신의 존재를 확인받는 소음 대량 생산의 시대이다. 그리고 그 소음이 이번에는 자유로운 사고는커녕 획일화된 사고를 강요하면서 끊임없이 거짓 진실을 생산한다. 세계 전체가 거대한 하나의 소음 기계 장치로 변해 버린 시대에 그는 시원의 침묵과 진정한 말, 우주의 침묵과 신의 말씀에 관한 진지한 사유를 보여 준다.

그러나 그 침묵이 역사와 연관 지어질 때는 어떨까. 어떤 역사 속에서 강요된 침묵이 세상을 지배할 때 말이다. 한 민족이 폭군이나 독재자의 냉혹함을 참을성 있게 견뎌야 할 때의 그 침묵 속엔 비애와 분노를 내포하고 있지 않겠는가. 곽재구의 「사평역에서」는 이런 역사의 국면에서 강요된 침묵이 무겁게 짓눌러 오는 시이다. 1980년 5월 광주에 권력욕의 야수에 다름 아닌 신군부 일당이 동족의 가슴에 총탄을 발포한 야만적인 폭력이 휩쓸고 지나갔다. 이듬해의 〈중앙일보〉 신춘문예 당선작인 이 작품이 주는 느낌이야말로 바로 그 폭풍우가 지나간 자리에 감도는 괴괴한 침묵 같은 것이었다고 말하는 사람이 있다.

특급열차는 서지 않고 완행의 막차마저 좀처럼 오지 않는 변방의 간이역에 톱밥난로가 지펴지고 있는데, 대합실 창밖에는 밤새 송이눈이 쌓이고, 흰보라 성에꽃은 유리창마다에 시리다. 그 난롯불 주위에 둘러앉은 몇은 그믐처럼 졸고, 몇은 감기에 쿨럭인다. 지도상엔 없는 이 사평역의 모델이 지금은 없어진 광주의 남광주역이라고 하는데, 그렇다면 삶의 애환에 지친 사람들은 전라선을 타고 여수나 보성이나 화순 등지에서 값싼 어물이나 고막, 무말랭이나 시래기 등 나물 나부랭이를 이고 와 역전에 좌판을 벌이다가 막차를 타고 귀향하는 사람들일 게다. 거기에 "그리웠던 순간들을 추억하며" "한 줌의 톱밥을 불빛 속에 던져" 주는 화자는 일단 역사의 소용돌이 속에서 마음의 상처를 입은 젊은이일 것으로 보인다.

그러나 사람들은 아무 말도 하지 않는다. 파란 빛을 내며 타는 톱밥난로에 손을 적셔 둘 뿐이다. 내면 깊숙이 할 말들은 가득할 것이지만, "산다는 것이 때론 술에 취한 듯/한 두릅의 굴비 한 광주리의 사과를/만지작거리며 귀향하는 기분으로/침묵해야 한다는 것을" 이미 잘들 알고 있어서이다. 참으로 무거운 침묵을 깨는 건 해소 기침 소리와 쓰디쓴 담배 연기뿐인데, 밖에는 싸륵싸륵 눈꽃이 계속 쌓인다. 사실 눈꽃이 쌓이는 소리가 '싸륵싸륵' 날 리 없지만, 이미 그들의 침묵은 눈꽃의 화음으로 바뀌고, 낯섦도 뼈아픔도 다 녹아드는 설원으로 바뀌고, 마침내는 단풍잎 같은 몇 잎의 창을 달고 또 어디로 흘러갈 밤열차로 바뀐다.

역사의 풍파 속에서 막차조차 제때에 타지 못하는 사람들은 사실 군홧발 아래 강요된 침묵만을 일삼을 수밖에 없는 민중들의 상징으로 해석될 수 있는데, 지금은 강요된 침묵이 되레 눈꽃, 설원, 밤열차 등속에 임하는 막스 피카르트적인 순수나 시원의 침묵으로 바뀌는 놀라운 전이를 일으킨다. 물론 그 성스러운 침묵은 결국 말의 기초인데, 그 침묵을 통할하여 말을 꺼내는 사람은 그리웠던 순간을 호명하며 한 줌의 눈물을 불빛 속에 던져 주는 예의 그 젊은이다. 이 시를 소설화한 임철우는 「사평역」이란 소설에서 시적화자인 젊은이를 학생운동을 하다 막 감옥에서 출소하여 먼 남녘으로 떠나려는 자로 형상화했다. 어쨌든 그리웠던 순간을 호명하며 난로 속에 톱밥을 계속 던져 넣어 불씨를 되살리는 행동은 모두의 성스러운 침묵을 뜨거운 말로 바꾸려는 눈물겨운 의지이다.

사족을 좀 달면, 곽재구 시인의 시의 슬로건은 "아름다움이 세상을 구원하리라"라고 한다. 이는 러시아의 대문호 도스토옙스키의 말인데, 그는 이런 강요된 침묵 지경에 놓여 있는 이름도 빛도 없는 민중들의 간이역을 창조하면서도, 우리들의 삶의 신산함과 소슬함을 '막차', '송이눈', '흰 보라 수수꽃 눈 시린 유리창', '톱밥난로', '한 두름의 굴비 한 광주리의 사과', '싸륵싸륵', '눈꽃의 화음', '단풍잎 같은 몇 잎의 차창', '밤열차' 등등 우리 민중의 깊은 정서에 닿아 있고 호소력 있는 언어들로 육화시켜, 그 아름다움으로 우리들의 가슴을 촉촉이 적셔 주는 지순한 사랑의 시공간을 열어 준다.

　　상한 짐승처럼 절뚝거리며 스며들고 싶었다 더는 갈 수 없는 작부들의 종착역

　　슬픔은 더 깊은 슬픔으로 달래라 했던가

　　늙은 작부 무릎에 슬픔을 눕히고 그네의 서러운 인생유전을 따라가고 싶었다

　　삭을 대로 삭은 홍어 살점을 질겅질겅 씹으며 쓰디쓴 술잔을 들이켜고 싶었다

　　그렇게 파란만장의 시간을 가라앉혀 제대로 된 슬픔에 맛이 들고 싶었다

때론 누추한 패잔병처럼 자진 유배를 떠나고 싶었다 살아서 돌아갈 수 없는 천형의 유배지
절망은 더 지극한 절망으로 맞서라 했던가
후미진 바닷가에 갯고둥 하나로 엎어져 흑흑 파도처럼 기슭을 치며 울고 싶었다
다시는 비루한 싸움터로 나아가고 싶지 않았다 그대로
애간장 까맣게 타 버린 한 점 섬이 되고 싶었다

— 김선태, 「흑산도」

"남몰래 서리운/세월은 가고/물결은 천번 만번/밀려오는데/못 견디게 그리운/아득한 저 육지를/바라보다 검게 타 버린/검게 타 버린 흑산도 아가씨"라는 가사의 이미자의 노래 「흑산도 아가씨」가 있다. 1965년에 박춘석이 작곡하여 「섬마을 선생님」과 함께 큰 인기를 누렸는데 그 비탄조의 애절함이 못내 사무친다. 홍어로 유명한 흑산도는 우리나라 행정구역상 최서남단 해역에 위치한 섬으로 목포에서 두 시간 가량 배를 타고 들어가서 다시 배를 갈아타고 30분을 더 가야 하는 섬이다. 그래서 조선시대에는 유배지로 이용되기도 했다. 다산 정약용의 둘째형인 정약전 선생이 유배생활 15년 동안 근해에 있는 물고기와 해산물 등 155종을 채집하여 명칭, 형태, 분포, 실태 등을 기록한 『자산어보』를 남긴 곳이기도 하다. 예전 홍어가 파시를 이루던 시절 흑산도에는 뱃사람들과 해군들을 상대하는 선창가 술집들이 많았다고 한다. 이 시는 그 시절 어느 술집에서 만났던 작부를 기억하며 홍어를 삭히듯 삭혀 낸 시이다.

"슬픔은 더 깊은 슬픔으로" 달래는 늙은 작부의 무릎에 누워 그녀

의 인생유전을 따라가거나, "절망은 더 지극한 절망으로" 맞서는 천형의 유배자처럼 "애간장 까맣게 타 버린 한 점 섬"이 되어 버리거나, 삶은 "삭을 대로 삭은 홍어 살점을 질겅질겅 씹으며/쓰디쓴 술잔을 들이켜고"야 마는 순간이 있다. 하지만 '파란만장의 시간'을 삭혀 낸 '제대로 된 슬픔의 맛'을 들이지 않고 누가 인생을 얘기하겠는가.

좌판을 벌이다 막차를 타는 노인이거나 슬픔을 더 깊은 슬픔으로 달래는 흑산도 작부처럼 사는 동안 부지런히 이 세상을 걸레질하는 여자도 있다.

걸레질을 하려면 무릎을 꿇어야 한다.
허리와 머리를 깊이 숙여야 한다.
엉덩이를 들어야 한다.
무릎걸음으로 공손하게 걸어야 한다.
큰절 올리는 몸으로
아기 몸의 때를 벗기는 마음으로 닦지 않으면
방과 마루는 좀처럼 맑아지지 않는다.
어디든 떠돌아다니고 기웃거리고
틈만 보이면 비집고 들어가 눌러앉는 먼지들:
오라는 곳 없어도 밤낮없이 찾아오고
누구와도 섞여 한 몸이 되는 먼지들:
하지만 정성이 지극하면 먼지들도 그만 승복하고
고분고분 걸레에 달라붙는다.
걸레 빤 물에 섞여 다시 어디론가 떠난다.
그렇게 그녀는 방과 마루에게 먼지에게

> 매일 오체투지(五體投地)하듯 걸레질을 한다.
>
> — 김기택, 「걸레질하는 여자」

    이 시를 두고 한 사람의 아내이자 아이 둘의 어머니인 소설가 조명숙은 이렇게 평한다. "집 안을 닦는 아내의 걸레질은 오체투지다. 아이에게 남편에게 큰절 올리는 마음으로 자기를 낮추고 버린다. 그 자세는 낮추고 버렸으되 낮아지고 버려진 것들을 껴안은 대지의 모습이다. 고분고분 일상의 먼지들이 쓸려가고 집 안 가득 활기와 온기를 되찾게 하는 신비로운 힘은 아내의 오체투지에서 비롯되는 것이다. 가족은 아내의 성자, 성자 앞에서 완벽하게 자신을 낮출 줄 아는 아내의 흔들림 없는 신앙은 아름답다"라고 말이다.

    조명숙은 참으로 정숙한, 전통적인 사고를 가지고 있는 분이라고 생각된다. 하지만 아내들의 이런 고분고분한 순종과 너그러움을 으레 마땅한 것으로 생각하는 남자들이 있다는 것이 오늘날 세상에선 큰 문제가 되어 있다. 소위 가부장 지배문화에 물들어 있는 남자들의 못난 이기심은 심지어 아내를 몸종 부리듯 하는 경우가 지금도 주위를 돌아보면 비일비재하기 때문이다. 하지만 이제 우리나라에서도 호주법이 개정되어서 아내들도 당당하게 자기만의 호적을 가질 수 있게 되었다. 직장에선 성희롱법이 제정되어서 여성을 직장의 하나의 꽃으로나 여기는 풍조도 많이 시정되었다. 사장이나 국회의원들도 여성을 잘못 대했다간 패가망신하는 지경에까지 이른다.

    그러기에 위 시 「걸레질하는 여자」에서처럼 여자들은 정숙과 순종이 삶의 미덕이라고 해선 아니 된다. 이 시의 자발적 순종은 사실 종교적인 것이다. 아이에게 남편에게 큰절 올리는 마음으로 자기를 낮추는 것이 아니라, 세상에서 지켜야 할 가치들, 지켜야 할 아름다움, 지켜야 할 도리에 정성을 다하자는 것이다. 신앙인이라면 세상에 이런 의로움을 이루시는 신에 대한 경배이겠다. 또한 그 걸레질은 신 앞에서 자기 마음을 바지런히 닦는 행위일 것이다.

말없이 글썽이고 반짝이는 것

이런 삶의 침묵과 오체투지로 몸부림하다가 가끔은 세상을 떠돌고 싶은 생각이 들 때가 어디 한두 번이던가.

하늘은 날더러 구름이 되라 하고
땅은 날더러 바람이 되라 하네
청룡 흑룡 흩어져 비 개인 나루
잡초나 일깨우는 잔바람이 되라네
뱃길이라 서울 사흘 목계 나루에
아흐레 나흘 찾아 박가분 파는
가을볕도 서러운 방물장수 되라네
산은 날더러 들꽃이 되라 하고
강은 날더러 잔돌이 되라 하네
산서리 맵차거든 풀 속에 얼굴 묻고
물여울 모질거든 바위 뒤에 붙으라네
민물새우 끓어 넘는 토방 툇마루
석삼년에 한 이레쯤 천치로 변해

짐 부리고 앉아 쉬는 떠돌이가 되라네
하늘은 날더러 바람이 되라 하고
산은 날더러 잔돌이 되라 하네

— 신경림, 「목계장터」

처녀시집 『농무(農舞)』 이후 일관되게 소외된 자들의 삶의 비애를 민요가락에 띄우고 있는 신경림. 그의 문학과 정신은 '예술'이니 '난해시'니 하는 기성문단과는 처음부터 일정한 거리를 두고 독보적인 사이클을 형성해 나간다. 가난하고 억압받는 자들의 편에 서서 그는 고급의 예술성보다는 이념의 위의를 드러냈고, 누구나 이해하기 쉬운 민요조의 설핏한 가락들을 시의 질로 빚어냈다. 어쩌면 한국의 민중시는 신경림이 있어 그 개화와 결실이 가능했다고 평가받을 만큼 그는 한국시의 지형도를 완벽하게 바꿔 낸 시인이다.

그런 시인에게 대표작이 무엇이냐고 물었을 때 "못난 놈들은 서로 얼굴만 봐도 흥겹다"로 시작되는 「파장(罷場)」이라고 대답했다고 한다. 혹은 「농무」, 혹은 「갈대」 등을 꼽는 분도 있지만 나는 「목계장터」가 좋다. 두어 단어 빼놓고는 철저히 우리말로 쓴 아름다움, 유려한 민요가락, 정교한 기하학적 구조 등에 반한 때문이기도 하지만, "가을볕도 서러운 방물장수"와 같은 떠돌이 장돌뱅이의 삶의 비애가 목울대를 치고 올라올 정도로 잘 조형되고 있기 때문이다.

가슴이 콱 막힐 정도로 메어 오는 이 서러움은 "석삼년에 한 이레쯤 천치로 변해/짐 부리고 앉아 쉬는 떠돌이가 되라네"에 와서 절정을 이룬다. 나는 여길 읊조리다가 땅에 고개를 처박고 쓴 물을 토하도록 운 적이 있다. 석삼년(9년) 만에 한 이레쯤인지, 아니면 석삼년에다 한 이레를 더한 날짜 만큼인지 몰라도 하여간 너무도 괴롭고 쓸쓸해서 천치로 변해 버리고 싶은 마음, 천치로 변해서 등이 휘는 삶의 고단한 짐을 벗어 버리고 싶은 마음, 아니 그대로 영영 천치로 살아 버리고 싶은 마음을 가져 본 적이 있다면 누구에게나 이 시는 명시가 될 것이다.

  삶의 고통을 표현한 동서고금의 많은 명문장이 있다. 나도 "내 서른까지의 삶을 지우개로 지워 버리고 싶다"고 표현하여 그 고통의 강도를 드러내고자 한 적이 있다. 하지만 "석삼년에 한 이레쯤 천치로 변해" 버리고 싶다는 말보다 더한 표현이 어디에 있겠는가. 떠돌이 장돌뱅이인 만큼 염량세태와 무정한 인심조차 너무도 잘 알 터인즉, 오죽하면 석삼년에 한 이레쯤 천치로 변해 버리고 싶겠는가.

  여기서 나오는 '목계'라는 말은 충북 충주에 있는 남한강가의 마을 이름으로 그 유명한 목계나루가 있고, 그 나루를 타고 배로 실어 온 물건들로 흥성한 목계장터가 섰다고 한다. 하지만 삶이 신물 나도록 싫다가도 다음과 같은 시를 보면 다시 힘이 솟게 된다.

> 조선총독부가 있을 때
> 청계천변 10전 균일 상 밥집 문턱엔
> 거지 소녀가 거지 장님 어버이를
> 이끌고 와 서 있었다
> 주인 영감이 소리를 질렀으나
> 태연하였다
> 어린 소녀는 어버이의 생일이라고
> 10전짜리 두 개를 보였다
>
>   - 김종삼, 「장편(掌篇)」

나는 30년이 넘도록 시를 써오면서도 부모님에 관한 시를 쓴 적이 없다. 시골서 논밭 몇 떼기도 없이 9남매를 낳아 기르신 부모님의 평생 동안의 노동과 고생을 생각하면 가슴부터 미어져, 시에서 절대적으로 필요한 감정의 절제 및 대상의 객관화 작업을 할 수 없기 때문이다. 그렇게 가난하고, 고생만 하시고, 그러다 보니 술에 곧잘 취하시는 부모님과의 심한 갈등으로 젊어서는 가출과 방황과 학교도 중둥무이 해 버린 불효를 시인이 되어서 시로라도 갚지 못하는 마음이 너무 괴롭다.

김종삼의 손바닥만 한 이야기인 「장편」이라는 시를 보면 역시 가슴이 짠해지고 눈시울이 젖어든다. 어느 날 아침 일찍 밥 한 그릇에 10전만을 똑같이 받는 밥집 앞에 거지 소녀가 장님인 어버이를 이끌고 와 선다. 그러자 주인 영감이 버럭 소리를 지른다. 새 길 놓으니 개가 먼저 지나간다고, 마수걸이도 못했는데 거지 주제에 새벽 댓바람부터 찾아왔다며 어서 꺼져 버리라고 소리쳤을 것이다.

하지만 오늘따라 거지 소녀는 태연하다. 아니 오히려 당당하기까지 하다. 왜 그러는가 했더니 10전짜리 두 개가 쥐어 있는 손을 펴 보이며 오늘이 어버이의 생일이라고 말하는 것이다. 어버이의 생일을 위하여 그동안 20전을 아껴 두었던 거지 소녀, 오늘 생일만큼은 밥을 빌지 않고 당당하게 어버이에게 밥을 사 드리겠다고 나선 소녀. 참으로 그 효심이 가슴을 미어지게 한다. 이럴 때는 태연하고 당당한 거지 소녀의 어깨가 하늘까지 치솟아 올라도 한없이 미쁘기만 하겠다. 효심은 천심이기 때문이다.

또 하나 우리 시문학사의 명품 반열에 든 시 한 편을 소개한다.

진주장터 생어물전에는
바닷밑이 깔리는 해 다 진 어스름을.

울엄매의 장사 끝에 남은 고기 몇 마리의
빛 발(發)하는 눈깔들이 속절없이
은전만큼 손 안 닿는 한이던가
울엄매야 울엄매,

별밭은 또 그리 멀리
우리 오누이의 머리 맞댄 골방 안 되어
손 시리게 떨던가 손 시리게 떨던가,

진주 남강 맑다 해도
오명 가명
신새벽이나 밤빛에 보는 것을,
울 엄매의 마음은 어떠했을꼬,
달빛 받은 옹기전의 옹기들같이
말없이 글썽이고 반짝이던 것인가.

— 박재삼, 「추억에서」

    여명도 트기 전 신새벽, 엄마는 집을 나선다. 머리엔 갈치며 고등어며 어물이 담긴 함지박을 이고, 진주장터 생어물전에 간다. 그런 엄마는 '바다 밑이 깔리는 해 다 진 어스름'에도 돌아오지 않는다. 밤빛이 이슥하도록 돌아오지 않는다. 그런 엄마를 골방에 머리를 맞댄 채 기다리는 오누이는 손이 떨리고 또 떨린다. 방에 불이 꺼졌거나 아니면 어린 마음에 무섬증에 휘둘려서일 것이다. 그런 밤, 창문으로 비쳐드는 별들은 어쩌자고 별밭을 이룰 정도로 찬란하기만 하다. 그것이 벌써 어린 마음에도 한이 되어 가슴에 담긴다. 마치 엄마의 장사 끝에 남은 고기 몇 마리의 눈깔에서 발하는 빛처럼 가슴에 한으로 박힌다. 아까워서 쓰지 못하고 높은 선반 위에 올려둔 은전만큼의 손 안 닿는 한이 되어 '울엄매야, 울엄매'라고 울며불며 엄마를 부르게 한다.

이제 그 아이가 훌쩍 어른이 되어 어머니의 나이가 된 지금, 그 어머니 때문에 또 가슴이 미어진다. 진주 남강 맑다 해도 강 구경 한 번 하러 못가고, 시장엘 오며 가며 신새벽이나 밤빛에나 보았을 어머니, 그런 어머니의 마음은 정녕 어떠했을꼬, 새삼 한이 되어 되물어진다. 그런 어머니의 마음은 아마도 진주장터의 "달빛 받은 옹기전의 옹기들같이/말없이 글썽이고 반짝이던 것" 같지나 않았을까.

어머니의 애틋하고 애잔한 마음을 "달빛 받은 옹기전의 옹기들 같이/말없이 글썽이고 반짝이던 것"으로 표현함으로 이 시를 우리나라 명품 시 반열에 오르게 한 박재삼 시인은, 그런 어머니가 있었기에 평생을 한을 주조로 한 전래적 서정을 유려하고 눈물 나는 시어로 가다듬어 노래했다. 그리하여 김영랑, 서정주의 맥을 잇는 시인으로 평가받고 있다.

반짝반짝 하늘이 눈을 뜨기 시작하는 초저녁
나는 자식놈을 데불고 고향의 들길을 걷고 있었다.

아빠 아빠 우리는 고추로 쉬하는데 여자들은 엉뎅이로 하지?

이제 갓 네 살 먹은 아이가 하는 말을 어이없이 듣고 나서
나는 야릇한 예감이 들어 주위를 한번 쓰윽 훑어보았다 저만큼 고추밭에서
아낙 셋이 하얗게 엉덩이를 까놓고 천연스럽게 뒤를 보고 있었다.

무슨 생각이 들어서 그랬는지
산마루에 걸린 초승달이 입이 귀밑까지 째지도록 웃고 있었다.

― 김남주, 「추석 무렵」

    우리 시사에서 가장 순결한 혁명전사 시인으로 기록될 김남주 시인. 그는 하늘을 우러러 한 점 부끄러움이 없는 삶을 살았다. 철들면서부터 제 자신을 위한 삶이라곤 털끝만큼도 용납하지 않았다. 평생을 나라의 민주화와 민족 통일과 민중의 해방을 위해 헌걸차게 내달린 그는 그 어떤 수사로도 수식될 수 없는 분이다. 다만 문익환 목사의 말대로 '너무 뜨겁게 진실한 사람' 일 뿐이다.
    내가 제11회 신동엽창작기금을 받을 때 그는 이선영, 구중서 선생 등과 함께 심사위원이었다. 수혜식이 끝나고 뒤풀이 자리에서 내가 대선배 문인들께 먼저 술을 권하자, "오늘은 고형이 주인이야. 주인이 먼저 받아!"라고 하며 한사코 사양하는 내게 제일 먼저 술을 따라 주던 분이었다. 그분은 그랬다. 그가 어떤 사람이건 사람 하나하나가 억압과 착취와 소외를 벗어나 당당하고 꿋꿋한 주인이 되어 사는 세상을 꿈꾸고, 그런 세상의 실현을 위해 자신을 송두리째 바쳐 버린 분이다.

"미군이 있으면/삼팔선이 든든하지요/삼팔선이 든든하면/부자들 배가 든든하구요."(「쓰다만 시」 전문) "미군이 없으면/삼팔선이 터지나요/삼팔선이 터지면/대창에 찔린 깨구락지처럼/든든하던 부자들 배도 터지나요."(「다 쓴 시」 전문) 이 두 편의 시는 일체의 군말 없이 단숨에 핵심을 찔러 가는 놀라운 직접성과 그로부터 자동적으로 도출되는 형식의 명료함이 정신의 백열상태를 느끼게 한다. 문자 그대로의 이 촌철살인은 정치적 상상력에 의한 서정시가 이를 수 있는 한 극점이다. 시의 완벽한 내용과 형식의 통합을 가능케 하는 정신의 긴장이 우리를 전율케 한다. 과연 이런 시를 김남주 말고 누가 쓸 수 있다는 말인가.

그런 김남주가 쓴 「추석 무렵」은 너무나 푸짐하고 둥글고 훈훈한 시이다. 우선 추석을 열흘 남짓 남겨 놓고 어린 자식과 고향 들길을 걷는 마음이 얼마나 낙낙하겠는가. 10년이 다 되는 감옥살이 때문에 가고 싶어도 제대로 갈 수 없었던 고향 들길을 이제야, 그것도 어린 자식놈을 데불고 가니 하늘인들 축복의 별들을 반짝반짝 빛내 주지 않겠는가. 그런데 도중에 아들 녀석이 "아빠 아빠 우리는 고추로 쉬 하는데 여자들은 엉뎅이로 하지?" 하고 묻는 것이다.

이제 갓 네 살 먹은 아이가 하는 말을 어이없어 하다가 아무래도 야릇한 예감이 들어 주위를 쓰윽 한번 둘러보니, 아니나 다를까 저만큼 고추밭에서 "아낙 셋이 하얗게 엉덩이를 까놓고" 천연스럽게 뒤를 보고 있다. 우리가 어릴 적에 고향에서 항용 보곤 하던 그 풍경을 오랜 감옥생활 끝에 다시 보게 되는 시인의 마음은 얼마나 가슴 벅찰 것인가. 그렇게 하얗고 둥글고 푸짐한 세계에 얼마나 마음이 훈훈해졌겠는가. 차고 모나고 녹슬고 독으로 가득 찬 감옥에서의 상처와 외로움이 순식간에 씻기고도 남을 것이다. 그러니 산마루에 걸린 초승달도 입이 귀밑까지 째지도록 웃는 것이다.

한데 배추밭이 아닌 고추밭의 고추들은 셋이나 되는 아낙들의 오줌 기운을 받았으니 참으로 맵고 탱탱하게 약이 오르겠다. 나는 김남주의 여러 시 중에서 이 시를 언어의 최고의 성찬으로 본다.

신경림처럼 장터로 떠돌고, 박재삼처럼 어머니 생각으로 마음을 다잡아도, 외로운 건 어쩔 수 없다.

> 울지 마라
> 외로우니까 사람이다
> 살아간다는 것은 외로움을 견디는 일이다
> 공연히 오지 않는 전화를 기다리지 마라
> 눈이 오면 눈길을 걸어가고
> 비가 오면 빗길을 걸어가라
> 갈대숲에서 가슴검은도요새도 너를 보고 있다
> 가끔은 하느님도 외로워서 눈물을 흘리신다
> 새들이 나뭇가지에 앉아 있는 것도 외로움 때문이고
> 네가 물가에 앉아 있는 것도 외로움 때문이다
> 산 그림자도 외로워서 하루에 한 번씩 마을로 내려온다
> 종소리도 외로워서 울려 퍼진다.
>
> — 정호승,「수선화에게」

수선화는 이른 봄, 아직 맵찬 바람 속에서 피어난다. 파리한 줄기 사이로 노란 꽃을 피워 올리는데 꽃잎이 너무 여리다. 그렇게 여리디

여린 꽃이 겨울을 이기고 이른 봄, 다른 꽃보다 먼저 피어나느라 얼마만큼의 의지를 세웠겠는가. 의지를 세우는 일은 외로운 일이다. 어떤 일을 성취하는 데 있어 아무도 알아주지 않은 상태에서 의지 있게 나아가는 일은 외로움과 고투하는 일이다. 이런 수선화의 생리를 잘 알기에, 시인은 수선화를 보고, "울지 마라/외로우니까 사람이다/살아간다는 것은 외로움을 견디는 일이다"이라고 단정적 진술을 해 버릴 수 있는 것이다. "가끔은 하느님도 외로워서 눈물을 흘리신다"고 할 지경인데 세상에 외롭지 않은 것이 어디 있겠는가.

사실 어느 새가 나뭇가지에 오도카니 앉아 있는 모습을 보면 그것을 보는 내가 외로워진다. 수선화 같은 어떤 여자가 물가에 망연하게 앉아 있는 모습을 보면 오히려 나 자신이 더더욱 외로움에 사무치게 된다. 그러기에 산 그림자도 저녁이면 외로워서 하루에 한 번씩 마을로 내려오고, 종소리도 외로워서 멀리 울려 퍼지는 것이라는 시인의 진술이 공연한 얘기로 들리지 않는 것이다. 인간이 원래 외로움으로 피조 된 존재이거늘, 이런 인간의 존재론적 고독을 일상의 현실로 받아들이고, 외로움을 견디고 살아가는 일은, 그러기에 "눈이 오면 눈길을 걸어가고/비가 오면 빗길을 걸어"갈 뿐이다. 이미 마음이 돌아서서 떠나가 버린 사람의 전화나 공연히 기다리는 일은 그만두라는 것이다. 그렇게 외로움을 묵묵히 견디고 나아가면, 갈대숲에서 가슴 검은도요새쯤은 '너'를 지켜보리라는 것이다. 아니 하느님도 눈물을 흘리시며 우리를 지켜보실 것이다.

이런 외로움을 견디게 하는 것 중의 하나는 역시 어머니의 사랑일 것이다.

바다 저쪽 아득한 곳에 어머니가 계셔서

자꾸 이불 호청을 펼치시는 것이다

삼동에 식구들 덮을 이불 꿰매려고

여동생들을 불러 모으고 그래도 손이 모자라던 때의 저녁 바람이

내 쪽으로 밀려 나오며 선득선득 발목에 닿는 것이다

물결 잔잔해지기를 기다려

바다는 저쪽 어귀부터 차근차근 제 몸을 꿰매기 시작하는데

바느질에 갇힌 어머니 한숨이 솜이불에 남아서

겨우내 우리 몸은 포근하였던 것

그 많은 날들을 잠들 수 있었던 것

숭어 몇 마리 뒤척이는 밤 개펄을 깔고 밀물결 덮고

— 이봉환, 「밀물결 오시듯」

어릴 적 어머니가 할머니, 누나들이랑 명절을 앞두고 이불 홑청을 뜯어 빨아 햇볕에 잘 말리고, 읍내 솜틀집에 가서 헌 솜을 새롭게 타서 방 안 가득 깔아 놓고 이불을 꿰매면, 나는 미처 다 꿰매지도 못한 그 이불에서 뒹굴었다. 늘 땀 냄새와 지린내가 나고 하도 뭉개져서 부피가 납작해져 버린 이불이 향기로운 냄새와 함께 푹신푹신한 솜이불로 바뀌니, 그것이 마치 어머니의 바느질 요술 때문이라고 생각되기도 했다. 한데 그 방 안 가득 펼쳐진 이불은 어린 내 마음엔 꼭 바다와만 같이 넓게 생각되었다. 내륙지방에 살아서 바다가 얼마만큼 넓은지도 몰랐던 내게 그렇게 지어진 이불은 바다를 유추할 수 있는 꽤 마땅한 상관물이었다. 이봉환은 바다에 면접한 고흥에서 태어났기에 바다의 밀물이 밀려오는 걸 아예 어머니가 이불을 꿰매려고 홑

청을 펼치는 걸로 비유한다. 어머니가 삼동에 식구들 덮을 이불을 꿰매듯 바다는 무엇을 덮으려고 물을 밀어 오는가. 이불 꿰매던 어머니의 한숨이 솜이불에 남아서 그 한숨으로 시인은 포근히 잠들 수 있었는데, 바다는 물 밀어 오는 그 소리로 숭어 몇 마리 정도나 덮으려는가. 아니 그보다는 어머니의 이불 꿰매는 사랑이 되레 바다가 밀물 밀어 오는 것처럼 크다는, 그래서 그 넘쳐 나는 모정에 대한 느꺼움을 반어적으로 표현하고자 한 것이 아니겠는가. 시인들의 많은 사모곡이 있지만, 어머니의 이불 짓는 것과 바다의 밀물 밀어 오는 것을 대비시켜 어머니의 바다와 같은 사랑을 느꺼워하는 이봉환은 그 품이 넓다.

외로움을 견디며 또한 사람들은 모두 지혜롭게 세상을 이겨 낸다.

텔레비전을 통해 본 안데스산맥
고산지대 인디오의 생활
스페인 정복자들에 쫓겨
깊은 산꼭대기로 숨어든 잉카의 후예들
주식이라며 자루에서 꺼내 보이는
잘디잔 감자가 형형색색
종자가 십여 종이다

왜 그렇게 뒤섞여 있느냐고 물으니
이놈은 가뭄에 강하고
이놈은 추위에 강하고
이놈은 벌레에 강하고

그래서 아무리 큰 가뭄이 오고

때아니게 추위가 몰아닥쳐도

망치는 법은 없어

먹을 것은 그래도 건질 수 있다니

전제적인 이 문명의 질주가

스스로도 전멸을 입에 올리는 시대

우리가 다시 가야 할 집은 거기 인디오의

잘디잔 것이 형형색색 제각각인

씨감자 속에 있었다

— 윤재철, 「인디오의 감자」

윤재철의 「인디오의 감자」는 시작법 차원에서 따져 볼 시는 결코 아니다. 그의 시적화법은 사실 너무 단순하고 평명하다. 하지만 시적 대상을 대하는 그의 태도는 강직하고 견고한 내공으로 구축되어 있다. 여기서 내공이라 함은 "자연의 이치에 승순(承順)하는 삶의 자세를 엄정하게 견지하면서 이를 내면적인 생활언어로 노래하고 있다"(홍용희)는 사실뿐만 아니라, 오늘날 풍요와 번영을 약속하며 급속도로 질주해 왔던 근대문명과 나아가 모든 생명가치를 상품논리 속에 복속시켜 버리는 후기산업사회에 대한 성찰과 비판을 근본주의적으로 담보하고 있는 것까지를 포함한다.

이 시는 텔레비전에서 본 안데스산맥 인디오의 생활을 통해 우리 인류의 "오래된 미래"의 모습을 읽고 있다. 여기서 오래된 미래라 함은 험악한 고산지대에서 먹을 것도 별로 없이 살아가는 네팔 사람들이 끝까지 자연에 순응하며 살아가면서도 참으로 소박하고 착하게 살아가는 모습을 기록한 헬레나 노르베르 호지의 책 제목에서 따온 것이다. 도대체 문명이라고는 별로 접해 본 적도 없는 오래되고 낡은 생활이지만 질주하는 최첨단 문명 자체가 스스로 인류의 전멸을 토로하는 시대에 되레 우리 인류가 지향해야 할 미래의 한 대안으로서 운위되는 그 네팔인들의 생활이 안데스산맥의 인디오들에게도 계속되고 있는 것이다.

그들은 정복자들에게 쫓겨 깊은 산속으로 숨어든 잉카의 후예들로 '형형색색 제각각'으로 섞여 있는 잘디잔 씨감자를 주식으로 심어왔다. 그런데 그들이 그렇게 뒤섞인 감자알을 심는 까닭은 "이놈은 가뭄에 강하고/이놈은 추위에 강하고/이놈은 벌레에 강하고/그래서 아무리 큰 가뭄이 오고/때 아니게 추위가 몰아"칠 때도 살아남아서이다. 어떤 자연 기후 조건 속에서도 농사를 망치는 법 없이 먹을거리를 건지려는 지혜의 소산이었다. 오늘날 자본주의의 소유욕의 무한 증식과는 거리가 먼 자족과 청빈에 대한 평상심을 생활신조로 삼지 않고는 상상도 할 수 없는 바, 그 무위의 평상심을 이토록 생활 자체로 보여 주는 현명한 사람들이 지구상에 과연 얼마나 남아 있겠는가.

윤재철은 결코 시를 현란한 이미지나 세련된 리듬 속에 가두지 않는다. 비유나 상징으로 치장하지도 않는다. 그렇다고 뛰어난 시적묘사나 '한 지혜' 얻은 듯한 잠언 투의 진술을 즐겨 사용하는 것도 아니다. 그는 오로지 시적 대상에 대한 강직하면서도 온화한 주체의 태도를 즐겨 드러낼 뿐인데, 이 나직하면서도 견고한 목소리가 지향하는 것은 "그냥 있음"(김진경)에 대한 탐구이다. 모든 존재가 '거기 그냥 그대로 있는 것'에 대한 꿈은 보통의 내공으로는 견지하기 힘든 것이라는 걸 알 만한 사람은 다 안다.

　어쩌면 시의 향기는 윤재철처럼 사람들이 거기 그냥 그대로 묵묵히 삶을 수행하는 것을 포착하는 데서 향기가 나고, 또한 그런 존재의 운명을 수용하며 어떤 내면의 빛을 조용히 응시할 때 자기도 기대치 않은 어떤 신운과 황홀이 수수꽃다리처럼 피어날지 모른다.

제8장

시의 향기, 삶의 황홀

2

명품은 쉽게 탄생하지 않는다. 절차탁마가 있어야 한다. 그러기 위해선 치열한 열정과 함께 어떤 경건함마저 필요하다. 예전 어떤 옻칠장이는 자기가 원하는 색깔이 나오지 않자 손가락을 잘라 그 피를 섞어 원하는 색깔을 냈다는 이야기도 있다.

하지만 명품의 화룡점정은 종종 사람의 손길을 벗어날 때가 있다. 아무리 시적운산을 잘 해도 신운 같은 게 스치지 않으면 머리를 쥐어뜯게 되는 것이다. 빛나는 바람이 오월의 싱싱한 잎새를 한번 살짝 뒤집는 것만 같은 그런 신운은 작품에서 욕망을 놓아 버릴 때, 그러니까 사무사의 텅 빈 마음이 환하게 열릴 때 어쩌다 한 번 임할까.

그런데 우리 시인들은 대개 자기의 명품들을 한 점씩은 갖고 있는 경우가 많다. 독자들은 그런 작품을 시인의 대표작이라고 일컫는데, 하지만 시인은 죽을 때까지 자기의 대표작을 유보한다. 시인에게 대표작이 지명되는 순간 그의 시작생활은 이제 끝났다는 것을 의미하니까 말이다. 몇몇 시인들은 그 대표작으로 시비(詩碑)를 세운다. 아직도 새파랗게 살아 활동하면서도 도대체 무엇을 하겠다는 심산인지 그런 허영에 온갖 욕심을 내는 것이다.

그런데 대개의 명품은 사람 사는 일을 썼을 때 나오기가 십상이다. 아무리 못나고 소외된 삶일지라도 시인이 그에 대한 따뜻한 애정의 시선을 비출 때 그 삶은 빛이 난다. 하기야 시인이 권력이나 재물하고 먼 삶을 사는 데야 마음이 무위와 자족으로 넘쳐 나지 않을 리 없을 터. 그런 마음에 사람만큼 아름답게 비치는 존재가 어디 있으랴.

명품의 시와 절차탁마

    호박잎에 싸 오는 붕어곰은 언제나 맛있었다

    부엌에는 빨갛게 질들은 팔(八)모알상이 그 상 우엔 새파란 싸리를 그린 눈알만 한 잔(盞)이 뵈였다

    아들아이는 범이라고 장고기를 잘 잡는 앞니가 뻐드러진 나와 동갑이었다

    울파주 밖에는 장군들을 따러와서 엄지의 젖을 빠는 망아지도 있었다

                             ― 백석, 「주막(酒幕)」

백석의 「주막」이라는 시를 처음 대하게 된 것은 1985년이었다. 나는 그 전 해 『실천문학』의 신작시집에 「동구밖집 열두 식구」 등 일곱

편의 시를 발표함으로 처음 문단에 얼굴을 디민 참이었다. 그런데 나의 등단이라는 것이 참 우스운 일이었다. 군무를 마친 후 부산에서 일자리를 구하던 차, 난생처음으로 일주일 만에 시 스무 편을 써서 그 잡지에 보냈는데 그것이 신인당선작으로 채택되었던 것이다. 그러나 나는 당시 실존주의 소설에 빠진 그야말로 전통적인 소설지망생이었기에, 나 이외에도 열세 명이나 함께 등단을 시킨 그 잡지를 시큰둥하게 생각하였다. 나중에 알고 본즉 당시 문단의 흐름이던 민중시의 확산을 위해 기층민중의 시를 광범하게 발굴하고자 한 잡지사 편집진의 전략에 내 시가 끼게 된 것이었는데, 지방에 외롭게 묻힌 독학도였던 나는 그런 문단의 흐름을 알 수가 없었다. 그래서 등단이라고 하기도 뭣한 시를 팽개치고 다시 소설로 나가겠다는 요량이었다.

그런데 신작시집이 나온 뒤 보름도 채 안 되어 『창작과비평』에서 다섯 편의 시 청탁이 온 것이다. 그때는 사실 5공의 칼서리를 만나 그 잡지 자체가 폐간되고 매해마다 시 앤솔러지를 묶었는데, 거기에 신고자 한 청탁이었다. 어쨌거나 나는 그 청탁을 받고 무척 놀랄 수밖에 없었다. 왜냐하면 아무리 시골에 묻힌 깡무식이었어도 1960년대와 1970년대부터 발행되어 단박에 한국 문단에 회오리바람을 일으킨 『창작과비평』과 『문학과지성』이란 문학계의 두 거봉의 존재 자체를 내가 모를 리 없었기 때문이다. 그 리얼리즘과 모더니즘의 두 거봉은 상호비판과 상호보족적인 입장에서 『사상계』 이후 이 땅의 사상과 문학계를 선도하고 있다는 인식을 갖고 있던 터에, 그 청탁이 왔으니 내 기분이 어떠했겠는가. 비록 등단은 초라하지만 그 청탁으로 나는 나의 시적 가능성을 인정받은 것 같았다.

그리하여 이제부터 시에 한번 매진해 보자는 생각으로 시론, 시작법, 현대시사, 한국 대표시선집 등을 사다가 부지런히 시를 연습해 보는데, 이런, 이건 갈수록 오리무중이었다. 두어 달의 우여곡절 끝에 청탁원고를 보내긴 했지만 그 앤솔러지에 내 시는 실리지 않고 원고료와 함께 당시 이시영 주간의 사신이 담겨져 왔다. 등단작의 신선함에 못 미친 진부함과 표현의 생경함, 울분 어린 목청뿐이어서 다음 기회를 보자는 내용의 편지였다. 그런데 놀랍게도 나는 그 편지를 받고 실망하기는커녕 그러면 그렇지! 하며 무릎을 탁 쳤던 것이다. '그래, 창비가 어떤 덴데 시 공부 두어 달밖에 안 되는 내 시를 싣겠어?' 하는 생각과 함께였다. 그로부터 나는 본격적으로 시 공부를 시작했다. 누우면 천장에 온통 시행이 그려질 정도로 한 달 혹은 두 달 만에 시 20~30편씩을 대학노트에 빼곡히 써서 무턱대고 이시영 선생께 보냈다. 다행히 선생은 그 시를 다 훑어보고 그중 한두 편에 O표 혹은 △표를 쳐주곤 "삶의 분한을 다 터뜨린다고 해서 문제가 하나라도 해결되는 게 있던가요. 때론 침묵이 필요합니다."라거나 "오월이니 뭐니 하는 이슈를 좇지 말고 삶의 직접적인 경험이나 가까운 이웃이야기를 쓰세요", 또는 "긴장과 절제는 시의 생명입니다"라는 등의 간단한 평문를 써서 보내 주었다. 그 간단한 평문에도 나는 하나를 가르쳐 주면 열 개를 알아채는 학동처럼 배우고 익히는 데 열정을 다하였다.

그러던 차 선생은 어느 날 편지에 시 한 편을 직접 써서 보내 주었는데 백석의 「주막」이란 시였다. 원고지에 가는 만년필로 섬세하게 적어 보내 준 그 시는 한마디로 그때의 내 눈을 환히 열리게 하는 시였다. 사실 나는 그때까지 우리 시문학사에 백석이란 시인이 존재한다는 사실조차 몰랐다. 그도 그럴 것이 당시 백석은 우리의 정치 담당자들의 판무식 탓에 월북시인으로 규정되어 시문학사에서 완전히 지워진 존재였기 때문이었다. 원래 평안도 출생이었기에 6·25 공간에서 그냥 이북에 남아 버린 시인이 어찌 월북시인이던가. 그 후 1987년에 이동순 시인이 편집한 창비판 『백석시전집』을 통해 백석의 전모를 보고 나는 참으로 서럽고도 황홀했다. "상실해 가는 고향의식의 회복, 이를 통한 식민 제국주의문화의 극복, 전통 문화에 대한 따뜻한 긍정, 시인 특유의 방언주의와 북방 정서" 등은 한마디로 민속적 상상력을 통해 건져 올린 민중적 공동체의 세계에 대한 눈부시도록 서럽고도 황홀한 언어의 축제였다.

그중 하나인 「주막」도 지배적 인상만을 불과 4행으로 처리한 시적 절제와 긴장감, 그러면서도 그 안에 무수한 민중 서사를 내포하고 있는 유려함, '새파란 싸리를 그린 눈알만 한 잔'마저 보아 내는 시적 관찰의 섬세함, 팔모알상(팔각형의 개다리소반)과 울파주(대, 수수깡, 갈대 등으로 엮은 울타리)와 엄지(짐승의 어미) 등의 맛깔스런 방언 구사 등으로 질박하고 정감 있는 우리의 구체적 일상과 민족혼을 담아내어, 궁극적으로는 근대의 중앙집권화와 물신화에 대항하고 식민 제국주의자들의 규격화, 규범화의 강압에 저항하고 있는 것이다. 특히 그의 대부분의 시에는 우리 주위에서 흔히 만날 수 있는 가지각색의 민초들, 박각시·자벌기·당나귀 등 갖가지 곤충과 동물들, 돌나물·제비꼬리·마타리·임금나무 등 형형색색의 풀꽃과 나무들, 거기에 막써레기·송구떡·게산이알 등 각종 음식물과 또한 무속의식, 구비설화, 아동 유희, 속담, 노동과 관련된 서사 등이 한데 어우러져 생명과 민중 공동체를 만화방창 이루어 내고 있으니, 그야말로 우리 시사에 있어 전무후무의 장관이던 것이다.

  나는 그로부터 순식간에 백석에 빠져들었다. 더구나 나중에 시인의 자야 여사와의 애절하고 순정한 사랑 이야기마저 전해 듣고는 긴 가민가했던 나의 시인지망을 공고히 한 후 오늘까지 시단 말석의 행보나마 부끄럽지 않게 여겨 오는 것이다. 그런 백석의 시를 처음으로 내게 적어 보내 준 선생의 생각은 무엇이었을까. 무릇 불학무식에 비재마저 겹친 내겐 스승도 있을 수 없었으나, 나는 그로부터 선생을 마음속에 스승으로 모시고 이 시업의 '외롭고 높고 쓸쓸한' 지경을 묵묵히 견뎌 오고 있다. 이 어찌 고맙고 즐거운 일 아니던가. 아, "아카시아들이 언제 흰 두레방석을 깔았나/어데서 물쿤 개비린내가 온다"(백석의 「비」). 주막에 탁배기 한 잔 하러 가야겠다.

      여승은 합장하고 절을 했다
      가지취의 내음새가 났다
      쓸쓸한 낯이 옛날같이 늙었다
      나는 불경처럼 서러워졌다

      평안도의 어늬 산 깊은 금덤판
      나는 파리한 여인에게서 옥수수를 샀다
      여인은 나어린 딸아이를 따리며 가을밤같이 차게 울었다

      섶벌같이 나아간 지아비 기다려 십 년이 갔다
      지아비는 돌아오지 않고
      어린 딸은 도라지꽃이 좋아 돌무덤으로 갔다

> 산꿩도 설게 울은 슬픈 날이 있었다
> 산절의 마당귀에 여인의 머리오리가 눈물방울과 같이 떨어진 날이 있었다
>
> — 백석, 「여승(女僧)」

    백석의 시에서 「주막」에 이어 좋아한 시가 바로 「여승」이다. 이 시는 한때 최두석이 리얼리즘과 이야기시의 전범으로 삼은 시다. 여승이 된 한 여인의 생애가 드러나 있는데, 소설에서와 같은 인물의 성격창조보다는 그녀의 생애에 관한 이야기가 압축적으로 제시되어 있다. 더구나 이야기가 평면적이 아니라 어떤 구조를 갖고 있어 시 읽는 맛이 더 나는데, 원래 이야기의 시간적 배열은 "섶벌같이 나아간 지아비 기다려 십 년이 갔다"로부터 시작되어야 할 것이다. 어쨌거나 나무섶에 집을 틀고 항상 나가서 일하는 야생벌같이 부지런했던 한 농부가 농사일로 생계를 꾸릴 수 없어 집을 나가 광부가 되고, 여인은 십 년이나 그를 기다리다 집을 떠난다. 그리고는 혹시 남편을 찾을까 하여 금광 앞에서 옥수수를 팔았는데, 고생을 못 견뎌 투정을 부리는 딸을 때리면서 울기도 한다. 그러다가 어린 딸은 도라지꽃이 좋아 돌무덤으로 갔고, 결국 절망과 함께 여인은 삭발을 한 뒤 산나물과 불경을 만지며 여생을 보낸다. 한데 이 여승을 길 가에서 만난 뒤, 위와 같이 그녀의 생애를 회상하는 방식으로 제시하는 이야기 구성이 시적 긴장을 유발하며, 일제하의 농촌의 몰락이 가져온 한 가족의 비극적 파멸을 통해 당대의 민족 현실을 전형적으로 드러내고 있는 것이다.

특히 이 시에 사용된 "옛날같이" "불경같이" "가을밤같이" "섶벌같이" "눈물방울과 같이" 등 그야말로 '원초적 직유'가 진부하다거나 상투적이라는 생각이 전혀 들지 않고 오히려 시의 '정전성(正典性)' 확보에 큰 영향력을 미치며 묘한 여운을 준다. "쓸쓸한 낯이 옛날같이 늙었다" "나는 불경처럼 서러워졌다" "가을밤같이 차게 울었다" "섶벌같이 나아간 지아비 기다려 십 년이 갔다" "여인의 머리오리가 눈물방울과 같이 떨어진 날이 있었다" 등의 직유법 문장이 고전적 품격의 매력을 풍기는 것이다. 또한 백석 시의 전부라고 할 수 있는 방언의 적절한 사용이 이 시에 끼치는 효과도 살펴보아야 한다. "내음새" "금덤판" "따리며" "섶벌같이" "설게 울은" "머리오리" 등의 방언 사용은 관습화되고 규격화된 표준어보다는 시적 내용 곧 삶의 생생한 질감을 느끼게 하는 데 단단한 몫을 다하는 것이다.

이를 김재용은 "근대화되면서 지방언어들이 표준어의 압력에 굴복하여 사라지는 순간 구체적 삶의 언어만 사라지는 것이 아니라 그 언어의 몸이라 할 수 있는 구체적 삶의 현실도 사라지는 것이다. 그 후 남는 것은 추상성과 보편성의 세계뿐이다. 그렇기 때문에 백석이 관서지방의 방언을 즐겨 사용한 것은 그 지방의 것을 돋보이려고 하는 것이 아니라 구체적 삶의 세계를 근대의 홍수 속에서 건져 내려고 하는 노력인 것이다. 그런 점에서 그의 방언 사용은 일차적으로는 표준어에 대한 저항이지만 근본적으로는 근대의 중앙집권화와 물신화에 대항하여 인간의 진정한 삶을 구하고자 하는 노력에 맞닿아 있다"라고 정의한다. 한데 그러한 방언 사용은 자연히 민속적 상상력을 통해 민중적 공동체의 세계에 대한 꿈으로 자연스럽게 연결된다는 것은 그의 「모닥불」, 「가즈랑집」 등 다른 많은 명품 시들이 증명하고 있다. 백석은 법정 스님으로 하여금 길상사란 절을 짓게 한 기생 자야 여사와 전설적 사랑을 한 시인이기도 하다.

> 물 먹는 소 목덜미에
> 할머니 손이 얹혀졌다.
> 이 하루도
> 함께 지났다고,
> 서로 발잔등이 부었다고,
> 서로 적막하다고,
>
> — 김종삼, 「묵화(墨畵)」

시적 대상을 바라보는 서정적 주체는 반드시 주체의 관점을 통해서 대상을 바라본다. 그 관점은 지극히 주관적이다. 그럼에도 그 주관은 삶의 본질을 날카롭게 가로지르는 주관이자, 어떤 객관적인 언술로도 감당할 수 없는 진실을 향해 비약하는 주관이다. 그 주관은 일체의 과정을 과감하게 생략함으로써 획득된 것이며 순간적으로 지각된 느낌을 명징하게 드러냄으로써 이루어진 것이다(김상욱). 따라서 그 어떤 논증적인 결론에 뒤지지 않는 심정적인 깨우침을 안겨 준다. 물론 독자는 이 당연한 주관성을 엿봄으로써 공감을 느끼거나 부적절함에 대한 반감을 토로함으로써 시적 상상력에 개입한다. 무엇보다 이 내밀하고 주관적인 관점이 우리에게 건네는 공감이야말로 시의 아름다움이 갖는 본질적인 표지인 것이다. 여기에서 이 주관을 가능케 하는 힘을 투사라고 한다. 이 투사는 또 직관력을 절대로 필요로 한다.

「묵화」는 회화적이다. "물 먹는 소의 목덜미에/할머니 손이 얹혀 졌다"라는 1~2행의 간명한 묘사를 통해 누구라도 그 풍경을 확연히 지각할 수 있다. 저물 무렵, 아마도 깡말랐을 할머니 손이 물 먹고 있는 소의 목덜미를 어루만지고 있는 외딴집 울타리 속의 풍경이다. 제목이 묵화인 걸로 보아 어떤 묵화를 보고 썼거나, 거꾸로 풍경과 인사(人事)의 여러 자잘한 가지를 생략해 버리고 고단위의 긴장과 절제의 방법으로 여백과 농담의 미가 충만한 묵화의 세계를 지향하거나 한 것이다. 그런데 이 시는 이런 묘사적 풍경에서 멈추지 않는다. 3행으로 넘어가면서 곧바로 "이 하루도/함께 지냈다고,/서로 발잔등이 부었다고,"라는, 본질로 진입해 가는 시인의 날카로운 주관적 투사가 이어지며, 물 먹는 소 목덜미에 할머니 손이 얹히는 단순하고도 객관적인 풍경이 소와 할머니 사이에 지극한 교감으로 바뀐다.

또 할머니가 소와 함께 발잔등이 붓도록 일해야 하는 적막한 농촌이라는 표면적 풍경이 마지막 행에 "서로 적막하다고,"라는 진술이 이어지면서 단순한 농촌 풍경에 머무르지 않고 생의 근원적 비애나 존재의 고통의 면모를 선명하게 부각시키고 있는 것이다. 사실 인간이란 평생의 노동을 통해 자기 생을 일구다가 마지막엔 적막의 큰 세계 속으로 진입해 가는 존재가 아니겠는가. 이처럼 투사로서의 상상력은 한 존재가 맞닥뜨린 생에 대한 자각과 그에 반응하는 섬세한 존재의 울림을 고스란히 확인케 함으로써 바람 빠진 풍선처럼 놓여 있는 우리의 권태와 환멸의 일상을 새롭게 충전하는 것이다.

"희미한/풍금 소리가/툭툭 끊어지고/있었다//그동안 무엇을 하였느냐는 물음에 대해//다름 아닌 인간을 찾아다니며 물 몇 통 길어다 준 일밖에 없다고//머나먼 광야의 한복판 얕은/하늘 밑으로/영롱한 날빛으로/하여금 따 위에선"(「물통」 전문) 이 시에서도 "다름 아닌 인간을 찾아다니며 물 몇 통을 길어다 준 일밖에 없다고" 하는 주관적 진술이 이 짧은 시를 결코 짧지 않게 느끼게 한다. 여기서 물 몇 통이 의미하는 것은 김종삼의 경우엔 현실의 고통을 정화하려는 의지나, 뚜렷하진 않지만 인간의 내면에 존재하는 역동적이면서 부드러운 영혼을 상징하고, 또 평화와 신성과 순결한 삶의 실현 욕구라고도 한다.

> 내가 그의 이름을 불러 주기 전에는
> 그는 다만
> 하나의 몸짓에 지나지 않았다.
>
> 내가 그의 이름을 불러 주었을 때
> 그는 나에게로 와서
> 꽃이 되었다.
>
> 내가 그의 이름을 불러 준 것처럼
> 나의 이 빛깔과 향기에 알맞은
> 누가 나의 이름을 불러 다오.
> 그에게로 가서 나도
> 그의 꽃이 되고 싶다.
>
> 우리들은 모두
> 무엇이 되고 싶다.
> 너는 나에게 나는 너에게

잊혀지지 않는 하나의 눈짓이 되고 싶다.

— 김춘수, 「꽃」

한국을 대표할 수 있는 시 중에 몇 손가락 안에 꼽히는 시이다. 인구에 회자되는 시이다. 연애시로도 일등을 차지하는 시이다. 교과서에도 실리고 수많은 해설과 평론도 이미 나와 있는 시이다. 이러한 시에 대해서 무슨 말을 할 수 있다는 말인가. 구약성경 「전도서」에는 "헛되고 헛되다, 태양 아래 새로운 것은 없다"라는 뜻의 구절이 있는 줄 안다. 이 말을 근거 삼아 세상에 창조적인 것은 하나도 있을 수 없고, 다만 모든 진리는 어떠한 차이와 그 차이를 위한 말의 배치밖에 없다고 하는 철학 사상이 있다. 그런데도 그 전도서의 껍데기만을 경문(經文) 삼은 일단의 사이비 포스트모더니스트들은, 패러디니 패스티쉬니 하는 말들로 삶과 세상을 희롱하며 하나의 깊은 사유를 완전히 통속화하고 개그화 하고 희화화 한다. "내가 단추를 눌러 주기 전에는/그는 다만/하나의 라디오에 지나지 않았다." 이는 장정일의 「라디오같이 세상을 끄고 켤 수 있다면」이라는 시의 첫 부분이다. 벌써 눈치챘다시피 김춘수의 「꽃」을 패러디한 작품이다. 발표 당시 꽤나 센세이션을 일으켰는데, 문제는 패러디 시라도 패러디 되는 텍스트를 번역하거나 해석하는 수준이 아닌, 텍스트를 전복시키거나 혁명시킬 수 있는 재창조가 이루어질 때 포스트모더니즘 기법은 성공을 담보할 수 있는 것이다. 이 시처럼 단순히 말 바꾸기 정도의 패러디로는 원작에 아무런 충격도 줄 수 없다는 사실을 지금껏 누구도 지적하지 않는다.

하물며, 그렇다면 이 시를 어떻게 해석해야 되는가. 해답은 고전적인 방법밖에 없다. 먼저 1연의 의미는, 꽃이라는 것이 "내가 그의 이름을 불러 주기 전에는" 다만 "하나의 몸짓에 지나지 않았다"는 것이다. '나'라는 주체가 '그'라는 대상을 인식하고 명명(命名)하기 전에는 꽃은 '하나의 몸짓'에 불과한 무의미한 것에 지나지 않는다. 하지만 2연으로 넘어가서, 가령 내가 내 아들이 태어났을 때 이름을 붙여 주니, 내 아이가 비로소 존재로서의 자기동일성을 획득했듯이, "내가 그의 이름을" 꽃이라고 불러 주었을 때 '하나의 몸짓'일 뿐이던 "그는 나에게로 와서" 마침내 '꽃'이 되고야 만다. 부재(不在)와 혼돈 속에 은폐된 그를 명명해 준 그 순간 내게 와서 꽃이 됐다는 것은 언어야말로 존재의 집이라는 하이데거의 말을 명명백백하게 증명해 준다. 성서에 따르면, 신은 '말'로 세상을 창조하셨다. 창세기 1장 3절을 보면 "빛이 있으라 하시매 빛이 있었고"라고 하지 않던가. 그리고 창세기 2장 19절에 보면 "아담이 어떻게 이름 짓나 보시려고 그것들을 그에게로 이끌어 이르시니 아담이 각 생물을 일컫는 바가 곧 그 이름이라"고 하는 데서 보듯, 인간은 본래 '이름 짓는 자'가 아니었던가. 결국 명명의 행위는 좀 더 근원적이고 본질적인 것이다.

어쨌든 그를 꽃이라 불러 주니 3연에 가선, 그 꽃이 "빛깔과 향기"라는 자기 존재의 본질을 드러낸다. 그러하니 그 대상을 꽃이라고 불러 준 주체도 자신의 존재 구현에 대한 갈망이 인다. 그래서 "그에게로 가서 나도/그의 꽃이 되고 싶"으니 누가 와서 "나의 이 빛깔과 향기에 알맞은" 나의 이름을 불러 달라고 청유한다. 그리고 4연을 이 시의 주제 연으로 종합하는데, "우리들은 모두/무엇이 되고" 싶은 것이라고 생각한다. "너는 나에게 나는 너에게/잊혀지지 않는 하나의 눈짓이 되고 싶"을 거라고 생각한다. 여기에서 초고에는 '눈짓'이란 단어가 '의미'였다고 하는데, 하여간 우리 모두는 서로가 서로에게 하나의 의미가 되고 싶어 하는 존재들로, 참다운 관계 설정에 대한 소망은 '나'에서 '우리'로의 확산을 통해서 이루어진다는 결론이다. 결국 존재의 첫 명명과 교감을 꿈꾸는 이 시의 고전성(古典性)은 그렇게 마무리 된다. 문득 나도 나의 사랑에게 첫 명명을 하고 또 호명을 받고 싶다는 생각이 든다.

풀잎은
퍽도 아름다운 이름을 가졌어요.
우리가 '풀잎'이라고 그를 부를 때는
우리들의 입속에서는 푸른 휘파람 소리가 나거든요.

바람이 부는 날의 풀잎들은
왜 저리 몸을 흔들까요.
소나기가 오는 날의 풀잎들은
왜 저리 또 몸을 통통거릴까요.

그러나 풀잎은
퍽도 아름다운 이름을 가졌어요.
우리가 '풀잎', '풀잎' 하고 자꾸 부르면,
우리의 몸과 맘도 어느덧
푸른 풀잎이 돼 버리거든요.

― 박성룡, 「풀잎」

박성룡은 자연주의적 서정시를 썼는데, 참신한 언어와 짜임새 있는 구조로 무장한 그의 서정시는 많은 사랑을 받았다. 조지훈의 극찬과 함께 등단작이 된 「교외」는 "우리 시단을 통틀어 가장 원숙한 시적 음성이라고 할 수 있다"는 김종길의 평가를 받는다.
　"무모(無毛)한 생활에선 이미 잊힌 지 오랜 들꽃이 많다.//더욱이 이렇게 숱한 풀벌레 울어 예는 서녘 벌에/한 알의 원숙한 과물(果物)과도 같은 낙일(落日)을 형벌처럼 등에 하고/홀로 바람 외진 들길을 걸어 보면/이젠 자꾸만 모진 돌 틈에 비벼 피는 풀꽃들의 생각밖엔 없다.//멀리멀리 흘러가는 구름포기/그 구름포기 하나 떠오름이 없다."
　시의 앞부분인데 이 시행들이 보이는 어조와 리듬, 규모나 풍격에 있어 20대 전반에 쓴 시로 보기 어려울 정도로 원숙하고 노련하다. 적절한 한자어, 순수한 우리말의 어투, 유연하면서도 섬세하고 감각적이면서도 명상적인 관조를 거시적으로 할 수 있는 그 풍격 등이 대단하다. 또 한 편의 명품 「처서기(處暑記)」의 일부를 보자.
　"어떤 것은 명주실같이 빛나는 시름을,/어떤 것은 재깍재깍 녹슨 가윗소리로,/어떤 것은 또 엷은 거미줄에라도 걸려/파닥거리는 시늉으로/들리게 마련이지만,/그것들은 벌써 어떤 곳에서는 깊은 우물을 이루기도 하고/속이 시릴 만큼 차가운 개울물 소리를/이루기도 했다.//처서 가까운 이 깊은 밤/나는 아직은 깨어 있다가/저 우레 소리가 산맥을 넘고, 설레이는 벌레 소리가/강으로라도, 바다로라도, 다 흐르고 말면/그 맑은 아침에 비로소 잠이 들겠다."
　역시 김종길은 "여기 보이는 벌레 소리의 묘사는 우리 시뿐만 아니라 세계 시를 통틀어서도 유례를 찾기 어려운 절창이라 할 만하다. 첫 4행에 걸친 치밀하고도 섬세한 은유적 이미지들이 '우물'과 '개울물'의 공감각적 이미지들로 수렴되는 시적 사고는 유창하고도 유연하기 그지없다."고 말하며 박성룡은 적어도 우리 현대시 유산에 몇 편의 명편을 보탠 시인이라고 단정한다.

그 명편 중에 「풀잎」도 해당되리라. 이 시는 참으로 아름다운 작품이다. 읽기 쉽고, 읽을수록 맑고 밝은 음정이 톡톡 튀는 듯한 명랑함이 있다. 우리가 '풀잎'이라고 부르는 순간, 우리들의 입속에서는 이미 푸른 휘파람 소리가 나 버린다. '풀잎' '풀잎' 하고 자꾸 부르면 우리의 몸과 맘도 어느덧 푸른 풀잎이 돼 버린다. 이 얼마나 아름다운 이름인가. 그런 풀잎이 바람 부는 날은 몸을 저리 흔들고, 소나기가 오는 날은 또 저리 몸을 통통거리는 모습이 얼마나 순결한가. '풀잎'이라고 부르면 내 몸과 맘도 어느덧 푸른 풀잎이 돼 버리는 것처럼 누군가의 이름을 부르면 이미 내 마음이 빛으로 가득 차 버릴 수는 없는가.

날이 저문다.
먼 곳에서 빈 뜰이 넘어진다.
무한천공(無限天空) 바람 겹겹이
사람은 혼자 펄럭이고
조금씩 파도치는 거리의 집들
끝까지 남아 있는 햇빛 하나가
어딜까 어딜까 도시를 끌고 간다.

날이 저문다.
날마다 우리나라에
아름다운 여자들은 떨어져 쌓인다.

잠 속에서도 빨리빨리 걸으며

침상 밖으로 흩어지는

모래는 끝없고

한 겹씩 벗겨지는 생사의

저 캄캄한 수세기(數世紀)를 향하여

아무도 자기의 살을 감출 수는 없다.

집이 흐느낀다.

날이 저문다.

바람에 갇혀

일평생이 낙과(落果)처럼 흔들린다.

높은 지붕마다 남몰래

하늘의 넓은 시계 소리를 걸어 놓으며

광야에 쌓이는

아, 아름다운 모래의 여자들

부서지면서 우리는

가장 긴 그림자를 뒤에 남겼다.

— 강은교, 「자전(自轉) 1」

    신경림은 강은교를 가리켜 마력과 주술의 시인 혹은 허무와 신비의 시인이라고 말한다. 강은교가 이런 칭함을 받는 것은 그녀가 여고 시절 그토록 사랑했던 아버지를 잃게 된 것, 그리고 20대의 젊은 나이에 거의 회복 불가능한 뇌수술과 참혹한 제왕절개 수술 등의 외상적 경험을 겪게 된 것과 관계가 있다. 이러한 경험을 통해 일찍이 눈 뜬 인간의 죽음과 운명에 대한 비극적 사유, 그리고 이를 주재하는 잔인한 시간 의식을 독특한 언어로 추구했기에 그녀는 한때 어둠의 형이상학자라고 해도 과언이 아닌 때가 있었다.

그녀의 대표작의 하나인 「자전(自轉) 1」은 그의 시세계를 핵심적으로 보여 주고 있다. 이 시를 영상화한다면 아무래도 재난 장면을 연출해야 할 것 같다. 날이 저물면서 무한천공 가득 바람이 밀려온다. 이에 빈 뜰은 넘어지고, 거리의 집들은 파도치고, 사람은 혼자 펄럭인다. 오로지 끝까지 남은 햇빛 하나가 어딜까 어딜까 도시를 끌고 도망가는데, 도시가 움직인다는 현상 또한 낯설다. 이런 현상은 일단 날이 저물면서 생긴 자전 현상에 의한 것으로 모든 물체의 중력이 사라지며 넘어지고, 펄럭이고, 파도치고, 끌리는 것이다. 여기서 저묾 곧 어둠과 바람의 이미지는 우주적 힘의 상징이다. 둘은 그 힘을 합쳐 사람과 사람의 도시마저도 깃발이나 파도와 같은 독특한 시간의 이미지로 변형시킨다.

그런데 이런 시간 이미지인 어둠과 바람은 인간을 가차 없이 살해한다. 날이 저무는 날마다 우리나라 여자들이 낙과처럼 떨어져 쌓이게 하는 것이다. 이런 인간은 휴식의 잠 속에서도 제대로 머무르지 못하고 시간의 힘에 밀려 빨리빨리 걸어가서 삶의 마지막 공간인 침상으로부터 흩어져 죽음의 모래알이 된다. 인간이란 결국 생사의 우주적 회전, 혹은 생사의 캄캄한 수세기적 시간으로부터 결코 벗어날 수 없다. 마치 에드바르드 뭉크의 「죽음과 소녀」라는, 젊은 여자가 해골과 포옹하고 있는 그림처럼 아름다운 살을 자랑하는 젊은 여자의 몸도 해골을 지나 모래가 되는 데는 결코 예외일 수 없는 것이다.

그러니 이 얼마나 침통한 일인가. 집은 흐느끼고, 날은 하릴없이 저물고, 바람에 갇힌 세상은 모래가 쌓인 광야로 변한다. 일평생이 낙과처럼 무기력하게 바람에 흔들리다가 곧 땅에 떨어져 모래가 될 사람은, 그러나 자기의 일생 곧 자기의 주체적 시간을 높은 지붕마다에 "하늘의 넓은 시계 소리"로 걸어 놓고 보이지 않는 시간의 거대한 힘과 싸워 보기도 하지만 끝내는 모래로 부서져 쌓이고, 쌓이며 그나마 가장 긴 그림자를 뒤에 남기는 것이다. 인간을 죽음으로 이끄는 이 무정하고 잔인한 시간은 결국 우주의 자전의 힘인 것이다.

이런 묵시론적 허무의 비의를 발하고 있는 그의 시세계를 여성주의적 비평의 망으로 불러낸 김혜련은 이 시에서 "버려지는 여자"라는 이미지에 주목한다. 그리하여 3연을 "높은 지붕"이라는 근대 이성의 도시 한복판 마천루 꼭대기에, "하늘의 넓은 시계 소리"라는 어쩌면 무한천공 천상의 초월적 시간을 향한 처절하면서도 강렬한 비원을 걸어 놓고, 싸우다 죽어 가는 아름다운 여자들에 대한 표현이라고 말한다. 하지만 강은교에게 내재한 선험적 허무와 그 캄캄한 심연에 버려지는 여자는 여자이기도 하지만 먼저 인간 일반을 지칭하는 것 같다.

진품의 삶은 그 자체로 시이다

앵미리 굽는 연기가 술집 안에 자욱하다
오징어배를 탔던 사내 장화를 신은 채
목로에 들어와 소주를 마신다
주모는 술손님과 너나들이로 스스럼이 없다

남편도 옛날에 오징어배를 탔다 한다
사내들이 주모에게 소주잔을 건네고
주모가 서슴없이 술잔을 받는다
진눈깨비 몰아치고 날씨가 사납다
술청 안에 욕설이 뒤섞이고
멱살잡이가 벌어진다
자정이 넘어서야 술집 불이 꺼지고
비틀대며 사내들이 선술집을 나선다
동이 트자 환한 해가 술청으로 쏟아진다
어느새 주모가 선창으로 나선다
안줏감을 흥정하는 그녀의 얼굴에
싱싱한 아침 해가 환하게 빛난다

— 김명수, 「선창 술집」

김명수 시인의 시 「하급반 교과서」는 "아니다 아니다!" 하고 읽으니 "아니다 아니다! 따라서 읽는다"는 우리나라 아이들의 책읽기를 통해서 획일적 교육과 정치를 비판한다. 「검차원(檢車員)」은 칠흑같이 어두운 밤 늙은 검차원이 날카로운 망치로 기차 바퀴를 검사하면서, "탱— 하고 차륜을 울려/대륙을 횡단하는 긴 철로로 멀어져" 가는 차가운 금속성의 망치 소리를 "천길 땅속 잠자던 쇠붙이의 원음"으로 번역하여 이를 낡아빠진 수차보(修車譜)에 적다는 것으로, 이는 곧 일상에서 존재의 원음을 인식해 내는 놀라운 시다. 모두 명품들이다.

김명수 시인의 시는 일체 군더더기가 없고 현란한 수사도 없다. 온갖 어지러운 언어들이 새로움이란 탈을 쓰고 난무하는 시대에 그의 긴장과 절제는 참으로 희귀하기까지 하다. 그럼에도 그의 시가 감동을 주는 것은 사물과 대상에 대한 뛰어난 감수성과 직관력을 바탕으로 꿈과 현실을 한꺼번에 보고 있기 때문이다. 삶과 현실에 가까이 있으면서도 거기에 매몰되지 않고 그 너머의 희망을 보거나 그 깊이에서 존재의 원음을 포착해 내는 혜안이 남다르기 때문이다.

「선창 술집」이란 시도 이런 김명수의 시적 특장이 잘 드러나 있는 시다. 이 시는 그야말로 철저하게 묘사적 문장만으로 이루어져 있다. 그리고 어느 구절에서도 단 하나의 비유나 수사를 찾아볼 수 없다. 그럼에도 이 시가 활기에 넘치는 것은 무엇 때문일까. 사실 '선창 술집'은 뱃사내들이 들어와 술을 마시고, 주모와 스스럼없이 농지거리를 하고, 때론 육두문자와 멱살잡이로 난장이 나는 철저한 현실 공간이다. 이런 공간을 알량한 무슨 비유나 수사로 색칠해 댈 것인가. 차라리 앵미리 굽는 연기와 거쿨진 사내들과 이들의 술잔을 서슴없이 받아내는 통 큰 주모와 사납게 쳐 대는 진눈깨비와 욕설과 멱살잡이의 현장에 시적 카메라를 들이대기만 해도 이는 벌써 활력과 생동감이 넘치게 되어 있다. 여기에서 모든 말은 감상일 수밖에 없다.

특히 이 시에선 주모가 너무도 활력이 있고 생동감 있게 표현된다. 오징어배를 탄 남편을 잃고 선술집을 차린 뒤 사내들이 건네는 술잔을 서슴없이 받고, 자정 넘도록 온갖 난장을 겪고도 동이 트자마자 선창에 나가 안줏감을 흥정하고, 그런 그녀의 얼굴이 구김살 하나 없이 싱싱한 아침 해로 빛나는 모습. 이는 김명수가 삶과 현실에 밀착해 있으면서도 거기에 매몰되지 않고 그 너머나 그 깊이 속에 있는 꿈과 존재의 아름다움에 대한 남다른 천착을 하고 있기에 가능한 인물창조다. 어쨌거나 주문진이나 묵호 어달리나 아니면 울진 바닷가의 술집에서 굽는 앵미리 연기가 이 도회까지 자욱하다. 나는 거기 가서 주모의 기둥서방이나 되었으면 좋겠으나, 바다 하면 무슨 항구니 그리움이니 동경이니 하는 것만 생각하는 터에 자칫 귀싸대기나 얻어맞을 것 같아 꿈을 접는다.

새벽 시내버스는
차창에 웬 찬란한 치장을 하고 달린다.
엄동 혹한일수록
선연히 피는 성에꽃
어제 이 버스를 탔던
처녀 총각 아이 어른
미용사 외판원 파출부 실업자의
입김과 숨결이
간밤에 은밀히 만나 피워 낸
번뜩이는 기막힌 아름다움
나는 무슨 전람회에 온 듯
자리를 옮겨 다니며 보고
다시 꽃 이파리 하나, 섬세하고도
차가운 아름다움에 취한다.
어느 누구의 막막한 한숨이던가
어떤 더운 가슴이 토해 낸 정열의 숨결이던가
일없이 정성스레 입김으로 손가락으로
성에꽃 한 잎 지우고
이마를 대고 본다.

덜컹거리는 창에 어리는 푸석한 얼굴

오랫동안 함께 길을 걸었으나

지금은 면회마저 금지된 친구여.

— 최두석, 「성에꽃」

    성에꽃은 곽재구의 「사평역에서」란 시에서 막차를 기다리는 간이역 대합실의 유리창에 눈 시리게 핀 "흰보라 수수꽃"이란 이름으로 앞서 등장한다. 한데 이 수수꽃은 막차를 기다리는 고단한 사람들의 이야기에 배경으로 등장하지만, 최두석의 성에꽃은 성에꽃 자체가 관찰 대상이 되어 버린다. 새벽 시내버스에 "찬란한 치장"처럼 핀 성에꽃은 어제 이 버스를 탔던 장삼이사 필부필부들의 "입김과 숨결"이 간밤에 은밀히 만나 피워 낸 꽃이다. 물론 이 꽃 속엔 그 버스를 타고 출근하는 시인 자신의 숨결도 섞였을 것이다. "막막한 한숨"과 "정열의 숨결"로 비유되는 민중들의 마음속 구구절절 사연들이 피워 낸 꽃이기에 시인은 그걸 "번뜩이는 기막힌 아름다움"이라고 명명하며, 마치 무슨 전람회에 온 듯 그 꽃에 취해 버린다. 이는 시인의 정서가 동시대를 함께 살아가는 서민들의 삶에 대한 애정으로 넘쳐 있음을 보여 주는 것이다. 한데 시는 여기에서 멈추지 않는다. 마지막에는 성에꽃 한 잎을 정성스레 입김으로 지우며 "오랫동안 함께 걸어왔으나" "지금은 면회마저 금지된" 감옥에 갇힌 친구를 그리워한다. 물론 구속된 친구는 성에꽃으로 상징된 1980년대 민중 민족에 대한 실천의 길을 가다 그리 되었을 것이다. 시인 자신도 그 친구를 떠올리며 민중적 실천의 삶을 살고자 마음속으로 다짐했음직한 시이다. 한데 내가 이 시를 읽으며 항상 불편한 게 있는데 이는 "무슨 전람회에 온

듯" 자리까지 옮겨 다니며 성에꽃을 본다는 표현이다. 물론 시 전개상 어쩔 수 없는 표현이었겠지만 자칫하면 민중과 지식인인 시인의 어찌할 수 없는 '보여짐'과 '봄'의 괴리 관계 때문이 아닌가 하는 안타까움이었다. 하지만 꽃 이파리 하나라도 섬세하게 바라보는 시인의 마음은 "처녀 총각 아이 어른/미용사 외판원 파출부 실업자" 등 민중 개개인의 사연조차 헤아리고자 하는 것에 대한 비유일진대, 나의 '안타까움'이 시인의 이런 지극한 마음으로 상쇄되고도 남는다.

    어미를 따라 잡힌
    어린 게 한 마리

    큰 게들이 새끼줄에 묶여
    거품을 뿜으며 헛발질할 때
    게장수의 구럭을 빠져나와
    옆으로 옆으로 아스팔트를 기어간다
    개펄에서 숨바꼭질하던 시절
    바다의 자유는 어디 있을까
    눈을 세워 사방을 두리번거리다
    달려오는 군용 트럭에 깔려
    길바닥에 터져 죽는다

    먼지 속에 썩어 가는 어린 게의 시체
    아무도 보지 않는 찬란한 빛

            - 김광규, 「어린 게의 죽음」

흔히 김광규의 시를 '일상시'라고 한다. 여기서 일상이란 사회현실과 그 속에서 살아가는 생활을 아우르는 것인데, 그의 시는 바로 현실의 구조적인 모순과 폭력에 대한 비판과 그 속에서 살아가는 소시민의 우수와 의식을 평이하고 담담하게 표현한다. 한데 그의 시를 읽다 보면 형태적으로는 산문성, 내용적으로는 상식성에 기초하는데도 모든 시에서 "아니다 그렇지 않다"라는 도저한 부정정신이 짙게 깔리며 당대의 개인적 집단적 삶에 대한 지적성찰을 집요하게 수행하고 있음을 알게 된다.

부연하지만 그의 시적언어는 우선 숨기는 것이 없다. 어찌 보면 일상적 감각의 직접적 실현을 목표로 하는 것 같기도 하다. 언어의 일상성을 그대로 인정하기에 왜곡된 의미와 거친 호흡이 담긴 말들을 그대로 시 속에 활용한다. 하지만 그의 시 언어의 산문성과 상식성이 놀라운 시적 긴장과 빛나는 지혜로 승화되는 것은 일상어의 의미의 껍질과 소리의 본질을 동시에 파악하는 데서 기인한다. 담담함과 평이함 이면에 깔린 이런 지적 성찰과 아이러니의 정신은, 그의 시를 읽어 가는 데 있어 처음엔 이것도 시일까 싶을 정도로 쉽게 읽히지만 마지막 행을 읽는 순간 망치로 뒷머리를 둔중하게 얻어맞는 듯한 충격과 함께 큰 깨달음을 얻게 하는 것이다.

「어린 게의 죽음」도 형태상으로 일단 담담하고 평이한 언술을 하고 있다. 그리고 새끼줄에 묶인 게를 억압적 제도에 묶인 인간의 비유로 볼 수 있으니, 의미상으로도 사회모순에 대한 아이러니를 즐겨 하는 김광규의 특징이 잘 드러나 있는 시다. 어느 날 시인은 길을 가다가 게장수의 구럭을 빠져 나와 옆으로 옆으로 아스팔트를 기어가는 게 한 마리를 만난다. 한데 그 게는 어미를 따라 잡힌 어린 게였다.

큰 게들은 지금 새끼줄에 묶인 채 거품을 뿜으며 바둥거리지만 모두 헛발질을 할 뿐이다. 다행히 어린 게만 구럭을 탈출하여 얼마 전까지만 해도 숨바꼭질하고 놀았던 개펄과 바다의 자유를 찾아간다. 그것도 눈을 안테나처럼 세우고 사방을 두리번거리며 나아가는데, 그만 달려오는 군용 트럭에 깔려 길바닥에 터져 죽어 버린다. 참으로 가슴이 콱 막히도록 비극적이다.

그래서 "먼지 속에 썩어 가는 어린 게의 시체"라는 행은 아무리 발버둥 쳐 보아야 일탈을 허용하지 않는 제도적 폭력 앞에서의 삶의 비관적 전망으로 해석할 수 있다. 그나마 일탈을 감행한 것은 어른들이 아니라 젊은이였다는 데서 조금의 위안을 얻는다. 김광규의 시는 대개 이쯤에서 끝난다. 지적성찰을 했으면 됐지 무슨 민중시주의자들처럼 쉽사리 전망이나 희망을 제시하지 않는다. 하지만 이 시는 한 걸음 더 나아간다. 그렇게 썩어 가는 어린 게의 시체에서 "아무도 보지 않는 찬란한 빛"을 보고야 마는 것이다. 일상적 자아의 죽음을 통해서 제도적 삶으로부터의 초월을 이루는 이 강렬한 이미지는 말 그대로 찬란하게 빛난다.

그런데 얻어들은 얘기라 확실하지 않지만 이 시는 김광규 시인이 오월 민중항쟁 뒤에 광주를 다녀간 뒤 쓴 시라고 한다. 그렇다면 "아무도 보지 않는 찬란한 빛"은 역사성까지 획득하며 더욱더 찬란한 빛이 된다. 수십 년 독재를 깨고 이제 막 민주주의를 알기 시작했다는 의미에서의 '어린', 그런 시민들의 죽음을 통해서 역사와 내일의 찬란한 빛을 보는 시인의 눈은 참으로 예감에 가득 차 있다. 시인의 예감대로 지금 이 땅에서 민주주의의 빛은 찬란하게 빛나고 있다. 김광규는 시를 쉽게 씀으로써 시의 대중화에 큰 공헌을 한 시인이기도 하다.

일찍이 나는 아무것도 아니었다

마른 빵에 핀 곰팡이

벽에다 누고 또 눈 지린 오줌 자국

아직도 구더기에 뒤덮인 천 년 전에 죽은 시체.

아무 부모도 나를 키워 주지 않았다.

쥐구멍에서 잠들고 벼룩의 간을 내먹고

아무 데서나 하염없이 죽어 가면서

일찍이 나는 아무것도 아니었다

떨어지는 유성처럼 우리가

잠시 스쳐 갈 때 그러므로,

나를 안다고 말하지 말라.

나는너를모른다 나는너를모른다.

너당신그대, 행복

너, 당신, 그대, 사랑

내가 살아 있다는 것,

그것은 영원한 루머에 지나지 않는다.

— 최승자, 「일찍이 나는」

    김승희가 한국 여성 시사에서 '여성 자서전'적 인식의 창세기가 될 만한 작품으로 보는 최승자의 「일찍이 나는」이란 시는 "아버지의 이름으로 형성된 가부장적 사회 안에서 여성은 어쩔 수 없는 변방이며 비

천한 존재이며 무(無)이며 '더럽고 부적절한' 존재이며 메스꺼운 것들의 총체라는 것을 잘 보여 준다." 그러나 3연에서 '나를 안다고 말하지 말라'며, 뭉뚱그린 "너당신그대, 행복"에게나 개별적인 "너, 당신, 그대, 사랑"에게 "나는너를모른다 나는너를모른다"라고 숨도 쉬지 않고 거듭 외치는 것은, 지금까지 누군가에게 호명되어서만 존재하는 여성적 타자로부터 여성주의적 주체로의 전환을 선포한 것이기도 하다.

직업이나 신분을 나타낼 때 그가 여성인 경우엔 여의사, 여교사, 여변호사, 여류시인, 심지어 거지조차도 여자 거지라고 해야만 되는 현실, 역사 자체가 'herstory'는 결코 될 수 없고 'history'로만 되는 현실이 동서를 막론하고 여전히 지속된다. 이 시를 페미니즘적 시각과는 달리 개별화된 인간의 사랑의 소외감을 표현했다고 보기도 하지만 "일찍이 나는 아무것도 아니었다"며 "내가 살아 있다는 것,/ 그것은 영원한 루머에 지나지 않는다"고 하는 통렬한 자학적 진술은, 그렇게 나라는 존재가 영원한 루머에 지나지 않을지라도 나는 이제 '너당신그대'에게 정말 '아무것'도 아닌 '진정한 나'이고 싶다는 피맺힌 절규인 셈이다. 물론 여기에서 '너, 당신, 그대'는 당연히 가부장적 남성일 수밖에 없다.

버지니아 울프가 1929년에 발간한 『자기만의 방』은 유럽의 페니미즘 문학비평의 효시로 여겨진다. 오랜 역사를 통하여 여자가 여자이기 때문에 당해 온 편견과 불이익에 대하여 논한 이 책에서 그녀는 '자기만의 방과 1년에 500파운드의 수입만 있다면' 남자 못지않게 문학창작을 할 수 있으며, 미래에는 여성과 남성의 차별보다는 그 둘을 아우르는 '양성(androgyny)'이 진정한 창작을 가능케 할 것이라고 했다. 그녀는 줄거리가 아니라 주인공의 생각 및 의식의 흐름 등 주관적 체험을 표현한 소설로 유명해져 자기의 꿈을 이루었지만, 열다섯 살 때의 나이 많은 의붓오빠가 '강요했던 일'에 깊은 상처를 입어 뒷날 여자 친구의 품에서만 성의 기쁨을 배웠다. 그러나 나중엔 심각한 우울증으로 시골집 강물에 몸을 던진다.

밀턴의 『실낙원』의 주요 인물들은 신, 아들, 사탄, 아담, 천사들까지 모두 남성이며 여성은 사탄의 머리에서 나온 죄와 아담의 갈비뼈로 만든 이브뿐이다. 이것은 여성이 모두 남성에게 파생된 존재임을 암시하는 것으로 이렇게 생긴 사회는 전적으로 가부장적인 구조다. 데리다는 플라톤 이래의 모든 철학사상은 남근 중심주의(phallocentrism) 즉 남성우월주의라고 비판했다. 다시 말해 로고스 중심주의가 탄생시킨 진리, 권위, 신, 선, 자본, 자아 등 전통적인 통합적 단일개념들은 모두 남근 중심주의 또는 가부장 의식의 산물로 본다. 그의 해체론이 이를 분석 비판하는 것은 너무도 당연하다. 영국 시인 테드 휴즈와 결혼했다가 31세에 신경쇠약으로 자살한 실비아 플라스가 그녀의 시 「아빠」에서 "아빠, 아빠, 이 개자식, 이젠 끝났어"라고 외친 것도 파시스트적인 권력의 대명사이자 자신을 지배하고 조종하는 폭력적 가부장 사회에 대한 피 토하는 저항이었던 것이다.

한데 이런 저항과 달리 여성적 실존 차원에서 '핏빛 엘레지'를 부르는 시인도 있다.

> 텅 빈 내부의
> 저 기타는 오랫동안 울었다, 아니다
> 울지 않는다 나는
> 손가락을 퉁길 때마다 파닥거리던

쾌감의 운율조차 까마득히 잊어 가며

간신히 벽에 기대어 있는 거다

오래된 집

오래된 옷

오래된 가구

그 오랜 것들의 들숨이 이루어 낸 소리를 밀고

적막이 나를 두드린다

때로, 저것들 마주하지 못하고 물구나무 서 보면

잊었던 상처가 화끈 살아나

절망의 공동(空洞)을 퉁기게도 하지

이태 전, 자궁암을 앓을 때 빠져 나온

발아하지 못한 씨앗의 동공,

그는 사내아이였을까

뭉크의 절규 속을 저벅저벅 걷다가

들이댄 메스에 섬뜩 놀란… 이후로

줄이 끊긴 나의 기타는 다시 울린 적이 없다

다만 빈 거푸집의 저 기타,

수북이 쌓인 먼지라도 털어 줄까

완강하게 버티던 침묵을 베어 내고

텅 비워 버린 내부가 소리를 부른다

저 혼자 끓어올라 마악 터지기 직전의

핏빛 엘레지,

서쪽 창으로 붉새가 방 안을 넘본다

— 고영서, 「기타 치는 여자(女子)」

고영서의 시들은 기본적으로 민중시의 전통을 이어 받고 있다. 시 편편에서 드러나는 민중들의 삶에 대한 애정과 신뢰, 역사적 진실에 눈감을 수 없는 시적인식은 그의 장래 시적 도정의 토대가 될 것이다. 한데 놀랍게도 그의 시가 성공을 거두는 경우는 바로 그 민중적 세계관에서 벗어날 때다. 석양의 지평선을 향해 한번 '음머' 하고 울음소리를 터트리고 싶지만 함부로 "방목할 수 없는 그리움"으로 목만 길어진 기린 이야기인 「기린 울음」의 타는 속울음, "십 리 밖에서도 사람의 걸음을 멎게 하는" 공명은 자기 일생을 걸어야만 가능하다는 징쟁이 노래인 「공명(共鳴)」의 돌올한 꿈, 그리고 야간 산행 중 "달과 통정한들 죄가 되랴"고 새삼스럽게 깨우쳐 버린 「달빛 밟기」의 우주적 교감 등은 그의 시의 민중적 전통을 넘어선 천부적 체질이다.

특히 자궁암으로 아이를 지워야 했던 여자를 통의 내부가 텅 빈 기타에 비유하며 "텅 비워 버린 내부"가 "핏빛 엘레지"를 부른다고 하는 「기타 치는 여자」의 치열한 절망은 마음을 숙연하게 한다. 여자의 생명은 자궁이다. 그 자궁이 생명을 잉태하기 때문이다. 한데 자궁암으로 아이를 지울 수밖에 없었고, 이제 그 자궁은 다시 생명을 잉태하지 못하게 된 여인의 심정은 어떠할까. 오랫동안 울어야 했을까. 아니 이제 눈물도 메말라서 울지 않는다. 내부가 텅 비어 버린 기타 통은 오로지 기타 줄에 의하여 울릴 수밖에 없는 운명처럼, 자궁을 들어내 버린 여자의 텅 빈 내부는 시간의 마디마디마다에서 퉁겨 나는 울음으로 가득할 것이다. 이를 악물고 완강하게 버텨 내던 침묵을 베어 내고 텅 빈 내부가 소리를 부른다면, 그것은 아마도 핏빛 엘레지가 아니고 무엇이랴. 이 핏빛 비가는 실존의 밑바닥에서 끓어오르는 붉은 고독과 절망의 흐느낌일 수밖에 없을 것이다.

이렇게 절망과 고독의 핏빛 몸부림에도 삶은 엄연하게 진행된다.

달리는 고속버스 차창으로
곁에 함께 달리는 화물차
뒤 칸에 실린 돼지들을 본다
서울 가는 길이 도축장 가는 길일 텐데
달리면서도 기를 쓰고 흘레하려는 놈을 본다

화물차는 이내 뒤처지고
한 치 앞도 안 보이는 저 사랑이
아름다울 수 있을까 생각한다
아름답다면
마지막이라서 아름다울 것인가

문득 유태인들을 무수히 학살한
어느 독일 여자 수용소장이
종전이 된 후 사형을 며칠 앞두고
자신의 몸에서 터져 나오는 생리를 보며
생의 엄연함을 몸서리치게 느꼈다는 수기가 떠올랐다

생은 아름다울지라도
끊임없이 피 흘리는 꽃일 거라고 생각했다.

— 윤재철, 「생은 아름다울지라도」

달리는 고속버스 차창으론 내다보니 곁에 함께 달리는 화물차에서 멋쩍은 광경이 벌어진다. 화물차 뒤 칸에 실린 돼지들이 달리면서도 기를 쓰고 흘레를 붙으려고 하는 모습이다. 아마 서울 가는 길이 도축장으로 가는 길일 텐데 그것도 모르고 돼지들은 본능적 행위에 몰두하고 있는 것이다. 죽음을 앞두고도 삶의 영속성을 위한 본능적 움직임은 멈추지 않는다는 것인가. 물론 그 돼지들이 자신들의 죽음을 예감하고 있는 것은 아니고, 그걸 예감하는 것은 돼지보다는 더 전지전능한 시인이다.

그리고 돼지의 한 치 앞도 못 보는 그 행위가 사랑이라고 이름 하는 것도 시인이다. 한데 시인은 그런 죽음을 앞둔 사랑 행위가 과연 아름다울 수 있을까 하고 생각한다. 만약 아름답다면 그것이 마지막이라서 아름다울 것인가 하고 또 의문한다. 죽음의 길을 달리면서도 흘레를 붙으려는 돼지들을 최두석은 자본주의 사회 속의 '맹목적 욕망'의 상징으로 읽으려 하지만, 시인은 그렇게 단순한 독법을 인정하지 않는 듯하다.

왜냐하면 곧바로 이어지는, 어느 독일 여자 수용소장의 이야기 때문이다. 그 여자는 유태인들을 무수히 학살했고, 그 죄과로 종전이 된 후 사형을 며칠 앞두고 있었던 것인데, 그런 와중에서도 자신의 몸에서 터져 나오는 생리를 보며 생의 엄연함을 느꼈다는 것이다. 그러고 보면 돼지들의 본능이나 여자 수용소장의 본능은 모두 생의 엄연함의 다른 이름이다. 그 본능은 인류 이래 면면한 종족 유지 욕망일 수도 있기에 더 엄연한 것이다.

그런데 그 본능은 말로는 다 표현할 수 없는 어떤 '처절한 아름다움'을 동반한다. 사형을 며칠 앞둔 여자의 몸에서 터져 나오는 생리는 얼마나 처절한 것이겠는가! 사형을 며칠 앞둔 여자가 몸서리치게 느꼈던 생의 엄연함은 또 얼마나 처절한 것이겠는가! 하지만 그런 생의 엄연함을 몸서리치게 느낌으로 인하여 생은 참으로 아름다운 것일 수 있다. 물론 그 생은 아름다울지라도 끊임없이 피 흘리는 꽃과 같은 것으로서의 아름다움이다.

  이는 고진하 시인이 「흰줄 표범나비, 죽음을 받아들이는 힘으로」라는 시에서 거미줄에 걸려 죽은 나비가 그 죽음을 받아들이는 힘으로 거미줄 쳐진 나무기둥에 깨알같이 잔뜩 슬어 놓은 노란 알들을 보는 것과 맥이 닿고, 교수형에 처해진 사형수가 마지막에 사정을 하고 숨이 끊어진다는 것과 통하는 아름다움이다. 다시 말해 "끊임없이 피 흘리는 꽃"은 "죽음을 받아들이는 힘으로 탄생한 나비알들"과 동의어인 것이다. 어쨌든, 누가 뭐라 하든, 어떤 상황이든 그런 생의 처절한 본능으로 엄연하고 아름다운 인류 역사가 이어져 온 것 아니겠는가. 그리고 삶에 대한 모든 논란은 그 다음의 사항이 아니겠는가.

      저 만월, 만개한 침묵이다.
      소리가 나지 않는 먼 어머니,
      그리고 아무런 내용도 적혀 있지 않지만
      고금의 베스트셀러 아닐까.
      덩어리째 유정한 말씀이다.
      만면 환하게 젖어 통하는 달,
      북이어서 그 변두리가 한없이 번지는데
      괴로워하라, 비수 댄 듯
      암흑의 밑이 투둑, 타개져

천천히 붉게 머리 내밀 때까지

억눌러라, 오래 걸려 낳아 놓은

대답이 두둥실 만월이다.

— 문인수, 「달북」

　"문인수의 시가 우리에게 보여 주는 것은 서정 본연의 모습이다. 문인수의 시선은 풍경과 마음이 상호 교섭하는 순간을 주시한다. 이 때 그가 포착하는 것은 생의 깊이와 밀도인데, 문인수 시의 서정은 이 생의 깊이와 밀도를 끌어안으며 침묵 속으로 가라앉힐 때 생겨난다. 기나긴 시간의 흐름 속에 누적된 고통과 방황은 이 서정의 깊이와 밀도, 그리고 침묵의 심연 속에서 인고의 정신과 서로 버팅기며 팽팽한 긴장을 형성하고 있다."(오형엽) 서정시가 자아와 세계의 동일성을 추구하는 것이 그 원래 모습일진대, 순간과 압축성, 혹은 직관력 속에 생의 그 깊이와 밀도를 더할 때만이 시적 생명력을 확보할 수 있다는 점을 그는 잘 알고 있다.

　"동강 높이 새 한 마리 떴다.//저, 마음에 뚫린 구멍 꼭 그만하다.//산의 뿌리가 다 만져진다.//단 일획 깊이 여러 굽이 새파랗게/일자무식의 백 리 긴 편지 쓴다"(「동강의 높은 새」) 겨울날 쨍 푸른 날 동강의 하늘 위로 그림처럼 새 한 마리 떴다. 마치 동양화의 큰 화폭에 찍은 점 하나 같은 묘사의 문장이 너무 선연하다. 그런데 그것이 꼭 시적 자아의 마음에 뚫린 구멍만 하다. 새의 존재를 마음의 구멍과 겹쳐 놓은 것은 풍경에 투영된 자아의 적막을 사진처럼 찰나적으로 인화하는 것이다. 거기까지는 하늘이고, 다음은 땅의 풍경이다. "산의 뿌리가 다 만져진다"는 것은 동강의 깊이 때문일 것이고, "단

일획 깊이 여러 굽이 새파랗게/일자무식의 백 리 긴 편지를 쓴다"는 것은 강의 길이를 가리키는 것일 게다. 그런데 "일자무식"과 "긴 편지를 쓴다"는 서로 모순어법인데도 이 시에서 굉장한 매력을 풍기는 것은 유식과 박식에 물들어 있는 언어의 질곡과 가식과 포즈로부터 살아 있는 생 그대로를 드러내는 게 동강의 모습이라는 걸 말하기 때문이다. 이렇게 짧은 시에서도 그 서정의 깊이와 밀도가 그토록 팽팽한 긴장의 모습을 취하고 있다.

"지리산 앉고/섬진강은 참 긴 소리다./저녁노을 시뻘건 것 물에 씻고 나서/저 달, 소리북 하나도 중천 높이 걸린다./산이 무겁게, 발원의 사내가 다시 어둑어둑/고쳐 눌러앉는다./이 미친 향기의 북채는 어디 숨어 춤추나/매화 폭발 자욱한 그 아래를 봐라/뚝, 뚝, 뚝 듣는 동백의 대가리들./선혈의 천둥/난타가 지나간다."(「채와 북 사이, 동백 진다」) 이 시는 강가에서 북을 치며 판소리 가락을 내뽑는 사람의 모습을 일단 표현한 것이다. 그 소리꾼은 지리산으로, 북은 중천의 보름달로, 터져 나오는 노래는 섬진강 긴 자락으로, 그 노래의 한은 시뻘건 저녁놀로, 북채는 폭발하는 매화 향기로, 그리고 선혈의 난타는 뚝뚝뚝 듣는 동백의 대가리로 상상을 한 시로 가히 우주적이다. 상상력의 전범을 보여 준 시다.

「달북」은 만월을, 침묵하지만 유정한 말씀이신 어머니에 비유했다가 다시 "북이어서 그 변두리가 한없이 번지는데"라고 말하며 어머니를 북으로 치환하고 있다. 아무런 내용도 적혀 있지 않지만 고금의 베스트셀러인 어머니의 그 말씀은 사실 만면이 환하게 젖어 통하게 하고 변두리까지 환하게 번지게 하는 북인 것이다. 이 어머니의 말씀의 북과 같은 인간을 이루려면 암흑을 깨야 하고, 또 억누르면 억누른 채로 인고하며 오래 걸려야만 되는 것이다. 소품 같지만 시적 완결성이 높은 작품이다. 이 외에도 문인수에겐 「쉬」와 「주산지」 같은 좋은 작품들이 있다.

삶의 머리채를 잡은 시들

  1970년대 편물점 단칸방에 누나들이 무릎 맞대고 밤새 가랑가
랑 연애 얘기하는 것처럼
  비가 오시네

  나 혼자 잠든 척하면서 그 누나들의
  치맛자락이 방바닥을 쓰는 소리까지 다 듣던 귀로, 나는
  빗소리를 듣네

  빗소리는
  마당이 빗방울을 깨물어 먹는
  소리

  맛있게, 맛있게 양푼 밥을 누나들은 같이 비볐네
  그때 분주히 숟가락이 그릇을 긁던 소리
  빗소리

  삶은 때로 머리채를 휘어 잡히기도 하였으나

술상 두드리며 노래 부르는 시간보다
목 빼고 빗줄기처럼 우는 날이 많았으나

빗소리 듣는 동안
연못물은 젖이 불어
이 세상 들녘을 다 먹이고도 남았다네
미루나무 같은 내 장딴지에도 그냥, 살이 올랐다네

— 안도현, 「빗소리 듣는 동안」

　안도현 시의 많은 장점 중의 하나는 사물의 내부를 독특한 시선으로 응시하는 데 있어 구사하는 그 기발한 착상과 해학적인 유머이다. 도대체 누가 어디에서 이런 즐거움을 가져다주는가. 직관력의 수일함이라고도 말할 수 있는 이걸 누군 치밀한 시적 운산(運算)이라고도 말하고 자칫 가벼워질 수 있는 재기 발랄함이라고도 하지만 내가 보기엔 천연덕스러움이다. 삿됨이라곤 전혀 없이 천연한 이런 태도는 각기 시편의 시적 내용에 찰떡처럼 딱 부합되기 때문에 일부 오해를 하는 모양이지만, 설사 시의 제작 능력이 뛰어나다고 해서 그것이 억지가 아니고 자연스러움을 동반함에 있어서야 무슨 비판을 할 수 있겠는가.
　「빗소리 듣는 동안」이라는 시도 시인의 그 천연덕스러움은 여지없이 드러난다. 지난 봄 여름에 걸친 그 혹독한 가뭄 끝에 내린 비를 생각해 보라. 너무도 고맙고 감지덕지한 이 비에 대한 상상력을 과거로 가져간 것은 유감이라 할 수 있지만 그러나 현실적인 핍진한 언어만이 그 비의 고마움을 다 말할 수 있는 것은 아니지 않는가. 문제는 그 상상력의 독특함이겠는데 안도현은 참으로 기발한 착상을 통해 그 빗소리를 "1970년대 편물점 단칸방에 누나들이 무릎 맞대고 밤새 가랑가랑 연애 얘기하는 소리"로 듣고 또 그 누나들이 맛있게, 맛있게 양푼밥을 비벼 "분주히 숟가락이 그릇을 긁던 소리"로까지 발전시킨다.

그리고는 공개적인 연애가 금지되던 시절 때문에 그런 연애사건으로 인해 머리채를 휘어 잡히기도 하고 목 빼고 빗줄기처럼 울기도 한 누나들의 경험, 그것을 우리의 보편적 인생론으로 끌어올리는 것을 보아라. "술상 두드리며 노래 부르는 시간보다" 고통과 설움의 세월을 더 많이 견딘 사람은 그 누나들만이 아닌 그때 그 시절의 우리 모두의 자화상이다. 어쨌든 그 누나들은 결국 비에 불은 연못물처럼 자신들의 불은 젖으로도 세상 들녘을 다 먹이고, 그때 '혼자 잠든 척 하던 나' 또한 그런 '넓은 의미에서의 어머니들의 젖'으로 이 땅을 꿋꿋이 딛고 있는 게 아니겠는가.

안도현은 자신의 출세작인 "연탄재 함부로 차지 마라"로 시작되는 「너에게 묻는다」 이후 삶의 소박한 풍경들에 대한 소담스러운 언어미학을 구축해 온 시인이다. 물론 그 풍경들은 생명의 원리에 대한 통찰과 자연에 대한 미적 인식, 농촌의 삶과 토속적인 세계에 대한 애정에 극진한 경우도 있지만, 근본적으로는 사람이 사람답게 사는 세상에 대한 뜨거운 관심 곧 낭만적 휴머니즘을 통해 새로운 나라를 세우려는 야무진 시인이다.

누나 하고 부르면
내 가슴속에
붉은 풍금새 한 마리
흐트러진 머리를 쓸어 올린다

풍금 뚜껑을 열자

건반이 하나도 없다

칠흑의 나무 궤짝에

나물 뜯던 부엌칼과

생솔 아궁이와 동화전자 주식회사

야근부에 찍던 목도장,

그 붉은 눈알이 떠 있다

언 걸레를 비틀던

굽은 손가락이

무너진 건반으로 쌓여 있다

누나 하고 부르면

내 가슴속, 사방공사를 마친 겨울산에서

붉은 새 한 마리

풍금을 이고 내려온다

― 이정록, 「붉은 풍금새」

    누나! 하고 부르면 금방이라도 풍금소리를 낼 것 같은 누나에 대한 시이다. 아마 누나는 풍금을 잘 쳤던 모양이다. 그러기에 누나 하고 부르면 내 가슴속에 그 풍금이 붉은 풍금새가 되어 내려온다. 아니 마지막 행대로라면 붉은 새 한 마리가 풍금을 이고 내려온다. 한데 누나를 생각하면 어떤 슬픔 같은 것이 마음을 저며 온다. 그 풍금 뚜껑을 열자 아뿔사! 건반은 하나도 없고 그 칠흑의 나무 궤짝에 어리던 날 나물을 뜯던 부엌칼과 연기 꾸역꾸역 내며 생솔가지를 태우던 아궁이가 들어 있다. 그리고 누나는 커서 '공순이'가 되어 동화전자

주식회사를 다닌 모양인데 그 야근부에 찍던 목도장이 졸음을 이기느라 충혈 된 붉은 눈알처럼 되어 떠 있고, 더 아득한 것은 그때 흔히 난방도 제대로 못한 자취방 생활을 하느라 언 걸레를 곧잘 비틀곤 했던 그 굽은 손가락들이 무너진 건반으로 거기에 쌓여 있다는 것이다. 그럼에도 누나 하고 부르면 내 가슴은 사방공사를 마친 겨울산처럼 단정하고 엄정해져 붉은 새 한 마리가 풍금을 이고 내려오는 것이다.

   버드나무껍질에 세 들고 싶고 제비꽃 여인숙을 차려 특실 한 칸을 영구 분양해 주고 싶다던 이 시인의 상상력은 참으로 기발하면서도 아름답다. 어떻게 누나의 힘든 생의 기억을 풍금새에 의탁하여 이렇게 눈물겹게 노래할 수 있다는 말인가. 그 상상력 까닭에 이 시는 자칫하면 내용의 무게에 짓눌릴 것을 미학적으로 승화시키는 데 성공하고 있는 것이다.

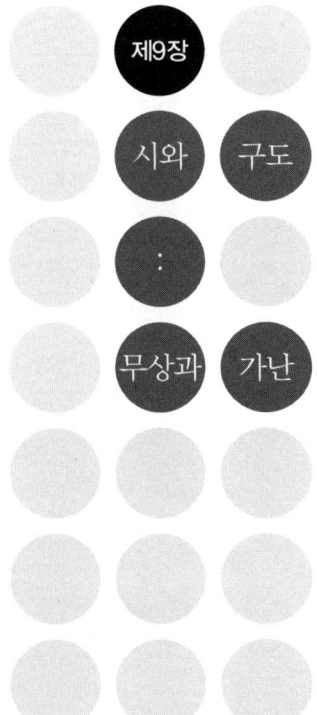

제9장 시와 구도 : 무상과 가난

시와 구도는 서로 어울리지 않는 것 같다. 시는 감성의 언어가 먼저이고 구도는 그런 감성의 언어 밖에서 직지인심(直指人心)의 세계를 지향하기 때문이다. 하지만 시에서의 직관과 상상력은 자유자재한 이미지를 방편 삼아 삶의 진실과 의미를 찾거나 혹은 이미지의 유희를 통해 삶에 나비 날개를 달기도 한다. 선적 구도도 마찬가지로 하나의 어떤 깨우침을 위해 눈에 보이는 기존의 현상을 끝까지 그리고 크게 의심하여 마침내 하나의 큰 깨우침을 통해 '내'가 나비로 흐르고 나비가 꽃으로 흐르는 법열을 얻게 된다. 무거운 삶에서 해방되어 니체의 말마따나 어린이처럼 거룩한 궁극의 즐거움을 얻고자 하는 어떤 지점에서 시와 선이 만날 수도 있는 것만은 분명하다. 서로 알음알이 할 수 있다면 삶에 있어 이만한 공덕이 또 어디 있겠는가.

불교의 삼법인으로 제행무상, 제법무아, 열반적정이라는 게 있다. 모든 존재는 항상성이 없이 변하고, 모든 존재는 자아라는 것이 없이 연기되어 있으며, 이 무상과 무아를 알게 되면 열반의 적정한 세계를 얻게 된다는 소식이다. 물론 그 밑바탕엔 존재 자체가 괴로움이라는

제9장 시와 구도 : 무상과 가난　331

일체개고의 사상이 있다. 많은 시들이 세계와 우주의 비밀, 자연의 무궁무진, 삶의 의미와 위의를 캐느라 싱그러운 우주율에 다가서길 노력한다. 세상과 자본의 눈으로 봤을 때는 아무짝에도 쓸모없는 것을 되레 쓸모 있다고 여기며 오늘도 시인과 구도자는 정진한다. 물론 제행무상으로 흐르는 세월과 제법무아로 서로 연기되어 연민하고 생기(生起)하는 사람들의 오늘이 곧 부처가 현현하는 역사임을 증언하면서 말이다.

> 다가서지 마라
> 눈과 코는 벌써 돌아가고
> 마지막 흔적만 남은 석불 한 분
> 지금 막 완성을 꾀하고 있다
> 부처를 버리고
> 다시 돌이 되고 있다
> 어느 인연의 시간이
> 눈과 코를 새긴 후
> 여기는 천년 인각사 뜨락
> 부처의 감옥은 깊고 성스러웠다
> 다시 한 송이 돌로 돌아가는
> 자연 앞에
> 시간은 아무 데도 없다
> 부질없이 두 손 모으지 마라
> 완성이란 말도
> 다만 저 멀리 비켜서거라
>
> — 문정희, 「돌아가는 길」

산화개사금 간수잠여람(山花開似錦 澗水湛如藍)! "산에는 꽃이 피어 비단을 짠 듯하고, 골짜기의 물은 깊어 쪽빛이라네"라는 말로 『벽암록』에 나온다. 한 수행승이 대룡 선사에게 물었다. "형체가 있는 것은 부서져 버리게 마련인데, 영원히 변치 않는 진리는 없는 것일까요?" 이에 대룡 선사가 대답했다. "저 산에 만발한 꽃을 보아라. 꼭 비단으로 산을 덮은 것 같지 않느냐. 저 골짜기에 가득 차 흐르는 물을 보아라. 쪽빛으로 물들어 있는 것처럼 보이지 않느냐." 참으로 그림같이 아름답고 격조 있는 말이다.

그런데 산에는 꽃이 피어 비단을 짠 것 같지만 며칠 못 가서 지고 만다. 화무십일홍(花無十日紅)이다. 골짜기의 물도 쪽빛 같지만 끊임없이 차고 흐른다. 장강(長江)의 앞 물은 뒤 물에 의해 밀린다. 산의 꽃이나 골짜기의 물은 빠르고 느린 차이는 있지만 움직여 옮겨 가는 것은 마찬가지이다. 이 "옮겨감"이야말로 영원히 변치 않는 진리라고 대룡 선사는 말하고 있는 것이다. 이는 한마디로 삼라만상의 무상성(無常性)과 시간의 덧없음을 나타내는 말로, 덧없이 스러져 가는 것들의 아름다움을 노래하고 있다.

문정희 시인은 이를 「돌아가는 길」로 본다. 영겁회귀의 길로 본다. 시적배경이 되고 있는 인각사(麟角寺)는 경상북도 군위군 고로면 화북리에 있는 절이다. 지금은 퇴락하여 겨우 명맥만 유지하고 있지만 단군의 기원을 처음으로 밝히고 우리 시의 원류인 「사뇌가」를 기록한 일연의 『삼국유사』가 씌어진 성스런 가람이다. 어느 날 시인은 인각사에 가서 거기 반쯤 깨어져 달아난 보각 국사의 비석과 비바람에 눈과 코가 뭉개진 돌부처를 본다. 그런데 겨우 흔적만 남은 석불을 보며 시적 화자는 오히려 그 석불이 "지금 막 완성을 꾀하고 있다"고 역설을 구사한다. 이제야말로 "부처를 버리고/다시 돌이 되고 있"기 때문이다.

놀라운 시적 직관이다. 누구나 부처가 되기만을 소망할 터인데, 석불은 이제 눈과 코가 달려 있는 부처이기를 그만두고 원래의 돌, 즉 참다운 실재(實在)의 세계로 돌아가고 있는 것이다. 이것이야말로 절대적 완성이라고 보는 것은 밑바탕에 삼라만상의 무상관이 자리할 때만이 가능하다. 아니 "완성이라는 말도/다만 저 멀리 비켜서거라" 했으니, "다시 한 송이 돌로 돌아가는" 그냥 그 '자연'의 일은 초시간(超時間)의 세계, 곧 영겁회귀의 섭리를 말하고 있는 것이다. 애초엔 그 석불도 어떤 인연의 시간이 있어 하나의 석재 덩어리에 불과한 몸에 부처가 새겨진 후, 천년 인각사 뜨락에서 신앙의 대상이 되어 왔을 터이다. 그리고 그 부처 노릇이 깊고 성스럽기도 했지만, 그러나 그게 곧 감옥이기도 했던 부처를 버리고 자연으로 돌아가니, 여기에 이제 무슨 시간이 더 필요하겠는가. 부처도 결국 무상일 뿐이니 말이다.

일상성의 배후에 도사리고 있는 삶의 위선과 엉큼함을 거침없이 고발하는 통렬함을 보여 주던 문정희 시인이 이 시에선 한 걸음 더 나아가 어떤 통찰의 경지에 들어선 세계인식을 보여 주고 있다. 이런 류의 시가 흔히 범하기 쉬운 선시(禪詩)풍의 불가해한 아포리즘에 쉽사리 함몰되지 않고, 인각사 뜨락의 부처라는 구체적 대상을 통해서 부처까지를 포함한 삼라만상의 무상성과 영겁회귀의 섭리를 아주 탄탄한 시적 문법 속에 구축한 그 솜씨마저 깔끔하다. 궁극적으로 시가 종교를 지향한다는 말을 들은 적이 있는데, 종교성과 예술성과 삶의 고차원적 회통과정을 보여 주는 이 시가 이후 문정희의 대표작이 될 수도 있겠다.

무상과 무아와 공은 하나다

아마 무너뜨릴 수 없는 고요가

공터를 지배하는 왕일 것이다

빈 듯하면서도 공터는

늘 무엇인가로 가득 차 있다

공터에 자는 바람, 붐비는 바람,

때때로 바람은

솜털에 쌓인 풀씨들을 던져

공터에 꽃을 피운다

그들의 늙고 시듦에

공터는 말이 없다

있는 흙을 베풀어 주고

그들이 지나가는 것을 무심히 바라볼 뿐.

밝은 날

공터를 지나가는 도마뱀

스쳐 가는 새가 발자국을 남긴다 해도

그렇게 오래 가지는 않을 것이다

하늘의 빗방울 자리를 바꾸는 모래알들,

공터는 흔적을 지우고 있다

아마 흔적을 남기지 않는 고요가

공터를 지배하는 왕일 것이다

— 최승호, 「공터」

시의 대상은 '공터'이다. 아무도 없는 여름 한낮 그 공터의 한쪽 귀퉁이에 앉아 시인은 적요와 적멸이 아니라, '황홀한 외로움'과도 같은 역설적인 '텅 빈 충만'을 지켜보고 있다. 고요의 지배 아래 공터에는 "자는 바람, 붐비는 바람"과 풀씨들을 던져 꽃을 피우는 바람으로 가득 차 있다. 또 거기에는 밝은 날 지나가는 도마뱀과 스쳐 가는 새발자국과 빗방울과 그 빗방울에 자리를 바꾸는 모래들이 있다. 그러나 공터는 이 존재하는 것의 고통스런 생로병사에 왈가왈부하지 않는다. 그저 흙을 베풀고 "무심히 바라볼 뿐"이다. 그리고 이 공터에는 어떤 흔적조차 오래가지 않는다. 그 흔적은 "하늘의 빗방울에 자리를 바꾸는 모래알들"로 지워져 버리기 때문이다. 고요 아닌 그 어떤 것도 공터를 지배하지 못하고 고요만이 왕인 것이다.

　문학평론가 김상욱에 의하면, 이 시에 내재된 기본적인 상상력은 유추이다. 하나의 대상을 구축함으로써 넌지시 다른, 정작 말하고자 하는 또 다른 대상을 환기시키는 상상력 말이다. 그렇다면 고요가 지배하는 공터를 통해 시인이 건네고자 하는 진짜 익미는 무엇인가? 그것은 공터라는 대상의 즉물적인 세계가 아니라 인간적인 세계일 것이다. 인간적인 세계는 어떠한 세계인가? 이는 '늙고 시듦'의 세계다. 곧 생로병사 하는 인생의 일체개고(一體皆苦)를 의미한다. 더욱이 이 시 전체 흐름이 존재하는 것과 존재하지 않는 것이라는 이항대립을 넘어서 있다는 점에서 현저히 불교적인 사상에 그 뿌리를 두고 있다. '텅 빈 충만'이라는 역설적인 세계인식이 도처에서 드러나며, 따라서 이 시에서 유추해 낼 수 있는 인간적 세계는 우리들이 살아가는 세상살이인 것이다. 이 세상살이를 한 차원 높은 '빗방울'을 내리는 하늘의 관점으로 들여다보면, 지독히 분주하게 움직이는 이 세상에서 삶의 진정한 주인이란 오히려 적요와 적멸뿐이라는 것이다. 색즉시공(色卽是空)이라는 인식이 견고하게 버티고 있는 것이다. 그러하거늘 '흔적을 남긴다'는 것이 어떤 의미가 있겠는가? 그 삶의 흔적인 생의 자취란 지나가는 도마뱀, 스쳐 가는 새의 발자국이자 조만간 작은 모래알로 지워져 버릴 것에 불과하다는 것이다.

그런데 이 시에서 유추적 상상력보다 더욱 선명한 이미지로 드러나는 것은 관찰로서의 상상력이다. 그 관찰은 보이지 않는 '고요'를 보게 할 뿐만 아니라 '붐비는 바람, 잠드는 바람'도 보게 한다. 무엇보다도 "하늘의 빗방울에 자리를 바꾸는 모래알들"이란 관찰은 얼마나 정교하고 놀라운가. 그 미세한 움직임조차 또렷이 형상화함으로써 시인은 이 세계의 놀라운 추이를 드러내고 있는 것이다.

> 까치 한 마리
> 미루나무 높은 가지 끝에 앉아
> 새파랗게 얼어붙은 겨울하늘을
> 엿보고 있다.
> 은산철벽(銀山鐵壁).
> 어떻게 깨뜨리고 오를 것인가.
> 문 열어라, 하늘아.
> 바위도 벼락 맞아 깨진 틈새에서만
> 난초 꽃대궁을 밀어 올린다.
> 문 열어라, 하늘아.
>
> — 오세영, 「은산철벽(銀山鐵壁)」

은산철벽이다. 은산철벽이라 함은 선가(禪家)에서 선승들이 화두를 참구하는 데서 오는 막막함이다. 온 산이 온통 흰 눈으로 덮이고 얼음으로 짜 올려져 철벽을 이룬 상태인 바, 세상의 분별지(分別智) 정도로는 도대체 그걸 깨뜨릴 수 없다. 한마디로 백색 절망의 상황인 것이다. 이런 상황 속의 까치 한 마리, 곧 선승은 홀로 미루나무 높은 가지 끝에 앉아 있다. 백척간두에 처해 있는 것이다. 한 발만 까딱 잘못 제겨디뎌도 수천수만 리 허공으로 추락해 버릴 그 자리, 그 한계 상황을 박차고 하늘로 치솟아 올라야 하는데, 그 하늘조차 새파랗게 얼어붙어 있다. 은산철벽을 깨트려야 되는데, 그래야 그나마 새파랗게 얼어붙은 하늘로 오를 생각을 해 볼 수 있는데, 상황은 여전히 암담하다. 전후좌우를 헤아려 보고, 차가운 이성과 불같은 감정을 동원해 보고, 피투성이의 몸부림을 해 봐도 눈에 보이고 귀로 열리는 것은 추호도 없다.

　안 된다. 안 된다. 그렇다면 에라이 모르겠다. "문 열어라, 하늘아." 호통칠 수밖에 없다. 분별지 같은 걸로 어림없는 세계, 직관력 아니고는 어림짐작할 수도 없는 세계, 결국 선승으로서는 일대 전쟁을 감행할 수밖에 없어 이모저모 따질 것 없이 곧바로 하늘하고 맞붙어 버리는 것이다. 그러나 그렇다고 해서 하늘이 문을 여는가? 결국 "바위도 벼락 맞아 깨진 틈새에서만/난초 꽃대궁을 밀어 올린다."라는 깨달음에 이른다. 은산철벽 속 어떠한 고통이라도 감수하고 이를 극복하는 데서만 비로소 난초 꽃, 곧 삶의 극적인 진실이 열리는 것이다. 그것도 "문 열어라, 하늘아"라고 다시 한 번 호통치는 그 용기로 인해서이다. 사람이 이 세상을 살아가면서도 막다른 골목에 몰리는 고통에 처했을 때 마지막 뚝심으로 돌아서서 그 몰아대는 자를 악착같이 물어 버리는 대전복이 청천벽력처럼 일순간에 일어나는 것이다.

진실의 근원이라고 여겨지는 하늘에다 대고도 호통칠 수 있는 자만이 얻을 수 있는 깨달음. 그러기에 시형식도 여러 진술이나 묘사를 생략하고 간명한 막대기 같은 언명만 필요하다. 이런저런 군더더기 없이 팽팽한 긴장과 절제의 언어만이 필요한 것이다. 어쩌면 불립문자의 세계를 말하기 때문에 여타의 모든 말들은 언어도단이 될 수밖에 없는 것 아닌가. 뒤틀린 현실을 전복하고자 할 때 전복적 상상력은 비판적 세계인식을 드러내는 유효한 무기가 된다. 따라서 이것은 앞의 발견적 상상력과 함께 리얼리스트들의 중심적인 상상력을 형성한다.

젊은 수좌들은 한 소식 하기 위해 선방으로 들어가고
노보살은 정성스레 무청을 다듬어 요사채 처마에 매단다

첫눈은 그제서야 돌부처의 눈썹을 스친다

— 이홍섭, 「겨울안거」

비승비속(非僧非俗)으로 사는 시인이 있다. 가정은 세속에서 꾸리지만 날마다 강원도 낙산사나 서울 대원사로 출근하여 그 절의 회보를 만들며 산다. 가사 장삼만 걸치면 그대로 스님일 것 같은 삐쩍 마른 모습에다 말도 별로 없다. 「밤비」라는 시가 있는데 자기 삶을 그대로 읊은 시다.

"남들 회사 갈 때/나 절에 간다//내 거처는 비승비속(非僧非俗)의 언덕 한 켠//나의 본업은/밤새워 내리는 밤비를/요사채 뒤뜰 항아리에 가득 담는 일/하지만/내리는 밤비는 항아리를 채우지 못하니//나의 부업은/나머지 빈 곳을 채우는 일/나는/항아리를 껴안고/비 내리는 꿈속을 헤맨다"

본업이란 게 밤새워 내리는 밤비를 요사채 뒤뜰 항아리에 가득 담는 일이니 사실 이 일은 그의 일이 아니다. 뚜껑만 열어 놓으면 저절로 내리는 비가 항아리를 채울 것인데 어찌 그의 일이 되겠는가. 그래서 비는 우주의 일이고 항아리는 텅 빈 자신일 것이니 자기 마음에 우주를 가득 받아들이겠다는 이야기이겠다. 역시 부업이라는 것도 내리는 밤비가 다 채우지 못한 항아리의 그 나머지 빈 곳을 채우는 일이고, 이를 위해 밤새 항아리를 껴안고 비 내리는 꿈속을 헤맨다고 한 것으로 보아 우주와 한 몸 되기를 꿈속에서까지 바라는 목마름인 것이다. 세상일에만 미쳐 사는 우리 사이에는 이렇게 청신한 약수같이 우주의 일을 알고자 애쓰는 이들이 있다.

그런데 그렇게 목마르던 시인은 마침내 '한 소식'을 얻어 '어느 평안'에 이르렀는가. 「겨울안거」에선 그 평안이 어느 정도 읽힌다. 안거란 스님들이 일정 기간 동안 외출하지 않고 한데 모여 수행하는 일을 지칭한다. 여름안거가 있고 겨울안거가 있는데 보통 하안거, 동안거로 쓴다. 안거(安居)라는 말은 글자 그대로 평안히 있음을 의미한다. 동안거야 사실 겨울 혹한에 산속에서 나다니기도 힘들어 조용히 방에 들어 공부한 데서 유래했다고 할 수 있다. 그러니 이는 스님들로서는 겨울 준비를 다 하고 평안에 든 셈이다. 사실 노보살도 정성스레 무청을 다듬어 요사채 처마에 매달았으니 이만하면 겨울 채비가 다 된 것 아닌가.

그리고 1연과 2연 사이 빈 공간에 생략된 것들, 곧 "이 세상의 모든 것들이 겨울 채비를 하면 그제야 비로소 겨울을 알리는 첫눈이 내린다. 그것도 돌부처의 눈썹을 스치며. 그런데 하필 돌부처이고 눈썹일까. 어떤 변화에도 끄떡없는 것이 부처님인데 돌부처는 오죽하겠는가. 그것도 가장 정신적인 높이를 상징하는 눈썹을 스친다면 세상의 가장 무심한 곳을 스쳤으니 세상 곳곳을 스친 셈이다."(정끝별)

> 영혼의 행려자들이 머물다가는 이 사원에 들어 한 달포 머물러도 좋으리 남루를 끌고 온 오랜 노독을 풀고 고단한 일상의 구두를 벗어도 좋으리 바람의 거처에 가부좌를 틀고 사무치는 날이면 바람과 달빛이 다녀간 대웅전 기둥에 기대어 바람의 손가락이 남기고 간 지문을 읽듯 뼛속에 새겨진 비루한 생을 더듬어도 좋으리 주춧돌에 핀 연꽃 향기가 그리운 밤이면 사자포에서 기어온 어린 게에게 길을 묻고 새벽녘엔 흰 고무신 헐렁한 발자국들 따라 숲길에 들어 밤새 숲이 흘린 푸른 피를 마셔도 좋으리 눈할이라도 다녀간 날이면 동백숲 아래서 푸른 하늘 길로 한 생을 떠메고 가는 동박새의 붉은 울음소리를 들어도 좋으리 새들이 날아간 자리마다 제 그림자를 무릎 밑에 묶어놓고 참선에 든 나무들처럼 그대 나무 그늘에 펼쳐 놓은 바람의 경전을 눈 시리게 읽어도 좋으리 살아온 세월만큼 법어가 새겨진 그대의 몸은 어느새 바람의 사원이 되리니 바람의 사원에 들어 달마의 이마를 치는 낭랑한 목탁소리를 들어도 좋으리
>
> — 김경윤, 「바람의 사원 – 미황사 시편 1」

김경윤은 고향인 '땅끝' 마을에서 오랫동안 후학들을 길러내는 교사이자 '김남주기념사업회'를 비롯한 지역의 여러 사회단체의 실질적 리더로서 활동하며, 바로 자기가 처한 자리로부터 세상을 환하게

바꾸려고 애쓰는 사람이다. '선지자는 고향에서 대접을 받지 못한다'는 말을 전복시키며 촌음이라도 아깝게 사는 시인, 그런 그가 경황 중에도 시집 『바람의 사원』을 발간하였다. 김경윤은 그간 그가 사랑하고 애절해 마지않는 고향 사람들의 삶의 애환을 샅샅이 살피는 데 주력했다. 자칫하면 협애한 지역성에 갇힐 수밖에 없는 소재들에서 삶의 지극정성을 톺아 내어 보편적 공명을 끌어내는 장인정신은 시인의 치열한 삶의 연륜 속에서 자연스레 유로된 것이어서 미덥기 그지없었다.

한데 이번 시집은 여러 시들이 불교적 상상력을 바탕하고 있다. 이는 '바람'이라는 이미지로 구현되는데, 시에서 무시로 출몰하는 것이 바로 바람이다. 이 바람을 매개로 한 불교적 상상력으로 "바람은 제 안의 오랜 상처를 서쪽 하늘에 풀어 놓"는 데서 '제법무아(諸法無我)'를 깨치고, 고물 장수에게 넘기려고 밖에 쌓아 놓은 낡은 책들을 "바람의 손가락이 짚어 가며 읽"는 데서 '제행무상(諸行無常)'에 사무치며, "비바람 지나간 텃밭에 번뇌만 무성"한 데서 '일체개고(一切皆苦)'를 여여하게 바라본다. 또 "바람의 혀가 나무의 우듬지를 핥을 때마다" "숲은 진저리 치고 놀란 잎새들은 진다"는 데서 시절인연의 서늘함을, "찬바람 속 꿈틀대는 길을 끌고 이진에 간다"는 데서 인욕과 정진의 수행을, "그리운 오지"를 향해 "갈매빛 저 산등성이 바람으로나 넘을까"라는 데서는 '바라밀다'의 환한 꿈을 꾼다.

마침내 「바람의 사원 – 미황사 시편 1」에서는 "제 그림자를 무릎 밑에 묶어 놓고 참선에 든 나무들처럼 그대 나무 그늘에 펼쳐 놓은 바람의 경전을 눈 시리게 읽어도 좋으리. 살아온 세월만큼 법어가 새겨진 그대의 몸은 어느새 바람의 사원이 되리니"라는 통쾌한 문장을 얻어 깨달음의 '한 소식'을 체득케 하는 것이다. 이런 '땅끝 시인'의 불교적 상상력은 그 '땅끝'의 일등성 같은 시인들 곧 박성룡, 김남주, 고정희, 김준태, 황지우 등의 서정성, 민중성, 여성성, 대지성, 예술성의 미학을 모두 끌어안으면서도 느릿느릿 독자적 시의 행로를 걷고자 하는 데서 나온 매우 미더운 길로 보인다. 특히 「지렁이 보살」에서 "토굴 속에서 묵언정진 하는 수행승처럼/어두운 이토(泥土)에서 알몸으로 한 생을 산 지렁이 보살님/지상의 풋것들에게 자신의 똥까지 내어 주고/오늘은 한없이 낮고 느린 만행(卍行)의 길을 떠나신다"고 하며, 지상의 모든 미물까지도 크게 사랑하고 가엽게 여기는 자비의 상상력으로 나아가 두루 감싸 안으니, 이 어찌 훈훈하고 돈독한 일이 아니랴.

가난이 빚은 빛살

열무를 심어 놓고 게을러
뿌리를 놓치고 줄기를 놓치고
가까스로 꽃을 얻었다 공중에
흰 열무꽃이 파다하다
채소밭에 꽃밭을 가꾸었느냐
사람들은 묻고 나는 망설이는데
그 문답 끝에 나비 하나가
나비가 데려온 또 하나의 나비가
흰 열무꽃잎 같은 나비 떼가
흰 열무꽃에 내려앉는 것이었다

가녀린 발을 딛고

3초씩 5초씩 짧게짧게 혹은

그네들에겐 보다 느슨한 시간 동안

날개를 접고 바람을 잠재우고

편편하게 앉아 있는 것이었다

설핏설핏 선잠이 드는 것만 같았다

발 딛고 쉬라고 내줄 곳이

선잠 들라고 내준 무릎이

살아오는 동안 나에겐 없었다

내 열무밭은 꽃밭이지만

나는 비로소 나비에게 꽃마저 잃었다

— 문태준, 「극빈」

    구례 섬진강 가 폐교 사택을 얻어 2년을 산 적이 있다. 텃밭에 상추며 열무며 참깨며 채소를 많이 심었다. 그런데 열무는 나 혼자 먹고 남아서 마을 사람들에게 거저 솎아 가게 해도 비 한 차례만 내리면 우쭐우쭐 자라 버렸다. 어느 날 여행을 갔다가 일주일 만에 돌아와 보니 몇 번 먹지도 못한 열무들이 연보랏빛 흰 열무꽃을 온통 피워 놓고 있었다. 그리고 그 열무꽃밭엔 나비 떼며 벌 떼가 잉잉거리며 그네들 사는 즐거움을 마음껏 누리고 있었다. 내가 미처 거두지 못한 열무밭을 나비며 벌 떼가 차지하고 있던 것이다. 그 풍경이 너무 아름답고 싱그럽게 느껴지기도 했었다.

    문태준 시인도 나와 같은 경험을 시로 표현하고 있다. 사람들이 "채소밭에 꽃밭을 가꾸었느냐"고 놀리는 데서 알 수 있듯, 줄기와 잎

그리고 뿌리를 먹는 열무의 현실적 실용성을 '게을러' 놓쳐 버리고, '가까스로' 꽃이라는 비실용적 미적 가치를 얻는다. 채소밭은 아름다움을 위해 가꾸는 것이 아니라 채소를 재배하여 먹기 위해 있는 공간인데 비실용적인 엉뚱한 일이 벌어져 있는 것이다. 참으로 난감하고 망설여지는 일이다.

   그런데 놀랍게도 그 꽃밭에 한 마리, 두 마리, 나비 떼가 나타나 앉아서 "그네들에겐 보다 느슨한 시간 동안"을 머문다. 한마디로 열무꽃밭의 쓰임새가 전복되는 순간이다. 열무꽃밭은 사람들에게 싱싱한 채소를 제공해 주진 못하지만 나비 떼에게 깊은 휴식의 시간을 만들어 준 것이다. 결국 '나'의 열무밭은 나비의 꽃밭이 되어 버린 셈이다. 나는 살아오면서 남에게 편히 쉬라고 내준 '무릎'이 한 번도 없었는데, 열무꽃은 나비 떼에게 느슨한 휴식의 자리를 내어 주었으니, 어쩜 나는 열무밭에서 잎과 줄기, 뿌리만이 아니라 나비에게 꽃마저 잃은 셈이다. 그러니 이게 '극빈'이 아니고 무엇이겠는가. 아름다움을 향한 허영과 욕망마저도 비워 버린 지독한 가난인 셈이다.

      어떤 이가
      새가 된 꽃이라며,
      새가 아닌 박주가리 꽃씨를 가져다주었다
      귀한 선물이라 두 손으로 받아
      계란 껍질보다 두꺼운 껍질을 조심히 열어젖혔다
      놀라웠다
      나도 몰래 눈이 휘둥그레졌다
      새가 아닌 박주가리꽃의

새가 되고 싶은 꿈이 고이 포개어져 있었다
그건 문자 그대로, 꿈이었다
바람이 휙 불면 날아가 버릴 꿈의 씨앗이
깃털의 가벼움에 싸여 있었다
하지만 꿈이 아닌,
꿈의 씨앗도 아닌 박주가리의 生,
어떤 생이 저보다 가벼울 수 있을까
어느 별의
토기에 새겨진 환한 빛살무늬의 빛살이
저보다 환할 수 있을까
몇 며칠 나는
그 날개 달린 씨앗을 품에 넣고 다니며
어루고 또 어루어 보지만
그 가볍고
환한 빛살에 눈이 부셔, 안으로
안으로 자꾸 무너지고 있었다

— 고진하, 「새가 된 꽃, 박주가리」

　어떤 이가 시인에게 새가 된 꽃이라며 박주가리 꽃씨를 가져다준다. 가만! 여기서 새는 이곳저곳을 마음대로 날을 수 있는 가볍고 자유로운 존재지만, 꽃은 그 빛깔과 향기로 뭇 시선을 끌어당기면서도 결국은 지상에 뿌리 박혀 자꾸 하늘의 자유를 꿈꾸는 무거움의 존재이다. 그중의 하나인 박주가리꽃은 그 꿈을 이루어 정녕 새가 됐다는 전설이 있나 보다. 그런데 그 꽃씨를 누군가 선물한 것이다. 그것이

정녕 고귀한 선물로 여겨져서 두 손으로 받고 껍질을 열어 본다. 눈이 휘둥그레진다. 휘둥그레진 눈에 보이는 것은 아니나 다를까 "새가 아닌 박주가리꽃의/새가 되고 싶은 꿈"이 새처럼 깃털의 가벼움에 싸여 있는 것이다.

"바람이 휙 불면 날아가 버릴 꿈의 씨앗"임에도 불구하고 그 박주가리의 생은 사실 어떤 생보다 가볍고 "어느 별의/토기에 새겨진 환한 빛살무늬의 빛살"보다 환한 것으로 비친다. 본업은 사제에다 시인이지만 스님도 되고 방랑자도 되어 사방을 두루 편력하며 삶의 무거움에서 가벼움으로 옮겨 가려는 시인에게 '새가 된 꽃'이라는 그 이름 하나만으로도 그것은 경이롭고 황홀하고 심지어 신비로운 것일 수도 있겠다. 하지만 그 가볍고 환한 빛살을 보고 안으로 안으로 자꾸 무너져 내리는 것은 무엇인가. 다름 아닌 어느 때고 내 몸을 무겁게 하는 욕망일진대, 오늘날의 타락한 자본문명과 과학기술의 세계 속에서 좋은 시인 치고 삶의 고뇌를 밑바탕에 깔지 않은 이는 없을 것이기 때문이다.

> 밤하늘 하도 푸르러 선돌바위 앞에
> 앉아 밤새도록 빨래나 했으면 좋겠다
> 흰 옥양목 쳐대 빨고 나면 누런 삼베
> 헹구어 빨고, 가슴에 물 한번 끼얹고
> 하염없는 자유형으로 지하 고성소까지
> 왕복했으면 좋겠다 갔다 와도 또 가고
> 싶으면 다시 갔다 오지, 여태 살았지만
> 언제 살았다는 느낌 한번 들었던가
>
> — 이성복, 「추석」

첫시집 『뒹구는 돌은 언제 잠깨는가』에서 이 세상을 '정든 유곽'으로 보고 그 속에서 투숙해 사는 우리 삶의 악몽과 치욕을 가장 내면적인 언어와 혁명적 감수성으로 보여 준 시인이 이성복이었다. 너무도 공격적이고, 너무도 낯설고, 너무도 당돌하고, 너무도 이질적이어서 오히려 매혹과 간절함으로 젊은 시 지망생들의 시적 이상형이 되었던 시인이 이성복이었다.

10여 년 만에 『아 입이 없는 것들』이란 시집을 냈는데, 첫 시집의 비관주의가 이 시집에선 훨씬 더 비관적인 데로 나간 듯하다. 그럼에도 시인의 말대로, 말 못하는 것들, 입이 있거나 없거나 간에 말로 못하는 것들, 지금 살아 있거나 애초에 살아보지도 못했거나 간에 속절없이 불행한 것들, 존재한다는 그 이유만으로 속수무책 시달리고 끄달리는 것들의 속내를 솔직하게 들려주는 시인의 정직성은 참으로 아름답다.

생사성식(生死性食)으로 허덕이는 고통스런 존재들의 아픔을 탐구하던 시인도 바로 오늘의 시 「추석」 같은 데선 놀랍도록 아름다운 삶을 이야기한다. 아마도 추석명절이라는 그 민족적 정서를 이성복도 어찌할 수 없었던 모양이다. 시 본문을 보면 보름달 환하니 밤하늘도 하도 푸르다. 이런 밤엔 선돌바위 앞에 앉아 밤새도록 빨래나 했으면 좋겠다고 한다. 그리고는 가슴에도 물 한번 끼얹어 씻고 아주 자유자재로 지하 고성소(苦聖所)까지 왕복했으면 좋겠다고 한다. 천당에 오르지 못하고 지옥에도 못 떨어진, 천주교를 접할 기회가 없었던 사람이나 영세를 받지 못한 어린이, 이교도, 백치 등의 영혼이 사는 그곳까지 자꾸 갔다 오고 싶다고 한다.

왜 그럴까. 그 영혼들처럼 어쩌면 천당 사람도 지옥 사람도 못 되는 우리네 삶 때문에 "여태 살았지만/언제 살았다는 느낌 한번" 제대로 갖지 못한 채로 살아왔기 때문이다. 이런 환하고 푸르른 날엔 그런 우리네 삶도 흰 옥양목은 쳐대 빨고 누런 삼베는 헹구어 빠는 것처럼 정갈하게 빨아 백 리까지 트인 한가위 달빛 아래 한번 활짝 드러내고 싶은 것이다.

> 손바닥만 한 밭을 일구던
> 김 스테파노가 운명했다.
>
> 그에게는
> 십자고상과 겉이 다 닳은 가죽 성경,
> 벗어 놓은 전자시계에서 풀려나간
> 무진장한 시간이
> 전부였다.
>
> 한평생
> 그에게 시달렸던 쑥부쟁이 꽃들이
> 따사로운 햇볕 속
> 상장(喪章)들을 달고 흔들리는
>
> 조객(弔客)이 필요 없는 평화로운
> 곳.
>
> — 노향림, 「창」

한평생 미국과의 전쟁과 혁명을 진두지휘했던 베트남의 해방자 호치민이 사후에 남긴 것은 그가 평소 입고 다니던 남루 한 벌과 지팡이, 그리고 평생 끼고 다녔다는 정약용의 『목민심서』한 권이 전부였다고 한다. 사후에는 막상 자기에게 아무짝에도 쓸모없는 재산을 모으느라고 온갖 악착을 떠는 사람들은 도대체 이해할 수 없는 유산일 것이다. 하지만 물질적 욕망의 극대화를 추구하는 삶이 결국은 정신의 황폐와 육체의 각종 성인병만을 초래한다는 것을 인식하기 시작한 사람들에겐 그의 무소유는 큰 빛과 같은 것이다.

한데 여기 호치민 같은 또 한 사람이 있다. 한평생 손바닥만 한 밭을 일구고 살던 김 스테파노라는 사람이 바로 그 사람이다. 그가 운명 뒤에 남긴 것은 항상 목에 걸고 다니던 십자고상과 겉이 다 닳은 가죽 성경 그리고 전자시계가 전부다. 아니 하나가 더 있는데 벗어 놓은 그 전자시계에서 풀려나간 무진장한 시간이다. 하지만 그가 전자시계를 통해 조금 빌려 쓴 시간이라는 것은 애초에 그의 소유가 아니었으니 그가 남긴 유산 축에 낄 수 없다. 물론 시 문맥상 이런 것들은 유산으로 남겨졌다기보다 손바닥만 한 밭으로 육신의 삶을 지탱하며 나머지는 십자고상 및 낡은 성경책과 더불어 조용히 자신의 내면과 기도에 침잠했던 그 고요와 적막의 삶, 아니 그런 삶 속에서 진정한 평화와 축복의 시간을 도모했던 그의 생을 상징하는 것일 게다. 이를 그의 무소유의 삶으로 해석해도 무방하리라.

아무튼 그런 사람이었으니 그의 영혼이 나간 창문조차 하늘 쪽을 향하여 무심히 열린 채 덜컹거린다. 여기서 '무심히' 덜컹거린다는 것은 오히려 역설적인 표현으로, 생명체가 아닌 창문마저도 감응하여 덜컹거릴 정도면 그 창은 이미 하늘의 창에 다름 아닐 터이고, 물론 그 창을 통하여 그의 영혼은 하늘에 무사히 가납(嘉納) 되었을 것이다. 그러니 손바닥만 한 밭에서 잡초 취급을 받아 그의 손에 늘 뽑히고 말았을 쑥부쟁이마저 하얀 꽃을 피워 마치 상장(喪章)을 달기라도 한 듯 따사로운 햇볕 속에서 흔들거리는 것 아니겠는가. 그렇다면 아마도 그가 간 곳은 조객이 필요 없는, 아니 죽음이 없이 영원히 평화로운 곳일 것이다.

무소유를 통해 내면의 평화를 꿈꾸었던 사람들은 호치민이나 김 스테파노뿐만이 아니다. 이백의 시에 "청풍명월은 일전이라도 돈을 들여 사는 것이 아니다(淸風明月不用錢買)"라는 말과, 소동파의 「적벽부」에 "저 강상(江上)의 맑은 바람과 산간(山間)의 밝은 달이여, 귀로 들노니 소리가 되고 눈으로 보노니 빛이 되도다. 갖자 해도 금(禁)할 이 없고 쓰자 해도 다할 날이 없으니, 이것은 조물(造物)의 무진장이다"라는 구절들을 보면, 돈으로 사는 것도 아니요 갖자 해도 금할 이 없는 청풍명월을 가슴에 품고 마음의 맑음과 밝음을 추구했던 삶은 이미 오래된 역사를 갖고 있는 것임을 알 수 있다.

죽음과 사랑은 동의어다

겨울 문의에 가서 보았다.
거기까지 닿은 길이
몇 갈래의 길과
가까스로 만나는 것을.
죽음은 죽음만큼 길이 적막하기를 바란다.

마른 소리로 한 번씩 귀를 달고
길들은 저마다 추운 쪽으로 뻗는구나.
그러나 삶은 길에서 돌아가
잠든 마을에 재를 날리고
문득 팔짱 끼어서
먼 산이 너무 가깝구나.
눈이여 죽음을 덮고 또 무엇을 덮겠느냐.

겨울 문의에 가서 보았다.
죽음이 삶을 껴안은 채
한 죽음을 받는 것을
끝까지 사절하다가
죽음의 인기척을 듣고
저만큼 가서 뒤를 돌아다본다.
모든 것은 낮아서
이 세상에 눈이 내리고
아무리 돌을 던져도 죽음에 맞지 않는다.
겨울 문의여 눈이 죽음을 덮고 또 무엇을 덮겠느냐.

- 고은, 「문의마을에 가서」

 이 시는 작가가 동료시인인 신동문의 모친상을 접하여 충북 청원군에 있는 문의(文義)마을에 가서 장례식을 주관한 사실을 배경으로 하고 있다. 시인이 직접 호상이 되어 장례절차를 주관하였는데, 시인은 거기서 삶과 죽음에 대한 깊은 통찰을 얻었다. 흔히 죽음은 절망이나 공포, 비애 등의 격렬한 감정으로 나타나는 경우가 많지만 이 시에서는 죽음이 친근한 것이 되어 있고 그 친근성은 인간의 삶에 대한 경건함을 동반하고 있다.

　1연에는 어느 해 겨울 문의마을에 가서 죽음을 보았다는 상황이 설정되어 있다. 즉 장례식이 있었다는 뜻이다. 문의마을까지 닿는 길은 몇 갈래의 길들이 하나로 합쳐져서 통해 있는데, 그 길이 적막한 것과 같이 죽음의 길도 적막하다. 그 길이 죽음의 길이기에 추운 쪽으로 뻗었다고 말한다. 그러나 죽음을 애도하는 살아 있는 사람들은 길에서 돌아가 죽은 사람의 유품을 태우는데, 그 태운 재들이 마치 잠든 것처럼 고요한 마을을 향해 흩날리고 있다. 그것을 바라보는 시적 화자는 문득 팔짱을 끼고 먼 산을 바라보는데, 그 산이 무척 가깝게 여겨진다. 즉 죽음과 삶의 거리가 그다지 멀지 않음을 깨달은 것이다. 그 장례식 날 눈마저 날리어 죽음을 덮고 있다. 그 눈은 죽음뿐만 아니라 이 세계의 만물을 덮고 있는 것이다. 이러한 사실을 깨닫는 것은 죽음을 통해 삶의 경건함을 역설적으로 드러내는 것이 된다.

　그것이 2연에서는 "죽음이 삶을 껴안은 채/한 죽음을 받는 것"으로 표현된다. 망자가 죽음 받기를 끝까지 사절하다가 이 세상의 살아 있는 것들의 인기척을 듣고는 마침내 죽음을 받아들이면서 죽음을 향해 저만큼 가서 뒤를 돌아다보는 것을 시적 화자는 마음의 눈으로 본 것이다. 엄숙한 장례의식을 통해 죽음과 삶의 관계와 그것들의 경건함을 깨달은 것이다. 세상의 모든 사물들은 죽음 앞에서 낮아지고, 곧 겸허해지는데, 그 위로 눈이 내리고 있다. 이는 바로 엄숙함이자 경건함이다. 이런 장례 절차도 끝나 죽음은 이승을 향해 떠나서 "아무리 돌을 던져도 죽음에 맞지 않는다." 눈이 내리는 겨울날 문의마

을에서는 장례식이 있었다. 눈은 내려 죽음을 덮고 마침내 이 세상마
저 모두 덮어 버리고 있는 광경을 그리고 있다. 이렇게 시적 상상력
은 삶과 죽음, 곧 존재의 비밀을 살짝 엿보게도 하는 것이다.

    비 맞은 사내의
    얼굴에 이끼가 낀다
    그늘 아래
    죽은 돌이 젖어
    어김없이
    이끼가 낀다

    사랑에 빠진 눈은
    비에 젖어도
    반짝이며 빛나지만,
    절연에 지친 눈은
    저녁구름만 봐도
    질척거린다

    권진규의 마른 몸이
    벽에 걸린 홑바지처럼
    신발도 벗은 채
    허공을 딛고 있다
    작업실 한구석,

목만 남은

그의 자소상이

정제를 부르며 속으로,

속으로 울고 있다

— 박후기, 「자소상 – 권진규」

　테라코타와 건칠기법(乾漆技法)을 이용한 두상과 흉상 작업을 통해 영원을 향한 이상세계를 추구하는 인간의 모습을 담아내며 리얼리즘 조각의 정수를 보여 주었던 권진규. "걸작이란 필연적으로 오직 본질만을 남기고 있는 아주 단순한 것"이라 정의했던 그의 대표작 「자소상(自塑像)」, 「지원의 얼굴」, 「비구니」 등 많은 흉상들은 고도로 절제된 긴장감과 무거운 침묵을 통해 영원한 이상세계의 추구와 내면의 빛을 조용히 드러냈다.

　미술평론가 박용숙에 의하면 구운 점토인 테라코타의 역사는 오래다. 아마 아담을 흙으로 빚었을 때부터 테라코타는 이미 미술가의 운명 속에 들어와 있었을 것이다. 그것은 궁극적으로 생명의 환희와 슬픔을 넘어서는 어떤 영원한 것을 담기 위한 매체의 역사이기도 하다. 그러나 테라코타의 역사에는 언제나 죽음의 그림자가 뒤따르고 있다. 이집트의 미이라에서도 테라코타는 『사자(死者)의 서(書)』와 함께 있었고, 우리들의 고분 속에서도 테라코타는 죽은 자를 달래기 위한 명기(明器)로 변신해 있었다. 왜, 테라코타의 주인들은 그토록 죽음에 대해 민감하였을까. 해답은 영원을 보았기 때문이라 한다. 영원의 그림자 앞에서라면 삶과 죽음의 의미가 무엇이 그리 대단하랴.

　실어증에 걸린 사람처럼 과묵하기 그지없었던 권진규가 지인에게 보낸 유서에 '인생은 공(空) 파멸'이란 짤막한 글을 남겼던 데서 알 수 있듯, 그는 불교용어인 공을 자기 작업의 원형감정으로 삼은 듯하다. 그러기에 만년에 이르러 불교세계에 귀의하여, 비참한 가난과 뼈저린 고독 속에서도 구도자의 삶을 살다가 자신의 제작실에서 목을 매어 자살했던 게 아닌가. 그런 공을 보는 권진규의 자소상을 황동규는 「권진규의 테라코타」란 시에서 "눈을 밖으로 곧바로 뜨고 앞을 보며/자신의 속을 들여다보고 있는 얼굴"이라고 표현했고, 박후기 시인은 "절연에 지친 눈"으로 본다. '정제'라는, 권진규가 지인에게 자살 직전 편지로 보낸 유서에 열두 번이나 적어 놓은 여자의 이름을 발견한 데서 기인한 이 시는 젊은 시인답게 그의 자소상에서 사랑의 절연을 읽고 있다. "사랑에 빠진 눈은/비에 젖어도/반짝이며 빛나지만,/절연에 지친 눈은/저녁구름만 봐도/질척거린다"는 것이다. 작업실 한구석에서 "권진규의 마른 몸이/벽에 걸린 홑바지처럼/신발도 벗은 채/허공을 딛고 있다"고 하면서도 그 "비 맞은 사내"로 인해 돌도 젖어 이끼가 끼고, 사내의 "절연에 지친 눈은" 시시때때로 질척거리고, 목만 남아서도 애인의 이름을 불러대며 "속으로,/속으로 울고 있다"는 것이다. 인생의 '공'을 보아 '허공'을 디뎌 버린 영원의 그에게 한사코 실존적 사랑, 그 슬픔의 물기를 흠뻑 먹여 대는 젊은 시인의 속울음은 또한 무엇일까. 그렇게 서러운, "그런 날에는 깨진 사금파리에 빛나는/시려운 빛이라도 그리워진다"는 박형준 시인의 「투명한 울음」속 시구처럼 깨진 사금파리 같은 사랑이라도 시리도록 그리워서일까.

어느 날 문득 존재의 깊이 모를 심연과 끝 간 데 없는 허공을 보아 버린 사람들일지라도 이 지상에서의 실존을 영위할 빛을 갈구하는 것은 너무도 당연한 일이다. 더구나 그 빛이 어떤 종교적 신의 빛보다는 마음과 몸의 황홀한 교합을 소망하는 남녀 간의 사랑의 빛일 때에야 가장 인간적인, 인간적인 일이 아니겠는가. 하지만 "그런 날이 있다/지하철 첫차를 타고 가는 여자가/차창에 떠 있는 자기 모습을 보고/우는 것을 본 적이 있다"(박형준)는 시인처럼, 그토록 존재를 황홀경 속에 떨게 하던 사랑도 이별을 고할 때가 있다. 지하철 첫차를 타고 가는 여자가 차창에 떠 있는 자기 모습을 보고 우는 것처럼 자기 홀로 울 때가 있는 것이다.

인생의 '공'을 보아 버린 뒤 우는 사람과 같이 평생을 '유목'으로 떠돌며 '무'의 허공을 보아 버린 사람들도 있다.

어느 날부터 그들은
바람을 신으로 여기게 되었다
바람은 형상을 거부하므로 우상이 아니다

떠도는 피의 이름, 유목
그 이름에는 바람을 찢고 날아야 하는
새의 고단한 깃털 하나가 흩날리고 있을 것 같다

유목민이 되지 못한 그는
작은 침대를 초원으로 생각했는지 모른다
건기의 초원에 바람만이 자라고 있는 것처럼
그의 생은 건기를 맞아 바람 맞는 일이
혹은 바람을 동경하는 일이, 일이 될 참이었다

피가 흐른다는 것은
　　불구의 기억들이 몸 안의 길을 따라 떠돈다는 것
　　이미 유목의 피는 멈출 수 없다는 끝을 가진다

　　오늘밤도 베개를 베지 않고 잠이 든 그
　　유목민들은 멀리서의 말발굽 소리를 듣기 위해
　　잠을 잘 때도 땅에 귀를 댄 채로 잠이 든다지
　　생각난 듯 바람의 목소리만 길게 울린다지
　　말발굽 소리는 길 위에 잠시 머무는 집마저
　　허물고 말겠다는 불편한 소식을 싣고 온다지
　　그러나 침대 위의 영혼에게 종종 닿는 소식이란
　　불편이 끝내 불구의 기억이 되었다는
　　몹쓸 예감의 확인일 때가 많았다

　　밤, 추운 바람을 신으로 모신 자들의 경전(經典)은
　　바람의 낮은 목소리만이 읊을 수 있다
　　동경하는 것을 닮아갈 때
　　피는 그쪽으로 흐르고 그쪽으로 떠돈다
　　지명(地名)을 잊는다, 한 점 바람
　　　　　　　　　― 이은규, 「추운 바람을 신으로 모신 자들의 경전(經典)」

　말 중에는 그 말만 들어도 마음이 마구 설레거나 가슴이 쿵 내려앉는 것들이 있다. 요새 노마드(nomad)라고 더 많이 불리는 유목, 유목민도 그중의 하나다. 유목이 이토록 심금을 울려 대는 것은 아마도 우리의 몸속에 '떠돌아다님'에 대한 원형적 유전물질 곧 DNA가 있기 때문이 아닌가 싶다. 하기야 우리 민족이 기마민족이라는 설도 있지 않는가. 시인도 "떠도는 피의 이름"을 유목이라고 말함으로써 그것이 우리 몸에 면면히 흘러온 원형물질과 관계 있음을 말하고 있다. 한데 유목민은 바람을 신으로 섬기는 자들이다. 바람은 형상이 없으므로 우상을 섬기는 따위의 종교와는 다르게 자유로운 영혼들만이 섬기는 신일 것이다. 하지만 이 바람의 신을 따르는 유목은 "새의 고단한 깃털"과 "건기의 초원" "불구의 기억" 등을 담보한 채로 바람을 맞거나 바람을 동경하는 일로 끝까지 떠돌 수밖에 없는 숙명통을 안고 있다. 말을 먹일 풀밭을 찾아 떠돌면서도 누군가가 말과 재산 곧 "길 위에 잠시 머무는 집"마저 약탈하러 달려올까 봐 "멀리서의 말발굽 소리를 듣기 위해/잠을 잘 때도 땅에 귀를 댄 채로 잠이 든다." 이런 유목은 "불편"이 끝내 불구의 기억이 되고 "몹쓸 예감"의 확인일 때가 다반사인 삶인데, 그럼에도 유목을 동경하는 것은 "피가 그쪽으로 흐르"기 때문이다. 어쩌면 우리 인간, 아니 시인들에게야 말로 유목의 피가 정녕코 흐르고 있는지도 모른다. 무릇 창조적인 시인치고 자기가 이룬 어느 한 세계에 안주하여 그 알량한 열매에 취해 사는 자는 별로 없을 것이기 때문이다. 시인은 시 한 편 때문에 늘 자기 자리를 박차고 미지의 새로운 길로 홀연히 나서는 고독한 존재들이다. 이카로스가 태양 가까이 날다가는 밀랍으로 된 날개가 녹아내릴 줄 알면서도 기어코 더 높이 날다가 바다에 처박힌 것처럼, 유목의 끝이 바람으로 화해 버리는 무의 허공이 될지라도 되레 그 무의 허공을 향해 달려가는 이 피의 흐름을 어찌하겠는가. 이은규는 시를 일상이나 삶에서 출발시키기보다는 추상적 관념에서 끌어오는데, 이는 활달한 상상력과 세련된 이미지로 구축하는 사유의 개연성이 튼튼해서 아직은 기대가 크다. 하지만 관념이나 이념, 화려한 이미지나 상상력이 결국 구체적 현실과 삶의 자리를 찾지 못하면 시인들 누구나 거치는 그 흔한 상투적 철학의 진술로 시가 전락할 수도 있다는 걸 알아야 한다.

시간의 황홀을 깨친다는 것

    강이 흐르는 것만으로도 시간들은 눈부시다 강의 속살까지 번쩍이는 시간들이 들이닫는 느낌은 서늘하다 못해 비명 같다 가끔 바람이 회오리쳐 가고 옥수수 이파리들이 하루가 다르게 자라올라 들판 가득 소리의 물결을 풀어놓는다 소리의 물결 속으로 방울새들이 날아오르고 색색의 종달이도 오른다 소리와 시간들이 용수철처럼 튀어오른다 엘란트라를 몰고 온 남녀가 팔짱을 끼고 강둑을 걷는다 그들은 그들의 가슴께에서 느끼는 감각으로 눈이 감긴다 한여름 강변에서는 고요가 나른하게 빛살처럼 일렁인다

                                                                    - 최하림, 「강이 흐르는 것만으로도」

    시간과 존재에 대해서 심오한 사유를 전개한 사람은 하이데거다. 그는, 물체의 운동과 더불어 경험되는 자연적인 시간의 본질을 '지각하고 기대하며 회상하는' 정신의 내면 활동 영역 속에서 파악했다. 아우구스티누스의 시간론은 과거·현재·미래로 진행되는 선형적 시간관으로 외적인 사물세계의 객관적 시간이해에 머물렀다. 후설은 시

간의 본질이 드러나는 근원적인 영역은 오직 순수하게 주관적으로 체험되는 내재적 차원일 뿐이라며 순수한 주관적 시간을 파악했다. 그는 본래적인 시간 이해는 '생생한 지금'을 기점으로 삼아 '더 이상-아닌 지금'으로서의 과거와 '아직은-아닌-지금'의 미래로서 뻗어가는 통속적인 시간 이해의 차원을 못 벗어났다.

하이데거는 후설의 인식론적 의식지평의 한계를 넘어서서 시간의 본질을 탐구하였다. 그에 의하면 시간의 본질이 드러나는 근원적인 터전은 인간의 존재론적인 이해의 지평 속에서 시원성이 경험되는 곳이다. 주객분열의 이분적인 도식을 넘어서서 존재 자체가 시원적으로 열어 밝히는 진리의 터전과 깨달음의 차원에서만 비로소 본래적인 시간의 참다운 현상이 드러나는 것이다.

최하림의 시를 보면 이런 시간과 존재는 하이데거조차도 넘어선 듯 '기쁨과 탄식, 황홀과 비참, 몰입과 반성이 공존하는' 존재들의 소리, 빛살, 색색들과 함께 끊임없이 연쇄파동을 일으키는 시간의 자유자재가 화엄적으로 펼쳐진다. 물론 그것은 위의 시에서처럼 눈부심이고 번쩍임이고 서늘함이고 회오리침이고 자라오름이고 풀어놓음이고 튀어오름이고 걸음이고 일럼임이며 반면에 어둠이고 황혼이고 적멸이고 죽음이고 텅 빔이고 적막이고 함몰이고 빠져나감이고 울음이고 자국이고 그림자이며 블랙홀이다. 한마디로 무량(無量)과 무극(無極)의 시간들인 것이다.

저녁놀을 공양 받고 있는 너에게로
나는 천천히 걸어 들어갔지.
엄마 젖을 빠는 아이처럼 너는

전신의 빨대로 완숙된 포도주를 빨기에
여념이 없었지.
다복솔과 아카시아, 철쭉과
자작나무, 시끄러운 지저귐을 멈춘 채
한껏 몸을 낮추는 새들, 그들
틈에 나도 끼어 그 극진한 공양을 받으며
발그레 취기에 젖어들었지.
잠시 후 보랏빛 어둠이 내리자, 너와 내가
받아먹은 놀과 어둠이
비빔밥처럼 안에서 비벼져
이름 지을 수 없는, 그윽한 뭔가가 되었지.
이걸 무어라고 불러야 하나?
(시인은 이름 짓는 자가 아니던가?)
위대한 밤의 동공인 부엉이와 별들의
반짝이는 눈동자 속에나
혹 새겨졌을지 모를 그 이름을.

— 고진하, 「신성한 숲」

    고진하 시인은 사제라서 그런지 시창작의 대부분을 일상의 성화(聖化)나 인간 내면의 신성 탐구에 바치고 있다. 일상의 성화란 밥 먹고 노동하고 섹스하고 이웃과 사귐을 갖는 삶의 모든 순간 속에서 신성의 임재를 깨닫고 살아가는 것을 말한다. 이는 결국 성속일여(聖俗一如)라거나 "누구도 일상을 통과하지 않고는 신에 이르지 못한다"는 말과 상통한다.

인간 내면의 신성 탐구란 동학에서의 "인간이 곧 하늘"이라는 인내천(人乃天) 사상과 인식의 궤를 같이한다. 창세기에 보면 인간은 신의 형상(Imago Dei)을 따라 지음 받은 존재인데, 이는 신의 외모라기보다 신의 속성을 받고 태어났음을 말한다. 신의 여러 속성 중 하나만 들면 창조성으로, 실제로 인간은 신으로부터 만물의 이름을 짓는 자의 허락을 받고 태어났다는 것이다.

이런 일관된 종교적 상상력을 통하여 성과 속의 통합 균형을 추구하고, 신성과 육체의 소통 화해를 꿈꾸며, 초월의지와 현실감각 사이의 접점을 찾는 화목제(和睦祭)의 시인 고진하. 그의 「신성한 숲」에서 시적화자인 나는 "완숙된 포도주"와 같은 저녁놀을 공양 받고 있는 숲에 들어가 그 숲과 그 숲 속의 나무와 꽃과 새와 함께 힘껏 노을을 빤 탓에, 마치 술을 마신 것처럼 "발그레 취기에 젖"는다. 그리고 나와 숲과 노을과 곧이어 찾아드는 보랏빛 어둠은 이윽고 비빔밥처럼 하나로 비벼져, "이름 지을 수 없는, 그윽한 뭔가가" 되었는데, "위대한 밤의 동공인 부엉이와 별들의/반짝이는 눈동자 속에나/혹 새겨졌을지 모를 그 이름"은 과연 무엇일까, 이를 묻는 시다. 아마도 자연과의 완전한 '합일'이라고나 불릴 것 같은 그 이름을 그대는 무엇이라 부르겠는가.

"뜨락에 핀 꽃들을 보며 훤한 대낮부터 곡차 한 사발씩 벌컥벌컥 들이켰다. 모두들 벌게진 눈길로 길쭉길쭉한 푸른 잎새들 사이에서 말자지 같은 긴 꽃대를 하늘로 쑥 뽑아 올린 문주란을 감상하고 있는데, 훌떡 머리 벗겨진 중늙은이 거사(居士)가 문주란을 가리키며 이죽거렸다. 이년 저년 집적거리지 말고 문주란처럼 좆대를 하늘에다 꽂아, 하늘에다 말이야!/대머리 거사의 일갈 때문일까. 문주란이 놓여 있는 뜨락 위의 하늘이 어느 때보다 더 깊고 쨍쨍해 보였다."

　일상의 성화나 인간 내면의 신성 탐구를 더더욱 극명하게 보여 주는, 자칫 음담패설과도 같은 산문시 「문주란」이다. 시인은 이 시를 써 놓고 1년이나 망설인 끝에 발표했다고 한다. 왜 망설였을까. 결국 성과 속, 신성과 육체, 초월과 현실이란 게 깨달음의 눈 속에서는 서로 화통하지 않을 수 없다는 것을 극명하게 보여 준 시인 바, 너무도 투명하도록 아름답지 않은가.

　　　옛 외갓집 살구나무 꽃 필 때
　　　막내이모는 아궁이 속에서 굴러 나온
　　　달을 품고 잠이 들었다
　　　곤곤한 달빛 위로 흰 발목이 둥둥 떠다니며
　　　장독마다 차오르는 물소리를
　　　내 어린 풋잠은 엿들었던 것이니
　　　그런 날이면 한밤중에도
　　　오줌보가 한껏 탱탱하게 부풀어 올랐다
　　　문풍지를 스미는 희미한 향기
　　　먼 우주의 조기 떼가 안마당까지 몰려와
　　　하얗게 알을 슬어 놓고
　　　꽃잎 떨어진 자리마다 눈 맺혀
　　　돋아나는 초승달
　　　벌겋게 달아오른 외할머니의 아궁이는
　　　한밤 내내 식을 줄 몰랐다
　　　그 불씨 이어지고 이어져

둥그스름 달집 내 딸아이의 몸속으로
벌건 숯불 다시 타올라
봄밤의 구들 뜨겁게 달구어 낸다

— 장옥관, 「다시 살구꽃 필 때」

세계 제일의 신화종교학자인 조셉 캠벨은 『신화의 힘』이란 책에서 일단 신화를 '삶의 경험'이라고 정의한다. 외적 가치를 지닌 목적에만 너무 집착해서 잃어버린, 가장 중요한 내적 가치, 즉 살아 있음과 밀접한 관계가 있는 삶의 황홀을 되찾는 것이라고 한다. 나아가 이를 통해 인간 삶의 영적 잠재력을 되찾게 하는 것이 신화의 힘이라는 것이다.

장옥관의 시집 『하늘 우물』엔 이런 신화적 상상력이 가득 차 있다. 장옥관에게 있어서 신화적 상상력이란 곧 우주적, 생태적 상상력이란 말과 동의어인데, 시집 속의 「살구꽃 필 때」와 오늘의 시 「다시 살구꽃 필 때」야말로 존재의 떨림과 사물의 비의로 가득 찬 상상력으로 우리를 순식간에 삶의 황홀로 데려가 주는 '신성한 이야기'이다.

먼저 시 속의 살구꽃, 아궁이, 달, 장독, 물소리, 알, 달집, 불씨, 벌건 숯불 등은 여성이란 존재와 여성의 생식력과 여성의 원초적인 성적 욕망을 상징한다. 그러므로 살구꽃 필 때 "막내이모는 아궁이 속에서 굴러 나온/달을 품고 잠이 들었다"는 것은 생식력과 결부된 원초적 성욕을 품고 봄밤의 잠에 들었다는 것이다. 이때 어린 '나'는 "장독마다 차오르는 물소리를" 잠결에 엿들으며 오줌보를 탱탱 부풀리는데, 이는 외할머니며 막내이모며 딸아이는 모두 어머니라는 오이디푸스 콤플렉스를 자극하는 존재이기에 그런 것이다.

그런데 이런 조용하지만 분주한 성욕 곧 생명력은 "먼 우주의 조기 떼가 안마당까지 몰려와/하얗게 알을 슬어 놓고"라는 표현에서 절정을 이룬다. 달빛이 조기 떼가 되어 장독대 가득 물소리를 내며 안마당으로 들어와 하얗게 알을 슬어 놓는다는 상상은 바로 살구꽃이 피는 장관을 우회적이면서도 가장 핵심적으로 드러내고 있다. 한마디로 원초적 성욕 혹은 생명력에 의한 탄생, 곧 살구꽃이며 조기 떼 알이며 외할머니며 막내이모며 나중엔 내 딸아이의 둥그스름한 달집에까지 이어질 그 탄생의 '진통'엔 우주도 함께 동참할 수밖에 없다는 것이다.

그렇다면 벌겋게 달아오른 아궁이가 한밤 내내 식을 줄 모르는 것은 당연할밖에 없고, 또 이 장관은 옛 외갓집이란 공간에 속한 것으로 신화적인 것이지만, 그 불씨는 내 딸아이의 달집 곧 월경하는 자궁에까지 이어져 다시 타오르니, 신화는 곧 오늘의 삶의 황홀에까지 이어질 수밖에 없는 것이다.

장옥관 시인의 시적 특징은 문학평론가 김춘식의 말대로 "현실과 사물을 명징하게 드러내는 묘사로서의 이미지가 아니라 환상과 상징을 포함하는 환각의 이미지를 보여 준다는 점에 있다." 어쩌면 탐미주의적일 정도로 사물의 심연에 매혹 당한 그는 신화가 곧 삶의 황홀의 경험이라는 걸 온 감각을 열어 보여 주는 시인이다.

> 화창한 가을날
> 벌판 끝에 밝고 환한 나무 한 그루
> 우뚝 솟아 있다
>
> 모든 새들이 그곳에서 난다
>
> — 이시영, 「자존(自尊)」

세계 각지의 우주목 신화를 통해 우리에게 나무의 정령들의 속삭임을 다시 들려주는 자크브로스의 『나무의 신화』에서 옮긴다. "나무는 사실상 전 우주적 몽상의 가장 적합한 기반인 것 같다. 왜냐하면 나무는 인간의 의식을 포착할 수 있는 길이요, 우주에 생기를 부여하는 생명의 통로이기 때문이다. 대립되는 두 개의 무한을 서로 연결시키는 동시에 상반되는 의미를 갖는 대칭적인 두 심연인, 뚫고 들어갈 수 없는 어두운 지하의 물질과 접근할 수 없을 만큼 빛나는 에테르가 서로 결합하는 나무 앞에서 인간은 꿈을 꾼다. 묵묵히 서 있는 나무 줄기에 몸을 기대면 인간은 나무에 동화되어 그 내적인 움직임을 들을 수 있게 된다."

이시영의 「자존」이란 시에서 우리는 이런 나무 한 그루를 확연하게 보게 된다. "화창한 가을날", 그러니까 하늘은 서럽도록 푸르고 햇살은 눈부시게 쏟아지는 날, "벌판 끝에 밝고 환한 나무 한 그루"가 "우뚝 솟아 있다". 그 나무는 치명적 황홀감을 느끼게 하는 황금빛의 은행나무라 해도 좋겠고 투명한 갈색으로 빛나는 느티나무라 해도 좋은데, 가을날의 투명하고 따사로운 햇살을 몽땅 받고 있어 밝고 환할 수밖에 없겠다. 한데 그것이 우뚝, 마치 우주목이자 세계수(世界樹)인 양 솟아 있는 것이다. 물론 은행나무라면 땅에서 하늘로 팔을 벌린 상태일 것이고, 느티나무라면 둥그렇게 마을을 감싸는 모습일 것이다. 은행나무나 느티나무나 모두 지상과 하늘을 매개하는 영매이다. 은행나무는 지구가 생성된 이래로 지금껏 살아온 몇 안 되는 나무 종 중의 하나이고, 느티나무는 예전 같으면 마을마다 그걸 당산나무로 지정하여 제사를 올리던 나무가 아니던가. 어쨌든 그 나무는 얼마나 신비롭고 아늑하고 정정하고 성성하고 밝고 환할 것인가. 여기까지는 객관적 풍경의 언어적 그림이다.

한데 마지막 한 줄이 투사적 진술을 감행한다. "모든 새들이 그곳에서 난다"라고 말이다. 객관적으로는 모든 새들이 그곳에서 난다는 말은 사실과 부합되지 않는 말이다. 그러나 대상을 바라보는 서정적 주체의 주관적 관점은 어떤 객관적인 언술로도 감당할 수 없는 진실을 향해 비약하는 주관이다. 사실과는 어긋나지만 한마디로 그런 밝고 환한 나무에서 새가 날지 않고 어디서 날겠는가. 새는 자유, 순수, 평화 등 모든 것을 상징한다. 그 새는 인간의 비상에 대한 꿈의 상징이다. 그러기 때문에 그 밝고 환한 나무에서 모든 새가 날 수밖에 없는 것이다. 첨언하면 그 나무가 키가 위로 큰 은행나무라면 새는 옆으로 날아야 하고 수형이 옆으로 둥근 느티나무라면 새는 위로 솟는 게 좋겠다. 그래야 나무의 수직과 새의 수평이 이루어지거나, 새의 수직과 나무의 수평이 이루어질 것이기 때문이다. 수직과 수평의 조화는 십자가(十)와 같은 구원과 연관되어 있다.

자크브로스 말처럼 우주에 생기를 부여하는 생명의 통로인 나무는 모든 자유와 평화의 통로이기도 하다. 아울러 지하에서부터 하늘에까지 미친 삶의 영성을 늘 깨닫게 하는 우주적 몽상의 길이기도 하다. 어쨌든 단 네 줄에 불과한 이 시는 이런 모든 췌사를 불필요하게 만든다. 풍경에 대한 언어의 선연한 그림과 이에 날카로운 투사적 상상력을 보탬으로 존재의 비의를 한층 더 깊게 만들고, 침묵에 가까운 말 줄임으로 되레 수많은 말을 가능케 하는 시의 진경이 여기에 펼쳐져 있다. 나무를 통해 시인은 자기의 '자존'을 이렇게 투사한 것이다.

내 산책의 끝에는 복자수도원이 있다

복자수도원은 길에서 조금 비켜 서 있다

붉은 벽돌집이다

그 벽돌 빛은 바랬고

창문들의 창살에 칠한 흰빛도 여위었다

한낮에도 그 창문 열리지 않고

그이들 중 한 사람도 마당에 나와 서성인 것 본 적 없다

둥그스름하게 올린 지붕 위에는 드문드문 잡풀이 자라 흔들렸고

지붕 밑으로 비둘기집이 기울었다

잠깐이라도 열린 것 본 적 없는 높다란 돌기둥에는

순교복자수도회수도원(殉敎福者修道會修道院)이라 새겨진 글씨 흐릿했다

그이들은 그이들끼리 모여 산다 한다

저녁 어스름 때면 모두

성의(聖衣) 자락을 끌며 긴 복도를 나란히 지나간다고 한다

비스듬히 올라간 담 끄트머리에는 녹슨 외짝문이 있는데

빼긋이 열려 있기도 했다

숨죽여 들여다보면

크낙한 목련나무가 복자수도원, 그 온몸을 다 가렸다

내 산책의 끝에는 언제나 없는 복자수도원이 있다

— 이진명, 「복자수도원」

'산책 도중의 명상'을 피력한 이진명의 시 「복자수도원」은 서울 성북동에 있다는 복자수도원을 보고 건져 올린 시이지만, 그러나 실재와는 별 관계가 없다. 복자수도원은 다만 하느님의 말씀과 하느님

의 선택을 받은 자들, 곧 복음과 복자들이 사는 신의 마을이다. 겉으로는 빛바랜 벽돌집으로 길에서 비켜 서 있고, 창문의 창틀도 흰 도색이 벗겨진 채 열릴 줄 모르고, 거기에 사는 사람들 중 어느 하나도 마당에 나와 서성거린 걸 본 적이 없을 정도로 정적과 침묵으로 일관돼 있다. 그러니 둥근 지붕 위로는 드문드문 잡풀이 자라 있고, 지붕 밑으로는 비둘기집도 기울었고, 높다란 대문은 잠깐이라도 열린 것을 본 적이 없을 정도로 오랜 세월과 탈속 가운데 놓여 있다. 그이들은 그이들끼리 모여 살며 "저녁 어스름 때면 모두/성의 자락을 끌며 긴 복도를 나란히 지나간다"고 누군가 일러 주었지만 시인은 더 이상 이 수도원에 대해 아는 바가 없다. 담 끄트머리의 외짝문이 삐끗이 열려 있어 숨죽여 들여다보기라도 하면 크낙한 목련나무가 수도원의 온몸을 가려서 더 볼 수도 없다. 그럼에도 "내 산책의 끝에는 언제나 없는 복자수도원이 있다." 한마디로 번잡한 일상 뒤의 산책 끝에, 일상의 눈으로는 볼 수 없는 복자수도원이 실존의 대면(對面)으로 터억 존재하는 것이다.

　그러니까 그 산책은 실존의 진정한 의미를 만나러 가는 길인데, 사실 그 길에서 시인은 쓸쓸하고 덧없는 삶의 조건을 만나기가 일쑤다. 다음의 시 「강변에 이르렀을 때」가 이의 증거가 된다. "걷고 걸어와/강변에 이르렀을 때/모래들판은 흐지부지/강물에 잠겨 들어가고/무언가 좀 더 확실한 것/그럴듯한 구조물 하나 서 있지 않고/흐지부지 모랫벌처럼 없어지는 것/그 보잘것없음만이/방금 물위를 쪼던 새처럼/분명하게 떠 있다//이 마을에서 오래 살았는지/수초 사이 애들이 버렸을 상자곽을 떠내며/편안한 모습의 한 어른이 와서/흐지부지 물속으로 들어가 버린 모래들판의 길을/삐걱이며 나무배에 싣고 간다." 무언가 잔뜩 기대하고 걷고 걸어와 강변에 이르렀지만 무언가 좀 더 확실하고 그럴듯한 구조물 하나 없이 모래들판만 흐지부지 강물로 없어지는, 그 '보잘것없음'만이 존재하는 삶의 이 소외를 어떻게 감당할 것인가. 참으로 어처구니없는 이 배신을 어떻게 견딜 것인가.

이남호에 의하면 놀랍게도 시인은 이에 대한 적극적인 대응과 극복으로서의 새로운 세계에 대한 무모한 희망을 갖지 않는 것 대신 소극적인 용서와 포용으로 세계의 소리에 겸허하게 귀를 기울이는 자세를 취한다. 하이데거는 인간의 실존이란 세계와의 대화이며 보다 바람직한 것은 세계의 소리에 가만히 귀 기울이는 것이라고 말한다. 그는 주체의 적극적인 의지가 개입되는 '보기(seeing)'보다 주체가 겸허하게 열려 있는 '듣기(hearing)'를 중요시한다. 그는 심지어 "우리는 아무것도 해서는 안 되며 다만 조용히 귀 기울이고 있어야 한다"며 수동성을 강조한다. 이진명의 수동적이고 소극적인 자세도, 하이데거와 비슷하게, 은폐되어 있는 세계의 소리를 들을 수 있도록 자아를 겸허하게 열어 두고 세계의 소리에 조용히 귀 기울이는 행위라고 할 수 있다. 이런 그의 생각은 「밤에 용서라는 말을 들었다」라는 시에 집약되어 있다. "누구였을까. 낮고도 느린 목소리. 은은한 향내에 싸여. 고요하게 사라지는 흰 옷자락, 부드러운 노래 남기는. 누구였을까. 이 한밤중에." 이렇듯 그 이상한 전언인 '용서'라는 말을 남긴 그 누구에 대한 귀 기울임이 그의 시인 것이다.

무슨 얘기냐 하면 산책 끝에서 늘 만나기는 하지만 신의 마을인 복자수도원은 닫혀 있고 시인은 그곳에 들어갈 수 없는 것이다. 다만 빼긋이 열려 있는 외짝문으로 조금 스며 나오는 빛으로 자신의 존재를 겨우 밝힐 뿐이다. "마치 마티스의 그림 「테라스에 앉아 있는 자라」와 같이 고독과 정적의 푸른빛에 휩싸인 채로 시인은 자신의 내면의 아픔을 오래 응시한다. 그리하여 그의 시는 백단향과 같은 향기를 지닌다. 그 향기는 슬프고 은은하고 아름답다. 신전의 향로에서 피어올라 그 신전 밖에서 간절히 간구하는 인간들에게까지 다가가 평화를 준다"(이남호). 복자수도원은 아무런 의미도 없이 묘사로만 일관된 시 같지만 사실은 시인의 순정한 마음과 시적 전략이 맞아 떨어진 수일한 시이다. 시란 이렇게 아무것도 말하지 않은 듯하면서도 큰 깨달음을 주어야 하는 것이다.

나는 시와 구도 행위가 하나일 수 있다고 생각한다. 나는 지금껏 시 앞에서만큼 정결해 본 적이 없다. 시를 쓰면서 무엇을 바라지도 않고, 시를 쓰면서 진정스러워지고, 시를 쓰면서 삿된 마음이 눈 녹듯 녹아내리고, 시를 얘기할 때 가장 행복해지고, 시를 쓰면서 세계와 존재 자체가 사막 하늘에 뜨는 별이나 오로라처럼 신비로워지는 그런 경험들을 하곤 한다. 다만 욕심 하나는 선승들이 화두 하나를 들고 크게 의심하며 생사의 일대사와 전쟁을 하는 것처럼, 모자란 재능으로나마 나 스스로를 감동시킬 수 있는 작품 한 편을 위하여 오늘까지 애써 보지만 갈 길은 멀고 저녁 비는 내리고 있다.

제10장 시의 언어: 진정과 사무사

철학자 하이데거는 모든 예술 중에 가장 근원적인 것은 시라고 했다. 회화, 음악, 건축 등 다양한 예술 장르 중에서 왜 시가 가장 근원적인가? 그건 시는 언어로 하는 예술이기 때문이라는 것이다. 물론 단순히 언어를 사용해서 하는 예술이어서가 아닌, 시 언어의 특별함 때문일 것이다. 그 특별함이란 시 언어가 먼저 명명(命名)의 언어이기 때문에 가장 근원적이다. 모든 존재에 처음으로, 새롭게 이름을 지어 주고, 그것을 또한 호명(呼名)하는 언어가 시 언어인 것이다.

흔한 예로 김춘수의 「꽃」이라는 시에서도 알 수 있듯, 누군가 이름을 지어 불러 주기 전에는 '하나의 몸짓'에 불과한 풀이던 것이 이름을 지어 불러 주자 그에게로 와서 '빛깔과 향기'의 꽃이 되는 경이가 일어난다. 하이데거는 그런 명명의 언어는 신성한 언어라고 말한다. 이름을 지어 불러 주자 저 영원한 침묵과 은폐와 소외에서 벗어나 삶과 역사로 불려 나온 존재는 이름을 불러 준 이와 관계 맺음으로 새로운 세계를 열어 가니 이 어찌 신성한 언어가 아니겠는가. 이는 시 삼백 편이 하나도 삿됨이 없다고 한 공자의 말과 일맥상통한다. 단한 점의 티끌도 없는 사무사(思無邪)의 말이 어찌 신성한 언어가 아니 겠는가.

어쨌든 하이데거가 '언어는 존재의 집'이라고 말했을 때 여기서 언어는 '시 언어'를 지칭했음에 분명하다. "그대는 나의 장미"라고 맨 처음 애인의 이름을 지어 불러 준 자는 세계에 얼마나 놀라는 경이를 창조했는가. 애인에 대한 자기의 열정의 빛깔, 애인에서 아득아득 풍겨나는 향기의 이름으로 싱그럽고 붉은 장미보다 더한 것이 아직까지는 없을 것 같다.

이런 시 언어의 마술이 흩뿌려지면 강가의 조약돌이 모두 형형한 별이 된다. 시언어의 진정이 넘쳐나면 삶의 황홀을 곧잘 맛볼 수 있다. 시 언어는 악성의 하품과 팍팍한 사막만이 넘쳐나는 세상을 낯섦과 새로움의 이미지로 무한하게 전이시킬 수가 있는 것이다.

언어의 마술사

  탁란의 계절이 돌아와, 먼 산 뻐꾸기 종일 울어 대다
  채송화 까만 발톱 깎아 주고 맨드라미 부스럼 살펴보다
  누워 있는 아내의 입은 더욱 가물다 혀가 나비처럼 갈라져 있다
  오후 한나절 게으름을 끌고 밭으로 나갔으나 우각(牛角)의 쟁기에
  발만 다치고 돌아오다
  진작부터 곤궁이 찾아온다 했으나 마중 나가진 못하겠다
  개들 고양이들 지나다니는 무너진 담장도 여태 손보지 않고
  찬란한 저 꽃밭에 아직 생활의 문(門)도 세우지 못했으니

비는 언제 오나?

애야, 빨래 걷어야겠다

바지랑대 끝 뻐꾸기 소리 다 말랐다

― 송찬호, 「꽃밭에서」

　언어의 마술사 송찬호. 속리산 법주사 밑에 마치 왕유의 시처럼 '사슴 울타리'를 치고 살며 세속에 좀체 나오지 않는 시인. 그는 더 이상 수식이 필요 없이 은둔자인 것을 이 「꽃밭에서」라는 시가 증명한다. 뻐꾸기가 남의 둥지에 알을 낳는 탁란의 계절이 돌아와 종일 울어 대는 날이다. 시인은 꽃밭에서 채송화의 까만 씨앗도 받고 맨드라미에 옮은 부스럼 같은 병도 살펴본다. 누워 있는 아내도 혀가 나비처럼 갈라지고 입이 말라 있는 것으로 보아 병중인 모양이다. 그런데 오후 한나절 밭으로 나갔으나 쇠뿔 같은 쟁기에 발만 다치고 돌아왔다. 발을 다치지 않았더라도 어차피 게으름을 끌고 나갔으니 일다운 일을 할 요량은 아니었던 듯싶다. 그러므로 생활의 곤궁이 찾아올 것은 불을 보듯 뻔한 일. 진작부터 곤궁이 찾아오리라는 것을 짐작한 바 아니지만 애초부터 그런 가난에 대한 대비책을 세울 요량은 추호도 없었다. 개와 고양이들 지나다니는 무너진 담장도 손보지 않고 그저 찬란한 꽃밭이나 조촐하게 지켜보는 마음은 이미 욕망을 비운 마음이기 때문이다. 오히려 그런 욕망을 비움으로 해서 정신의 풍요로움을 얻는 게 아니던가.

　여기까지가 1연인데, 서술문장에 한 가지 특이한 점이 있다. 뻐꾸기 종일 "울어 대다" ―맨드라미 부스럼 "살펴보다" ―혀가 나비처럼

"갈라져 있다"-발만 다치고 "돌아오다" 등에서 보듯 '-하다'로 끝나는 각 행들은 주체의 적극적인 개입을 막고 상황을 그대로 전달하는 형식을 취함으로써, 은둔자의 소요(逍遙) 의식을 적절하게 표현하고 있는 것이다. 이어지는 2연을 보자. "비는 언제 오나?/애야, 빨래 걷어야겠다/바지랑대 끝 뻐꾸기 소리 다 말랐다"는 표현은 역시 탈속한 어떤 고매한 정신, 아니면 자연 그 자체와 합일된 정신이 아니고선 가능치 않는 구절이다. 저물 무렵이 되며 다 마른 빨래와 잦아드는 뻐꾸기 소리를 연결시킨 이 표현은 너무 재미있다. 재미도 재미지만 또 시의 전반에 흐르는 고요의 풍경에 신선한 색깔을 입히고 의미의 중량을 배가시킨다. 1연의 반도 안 되지만 시 전반에 끼치는 그 효과는 배 이상인 것이다. 언어를 쥐고 놓는 솜씨가 이 정도는 돼야 무릇 일급시인의 반열에 오를 수 있다.

空山不見人　　　빈 산에 사람은 안 보이고
但聞人語響　　　말소리만 두런두런
返景入深林　　　석양빛은 깊은 숲에 스며들어
復照靑苔上　　　다시 비춘다 푸른 이끼

이 시는 서두에 말한 왕유의 「녹시(鹿柴)」 곧 「사슴 울타리」라는 시로, 제목이 시에 중층의 의미를 부여한 작품이다. 한적한 산속, 사람 그림자는 보이지 않고 두런두런 말소리만 들려온다. 아마도 세속을 벗어나 자연과 더불어 사는 어느 은자가 혼자 해 대는 중얼거림이리라. 그런 산의 숲 속, 반짝 내리비치는 석양 햇살에 푸릇푸릇 드러나는 이끼빛의 선명함이 눈에 보일 듯하다. 반경(返景)은 석양의 반사다. 그러면 제목의 '사슴 울타리'는 뭘까. 요시카와 고지로는 『당시읽기』란 명저에서 '녹시'를 사슴을 기르는 농장이 있는 곳으로 해석하지만, 나는 사슴은 은자를 가리키고, 울타리는 세속과 경계 짓는 숲이라고 해석한다. 송찬호의 시 때문에 생각난 시다.

> 귓속이 늘 궁금했다
> 그 속에는 달팽이가 하나씩 산다고 들었다
> 바깥 기척에 허기진 그가 저 쓸쓸한 길을 냈을 것이다
> 길 끝에 입을 대고
> 근근이 당도하는 소리 몇 낱으로 목을 축일 것이다
> 달팽이가 아니라
> 실은 도적굴로 붙들려 간 옛적의 누이라고도 하고
> 골방에서 평생을 난 앞 못 보던 외조부라고도 하지만
> 슬프고 옹색하게 생긴 저 구멍 너머에서는
> 누구건 다 달팽이가 되었을 것이다
>
> 그리고 그 안에서 달팽이는
> 천 년쯤을 기약하고 어디론가 가고 있다고 한다
> 귀가 죽고
> 귓속을 궁금해 할 그 누구조차 사라진 뒤에도
> 길이 무너지고 모든 소리와 갈증이 그친 뒤에도
> 한없이 느린 배밀이로
> 달팽이는 오래오래 간다는 것이다

망해 버린 왕국의 표장(標章)처럼
네 개의 뿔을 고독하게 치켜들고
부끄러움을 무릅쓰고 더듬더듬
그토록 먼 길을

— 김사인, 「달팽이」

    귓속에 달팽이 한 마리가 산다. 귓속의 좁고 어두운 구멍 속으로 길을 내고, 그 길 끝에 "근근히 당도하는" 바깥의 소리 몇 낱으로 허기와 목을 축이며 산다. 한데 귓속의 달팽이는 사실 도적굴로 붙들려 간 옛적의 누이거나, 골방에서 평생을 지낸 앞 못 보던 외조부 같은, 슬프고 옹색한 삶을 산 사람들의 화신이기도 하다. 그러기에 바깥의 기척에 늘 목마를 수밖에 없을 터. 아니면 좁고 어두운 마음의 방에서 천년의 구도행을 하는 자일지라도 이미 그 구멍과 바깥으로 난 "쓸쓸한 길" 때문에 세상사에 대한 관심은 아주 당연한 것. 하지만 바깥세상을 향한 "길이 무너지고 모든 소리와 갈증이 그친 뒤에도", 그런 바깥세상을 포월(匍越)하는 마음의 천년왕국을 세우고자 하는 구도행은 멈출 수 없는 것 아닌가. 달팽이의 특징적 속성인 "한없이 느린 배밀이로" 땅을 밀며 오래오래, 부끄럼을 무릅쓰고, 더듬더듬 가는 그 구도행은 나희덕 시인의 말대로 "쓸쓸한 장엄함"이 느껴지는 아주 먼 길이다. 그런 그가 가진 길 더듬이는, 고독으로 치켜든 네 개의 뿔뿐이다. 결국 귓속의 달팽이는 마음의 구도자와 다름이 없다. 슬프고 옹색한 삶의 현실을 배밀이하며 오래오래, 느릿느릿 구원의 길을 가는 '오래된 미래'의 성자들이여, 부디 안녕하시길! 누구나 가지고 있는 귓속의 달팽이관에서 소재를 착안한, 기막힌 발견적 상상력의 시다.

진정의 언어엔 글썽임이 있다

누군가의 사설 감옥에

수십 년째 갇힌 나와 마주치는 때가 있다

오래된 책갈피에서 떨어진 사진 한 장

목판본 판각 위에 여러 잠을 얹고 깨어나는

저 어리둥절한 누에가 스무 살 나일까

강철을 떡 주무르던 주물조차 부식이 되면

무쇠 완력을 증명해 내지 못하는데

믿을 수 없는 한때의 금강석은

불쑥불쑥 진흙 속에서도 솟아오른다

살에 새긴 기록 저렇게 생생하다니!

퇴역배우의

일곱 살 아역만을 떠올리는 늙은 팬처럼

현장에 내려가 있었음을 주장하는

저 검사의 오늘 논고는 여느 때보다 훨씬 집요하다

평생을 한 배역으로 끝장난 배우의 비애

관객들은 눈치나 챌까 어떤 기미조차 읽지 못해

썩지 않는 기억 속을 나도 씩씩거리며 헤맨 적이 있다

마음 서랍 깊숙이 간직해 온

케케묵은 기록들로 더께를 이룬 일기장

배반당한 사랑에는 복수의 자물쇠까지 채워 놓아서

벗어날 길 없는 감옥에는

낯선 그녀가 아니라 까닭 모르는 내 그리움이

> 오랜 수형(受刑)을 살고 있다.
>
> — 김명인, 「기억들」

　오래된 책갈피에서 사진 한 장이 떨어진다. 목판본 판각 같은 깊은 잠에서 깨어난 누에처럼 어리둥절하다, 스무 살 무렵의 내 사진! 시간 앞에선 강철을 떡 주무르던 주물조차 부식이 되는데, 누에처럼 깨어난 그 사진 속의 스무 살에 대한 기억은 믿을 수 없을 정도로 변하지 않고 금강석처럼 솟아오른다. 아마 살에 새긴 기록이었기에 세상 온갖 진흙 속에서도 불쑥불쑥 솟아오르겠지. 그 사진은, 누에는, 금강석은 급기야 검사가 되어 그때 그 사랑의 생생한 사실과 현장을 집요하게 논고한다. 그 썩지 않은 기억의 논고 때문에 나도 씩씩거리며 헤맨 적이 있고, 지금도 헤맨다.

　평생을 한 배역으로 끝장 낸 퇴역배우의 일곱 살 아역만을 떠올리는 늙은 팬처럼, 그 기억에의 일편단심을 과연 관객들은 눈치나 챌까. 사실 마음 서랍 깊숙이 간직해 온 그 사진, 그 사진이 끼워져 있던 일기장, 배반당한 사랑에 대한 복수의 기록들이 구구절절한 그 일기장의 감옥, 벗어날 길 없는 그 감옥은 내가 만들었지만 결국 어느 누군가 때문에 만들어졌었다. 그래서 누군가의 사설감옥에 수십 년째 수형을 살고 있는 것은 이제는 낯선 그 누구, 그녀가 아니라 까닭 모르는 내 그리움인 것이다.

　가슴이 꽉 막힌다. 오열이 목울대를 친다. 오십이 되고 육십이 되어서도 금강석처럼 솟아나고야 마는 스무 살 무렵의 살에 새긴 상처들. "지금 그 사람 이름은 잊었지만/그 눈동자 그 입술은 내 가슴에 있네"라고 했던 박인환처럼, 그녀의 사설감옥에 내 그리움은 아직도 수형을 살고 있다. 복수의 자물쇠까지 채워져 벗어날 수조차 없는 그 마음의 감옥은 썩지도 않고, 아 글쎄 썩지도 않고! 있다. 얼마나 사랑이 뜨겁고 치열했으면 아직 증오조차 막을 내리지 못했는가. 아니 증오 다음의 그리움이 다시 일다니!

    돈 떼먹고 도망간 여자를 찾아
    물어물어 여기 소금창고까지 왔네
    소금창고는 아무도 없네
    이미 오래전부터 소금이 들어오지 않아
    소금창고는 텅 비어 있었네

    나는 이미 짐작한 바가 있어
    얼굴 흰 소금신부를 맞으러
    서쪽으로 가는 바람같이
    무슨 설레는 마음으로 찾아온 건 아니지만,

    나는 또, 사슴 같은 바다를 보러 온 젊은 날같이
    연애창고인 줄만 알고
    손을 잡고 뛰어드는 젊은 날같이
    함부로 이 소금창고를 찾아온 것도 아니지만,

    가까이 보이는 바다로 쉼 없이 술들의 배가 지나갔네
    나는 그토록 다짐했던 금주(禁酒)의 맹서가 생각나
    또, 여자의 머릿결 적시던 술이 생각나

바닷가에 쭈그리고 앉아 오랫동안 울었네

소금창고는 아무도 없네
그리고 짜디짠 이 세상 어디인가
소금같이 뿌려진 여자가 있네

나는 또, 어딘가로 돌아가야 하지만
사랑에 기대는 법 없이
저 혼자 저렇게 낡아 갈 수 있는 건
오직 여기 소금창고 뿐이네

— 송찬호, 「소금창고」

"돈 떼먹고 도망간 여자를 찾아/물어물어 여기 소금창고까지" 오다니? 고개가 갸우뚱거려지지만 무슨 말인지 짐작되는 바가 없는 것은 아니다. 젊은 연애 시절, 그녀는 소금처럼 눈부시게 희고 빛났겠지. "사슴 같은 바다를 보러 온 젊은 날" 연애가 급해서 서해 바닷가 염전의 소금창고에 뛰어들었겠지. 그러다가 같이 살게 되었겠지. 하지만 자본생활에 지쳐 '나'는 몇 번이고 금주를 맹세할 정도로 술에 취했고, 그녀 또한 술잔에 머릿결을 적실 정도로 울었겠지. 그러니 돈 때문에 도망쳐 버린 여자가 갈 곳은 혹여 순결한 연애의 소금빛 눈부신, 추억의 소금창고가 아닐 것인가. 아니 설령 그녀가 거기에 가지 않았을 것이라 짐작했을지라도 나는 그 순결하고 뜨거웠던 처음 사랑 때의 추억의 연애창고를 찾지 않을 수 없었던 것. 아니나 다를까 소금창고에 그녀는 없다. 차라리 그녀는 소금처럼 짜디짠 이 세상 어디인가에 소금처럼 짜디짰던 생을 흩뿌려 버렸는지 모른다. 그러니 나는 바닷가에 쭈그리고 앉아 오랫동안 울어 댈 뿐, 시간의 풍화 속에 낡아가는 사랑의 잔해인 고독한 소금창고 앞에서 오랫동안 울어 댈 뿐, 나는 또 이제 어디로 돌아가야 하는가. 소금창고를 연애창고로 둔갑시킨 기막힌 상상력 때문에 나만의 오독조차도 즐거운 시다.

길바닥에까지 전을 벌여 놓은
마포 돼지껍데기집
빨갛게 달아오른 연탄 화덕을 끼고 앉아
눈을 맞는다
어허 눈이 오네
머리칼 위에 희끗희끗 눈을 얹은 윤가가 큰 눈을 뜬다
대장간에 말굽 갈아 끼러 왔다가
눈을 만난 짐말들처럼
술청 안의 사내들이 술렁댄다
푸르륵 푸르륵 김을 뿜어 대기도 하고
갈기 위에 얹힌 눈을 털어 내기도 하고
나는 화덕에 쇠를 달구는 대장장이처럼
묵묵히 화덕에 고기를 얹어 굽는다
길가의 플라타너스가 쇠의 녹슨 혓바닥처럼
남아 있던 나뭇잎을 떨어뜨린다
풀무질을 세게 해서 저것들을 달구어야겠다
말랑말랑해진 혓바닥을 두드려 쇠발굽을 만들어야겠다

저 갈기 푸른 말들에 새 발굽을 달아 주어야겠다

오늘 밤 눈 쌓인 재를 넘어 다음 장으로 가기도 하고

딸랑딸랑 말방울을 울리며 사랑하는 이의 집 앞에 멈춰 서기도
하리라

붉게 단 쇠발굽을 물에 담금질할 때처럼

연탄 화덕에서 푸르게 연기가 솟는다

— 김진경, 「첫눈」

  길바닥에까지 전을 벌여 놓은 마포 돼지껍데기집에 눈이 온다. '도라무통'을 구멍 내서 만든 연탄 화덕이 빨갛게 달아오르고, 그 위 철판에다 돼지껍데기만을 구워 뜨건 '쐬주'를 꺾는 집에, 그것도 첫눈이 온다. "어허 눈이 오네" 머리칼이 희끗희끗한 윤가가 문득 눈을 크게 뜨며 놀라워하는 한마디에 갑자기 술청 안이 술렁댄다. 마치 대장간에 말굽 갈아 끼러 왔다가 눈을 만난 짐말 같은 사내들이 순식간에 그 짐말들이 되어, 푸르륵 푸르륵 김을 뿜어 대기도 하고, 갈기 위에 얹힌 눈을 털어 내며 들어서기도 한다. '나'는 화덕에, 쇠를 달구는 대장장이처럼 묵묵히 고기를 굽는데, 밖에서는 길가의 플라타너스가 남은 잎새를 떨어뜨린다. 한데 그 잎새가 쇠의 녹슨 혓바닥 같다. 순간 '나'는 그만 대장장이가 되어 세찬 풀무질로 그 잎새 쇳바닥을 달구고 싶다. 그리하여 술청 안의 갈기 푸른 짐말들에게 새 발굽을 달아 주고 싶다. 새 발굽을 갈아 끼운 짐말들은 오늘 밤 눈 쌓인 재를 넘어 다음 장으로 가기도 하고, 또 딸랑딸랑 말방울을 울리며 애인의 집 앞에 멈추어 서기도 할 것이다. 그러니 연탄 화덕에서 솟는 푸른 연기가 붉게 단 쇠발굽을 물에 담금질할 때 치지직 솟는 김 같을 수밖에 없다.

시적 묘사가 하도 싱그러워서 나도 굳이 그 묘사의 추이를 따라가 보았다. 여기에 사족을 좀 붙이자면, 먼저 술청에서 첫눈으로 말미암아 일어나는 연상을 통해, 연탄 화덕에 돼지껍데기나 구워 먹는 초라한 도시 사내들을 순식간에 푸른 짐말들로 치환하여 새 세상으로 달려가게 하는 상상력은 참으로 푸르고 푸르다. 어허 눈이 오네! 이 한마디에 술청이 대장간으로 바뀌는 것도 놀라움이지만, 쓸모없이 떨구어진 플라타너스 잎새마저도 세찬 풀무질과 망치질 끝에 쇠발굽으로 눈부시게 전화하는 모습은 그야말로 장관인 것이다. 그 쇠발굽을 갈아 끼니 말들은 눈 쌓인 재를 넘어 다음 장으로 갈 수도 있고, 딸랑딸랑 말방울을 울리며 사랑하는 이의 집에 당도할 수도 있는 것 아닌가. 모름지기 이 땅의 시인들에게 주어진 소명이 있다면 모든 사람들에게 그런 푸른 노동과 씩씩한 사랑의 새 세상으로 나아가게 하는 언어의 대장장이 직무일 것이다.

문학이 이성보다는 상상력과 깊은 관계가 있다는 생각은 경험주의자인 프랜시스 베이컨이 처음으로 분명히 하였다 한다. 흔히 역사는 기억, 철학은 이성, 문학은 상상에 직결되어 있는 바, 역사와 철학이 사실과 실재를 다루는 데 반하여 이 문학의 상상은 사실의 세계에 얽매이지 않고 사실들을 변형시켜 사실보다 더 큰 진실이나 아름다움을 창조해 간다. 시인 블레이크는 "상상은 영혼의 감각이다"라고 주장하며 상상만이 본질적 실재에 도달할 수 있다고 주장했는데, 워즈워스나 콜리지, 셸리 등 낭만주의 선구자들은 이성이란 결국 상상이란 견해를 내세우기까지 했다. 어쨌든 1980년대 내내 민족이나 민주, 민중담론과 실천에 투철하였던 김진경의 시에서 이런 상상력의 진경을 볼 수 있다는 게 얼마나 놀라운 일인가.

사물 속에 빛나는 고통처럼

또 저녁이 온다

버드나무 꽃가루가 자꾸 날아와

다래끼를 나게 하는 바다

선창가 외진 술집

금간 담벼락 밑에 핀 질경이꽃처럼

먼지투성이의 삶을

눈빛으로나마 바다에 빠뜨리며 걷는다

시간을 들여다보느라

한 개의 초점만 남은 눈먼 시계공

수평선에 잔해를 이루며 노을은

시간의 땔감들을 한 단씩 태우며 저문다

새살이 돋아나는 통증인가

부서진 초침과 분침들

부드러운 상처 속에서 뿜어져 나오는 별들로

또 하나의 성좌를 이룬다

저 물속에서 피는 빛이 나에게 고통을 준다

— 박형준, 「바닷가 저녁빛」

"시간을 들여다보느라/한 개의 초점만 남은 눈먼 시계공"은 우리들 삶에 대한 은유다. 왜 우리는 하나의 시간만을 들여다보느라 눈이 멀어야 할까. 시계 밖의 시간 속엔 존재의 황홀이 펼쳐진다. 가령 어느 인디언 부족들이 2월을 '장막 안으로 큰 눈이 쳐들어오는 달'이라 하고, 8월을 '순록의 뿔이 한 자나 자라는 달'이라고 표현하며 계량적 시간을 씻어 버리는 것처럼, 4월을 '섬진강의 은어가 물 반 고기 반으로 첨벙대며 상류로 올라오는 달'이라 하고, 5월을 '강가 백양나무가 풍광에 일렁이며 반짝이는 그 아래서 내 애인이 긴 머리칼을 날리던 달'이라고 표현하지 못할까. 시간의 땔감들을 태워 버리는 노을 다음에 뿜어져 나오는 별들의 성좌를 보는 사람이 겪는 상처나 고통쯤은 "선창가 외진 술집/금 간 담벼락 밑에 핀 질경이꽃" 같은 "먼지 투성이의 삶"을 극복하고자 하는 데에 따르는 필수과목일 수밖에 없는 것! 그래야 자본의 시간을 극복하고자 하는 데에서 따르는 통증과 함께 존재의 새 살은 돋고, 마침내 존재의 황홀 속에 올인할 수 있는 것! 그러면 "바닷가 저녁빛"이야말로 사양의 노을이 아니라 별들의 성좌로 새로 태어나게 하는 빛일 터이다.

시인은 말로 세상을 창조하고

시인은 말로
세상을
여자는 몸으로 아기를
창조한다.
없는 혹은 희박한

가능성 속에서
부드러운 손가락들로 신기한 요리를 만들어 내는
요리사처럼
점액들을 섞고 혹은 낱말들을
탄력 있고 끈기 있게 반죽하여
부풀리고 화덕에 알맞은 열기로
구워 낸다.

한 달에 한 번씩
닷새씩이나 피 흘린다.
누워서도 흘리고 서서도 흘리고
걷고, 일하고, 말하면서
몸 깊은 상처에서 여자는
아무렇지도 않은 얼굴로 피를 흘려야 한다.
하루쯤의 유급 휴가도 없이
쉰 살이 넘어 신(神)이 그 상처를 아물려 버릴 때까지
아이를 갖고 있지 않은 벌로.

그리고 상처가 아물면
깊이 깊이 메말라 시들면서
여자는 딸들이 피 흘리기 시작하는 것을 본다.
쓰러져 죽은 등걸 곁의
어린 소나무처럼.

— 양애경, 「여자」

시인은 말로 세상을 창조하고 여성들은 몸으로 아기를 창조한다. 아무것도 없는 무에서 낱말로 시인은 시라는 새로운 경이의 세계를 창조해 내고, 아주 희박한 가능성 속에서 점액들을 섞어서 여자는 아이라는 새로운 경이의 생명을 창조한다. 마치 말씀 하나로 빛과 어둠을 창조하고, 땅과 하늘과 바다를 질서 있게 구분 지어 놓고, 사람 및 각종 새와 나무와 꽃과 사슴과 물고기와 별들을 창조하신 하느님처럼 시인과 여자는 세계와 생명을 창조한다.

그런데 여자들은 그 아이를 창조하기 위해 한 달에 닷새씩이나 피를 흘린다. 도대체 어쩌자고 그런 고통을 겪어야만 하는가. 식물은 번식을 위해 활짝 피우는 그 아름답고 싱그러운 꽃이 사실 성기라는데, 그래서 이성복은 그것을 "살아가는 징역의 슬픔으로/가득한 것들"(「아 입이 없는 것들」)이라고 했는데, 여자들도 생명을 위해 그렇게 한 달에 닷새 정도는 이마건 그 어디에겐 화사하고 황홀한 꽃을 피우면 안 되는가.

여성은 그렇다 치자. 시인은 시 한 줄을 토해 내기 위해 또 날이면 날마다 얼마나 정신적 내상(內傷)으로 인한 출혈을 겪어야만 하는가. 동서고금을 막론하고 돈 한 푼도 되지 않는 시를 위해 누군 미친 사랑에 빠지고, 누군 정신분열에 시달리고, 누군 가난과 병고로 평생을 신음하고, 누군 감옥도 불사한다. 슈테판 츠바이크의 『천재와 광기』, 앙드레 모루아의 『프루스트에서 카뮈까지』, 조은섭의 『포도주, 해시시 그리고 섹스』라는 책들을 보면 많은 천재적 시인과 작가들의 삶이 얼마나 격렬했는가를 우리는 알 수 있다.

도대체 무엇 때문에 그러는가. 물론 여자는 인류 종족 보존 욕망의 산물인 아기라는 생명을 창조하기 위해 그러지만, 시인들은 그런 생명들이 만화방창의 풍성한 존재를 누리는 어떤 정신의 세계를 창조하기 위해서라는 것은 두말할 나위가 없다. 그렇다면 여자들이 가장 최상의 아기를 낳기 위해 삼가하고 기도하듯이 시인도 그래야 한다. 명시 한 편을 남기기 위해서라면 자기 목숨도 던져야 하리라. 명시 한 편을 위해서라면 세상의 몰이해와 소외, 구곡간장 끊어지는 고독도 견디어야 하리라.

 이 시는 일단 발견적 상상력이 뛰어난 작품이다. 우리는 여자들이 한 달에 닷새 정도는 늘 피를 흘려야 하는 것을 알고 있거니와 이를 시로 발견한 것은 양애경이고, 또 2연을 읽다 보면 가슴이 아리고 연민이 가득해지니 시인이 전하고자 하는 감정과 메시지도 충분히 드러난 셈이다. 하루쯤의 유급 휴가도 없이 쉰 살이 넘도록 늘 피를 흘리며 아기를 창조하는 여자들! 그처럼 온갖 정성을 기울여 시를 써내는 시인들, 아 눈물 나는 시인들!

   남자들은
   딸을 낳아 아버지가 될 때
   비로소 자신 속에서 으르렁거리던 짐승과
   결별한다.
   딸의 아랫도리를 바라보며
   신이 나오는 길을 알게 된다.
   아기가 나오는 곳이
   바로 신이 나오는 곳임을 깨닫고
   문득 부끄러워 얼굴 붉힌다.
   딸에게 뽀뽀를 하며

자신의 수염이 때로 독가시였음도 안다.

남자들은

딸을 낳아 아버지가 될 때

비로소 자신 속에서 으르렁거리던 짐승과

화해한다.

아름다운 어른이 된다.

— 문정희, 「남자를 위하여」

    문정희는 열일곱 살의 우수가 바스락거리는 가을밤, 여학교 문학의 밤에 초대된 목월을 통해 시인이 되고 싶어 한다. 아니 정확히 말하면 그날 목월이 강연 내용으로 삼은 '라이너 마리아 릴케'를 대담하게 독점하고 싶어 시인이 되려고 한다. "소녀여/시인이란 왜 그대들이 고독한지/그것을 말할 수 있기 위해/그대들한테 배우는 사람들이라오"라고 하는 릴케를 위한 연가 「첫 만남」에서 그는 소녀가 아니라 살로메가 되어 그를 독점하려고 한다. 목월은 그런 그녀에게서 시인의 "불길한 운명"을 보는 것이다.

    살로메는, 신약성경에선 헤롯왕의 계비가 자기의 간음을 질타하는 세례 요한을 죽이기 위해 딸을 꼬여서 평소 그 의붓딸에 대해 음욕을 품고 있는 왕에게 음란한 춤을 추게 한 뒤 그 상으로 요한의 목을 얻는 여자다. 한데 이보다는 오스카 와일드가 쓴 희곡으로 더 잘 알려져 있는 바, 여기에선 헤롯왕의 의붓딸인 그녀가 요한을 연모한 나머지 '7개의 베일'의 춤을 추어 그 상으로 요한의 목을 얻어 입을 맞추나 의붓아버지의 질투를 사서 죽는다.

    그런 살로메 같은 시인을 꿈꾸던 이 '발칙한' 소녀는 마침내 화려

찬란한 시인이 된다. 그리고는 "싱싱하게 몸부림치는 가물치처럼 온 몸을 던져 오는 거대한 파도를" 제압하는 야생의 사내들과, 페미니스트들이 추방해 버린 "진짜 멋지고 당당한 잡놈"들에게 오히려 한평생을 던져 버리고 싶어 한다. "몰래 숨어 해치우는 누우렇고 나약한 잡것들"과 "비겁하게 치마 속으로 손을 들이미는 때 묻고 약아빠진 좀 개들"뿐인 세상에서 눈부신 야생마를 만나려고 애쓴다.

그렇다면 그런 '눈부신 야생마'들은 누구인가. 먼저 사마천이다. 그는 투옥당한 패장을 양심과 정의에 따라 변호하다가 남근을 잘리는 치욕적인 궁형(宮刑)을 받고도 방대한 역사책 『사기(史記)』를 써서 '인간이란 무엇인가'를 규명해 낸 사나이다. 「사랑하는 사마천 당신에게」란 시를 보면, 세상의 사나이들은 "좀 더 튼튼하고/좀 더 당당하게/시대와 밤을 찌를 수 있는 기둥"을 세우기 위해 개고기를 뜯어 먹고 해구신을 고아 먹고 산삼을 찾아 날마다 붉은 눈을 번뜩이는데, 그런 꼿꼿한 기둥을 잘리고 기둥에서 해방되어 되레 천년을 얻고 "사내가 된 사내"인 것이다.

또한 지귀다. 머리에 이가 득실거리고 거북 등처럼 손이 튼 계집애나 제 짝이 될 수밖에 없는 신라의 천한 목수인 주제에, 제 주제도 모르고 선덕여왕을 사모했다가 여왕이 온다는 다보탑 앞에서 오래오래 기다린 사내, 그러다가 피곤해서 그만 잠이 드는 바람에 지나간 여왕을 보지 못한 사내, 그러나 "세상에 못 맺을 사랑이란 없다는 것"을 무엄하게도 알아 버린 이 떠꺼머리를 아름다이 여긴 여왕이 가슴에 금팔찌를 던져 놓고 가자 그 사실을 알고는 금팔찌를 안고 온몸이 불타 버려 신라만이 아니라 온 시대 온 나라의 사랑의 사슬을 끊어 버린 사내가 지귀다. 하물며 천둥 같은 사나이라는 전봉준이며, 대동

여지도를 만든 고산자 김정호며, 고흐, 생 텍쥐페리 등 죽음조차 눈부신 사내들은 어떤가. 이런 사내들에 경사되는 이 통 큰 여성 시인의 '사나이 집착증'은 당연히 사나이다운 사나이가 사라진 이 시대의 '남자를 위한 시'이기도 하다.

「남자를 위하여」는 이와 같은 맥락에선 약간 벗어난 남자의 욕망론이라고 할 수 있다. 사실 욕망은 생의 근본적인 추동력이면서도 자본으로 왜곡돼 버린 가장 추악한 욕정이기도 하다. 그런데 여기서 남자가 "딸을 낳아 아버지가 될 때" 곧 딸의 아랫도리를 보며 거기가 신이 나오는 곳임을 알게 되면서 남자들이 자신 속에서 으르렁거리는 욕정과 결별한다는데 이는 그냥 여성 시인의 소망사항일 것만 같다. 남자들은 그러지 않기 때문이다. 내가 아는 바로는 "딸의 엉덩이가 산처럼 부풀어 여물 때"야 남자의 욕정이 한풀 꺾인다고 한다.

    소의 커다란 눈은 무언가 말하고 있는 듯한데
    나에겐 알아들을 수 있는 귀가 없다.
    소가 가진 말은 다 눈에 들어 있는 것 같다.

    말은 눈물처럼 떨어질 듯 그렁그렁 달려 있는데
    몸 밖으로 나오는 길은 어디에도 없다.
    마음이 한 움큼씩 뽑혀 나오도록 울어 보지만
    말은 눈 속에서 꿈쩍도 않는다

    수천만 년 말을 가두어 두고
    그저 끔벅거리고만 있는

오, 저렇게도 순하고 동그란 감옥이여

어찌해 볼 도리가 없어서
소는 여러 번 씹었던 풀줄기를 배에서 꺼내어
다시 씹어 짓이기고 삼켰다간 또 꺼내어 짓이긴다.

― 김기택, 「소」

　　김기택은 일상의 폭력과 억압에 대한 아주 섬세한 관찰과 묘사로 주목을 받아 온 시인이다. 특히 폭력과 상처들이 육체화 되어 우리들의 인격이 되고 생명이 되어 버린 모습을 극사실적으로 관찰하고 묘사하는데, 거기에서 오는 경악감과 당혹감을 그로테스크라 한다면 그의 시를 그로테스크 리얼리즘이라 해도 무방하리라. 「사무원」이란 시는 이른 아침 6시부터 밤 10시까지 하루도 빠짐없이 사무실 의자에 앉아 손익관리대장과 자금수지현황 속의 숫자만 읊으며 '30년간의 장좌불입(長座不立)'의 별명을 얻을 정도로 산 사무원에 대한 치열한 알레고리이다. 한데 그는 이 시에서 관찰과 묘사의 대상이 되는 사무원에 대한 연민과 희화화보다는 오히려 그렇게 육체화 된 상처와 폭력을 견디며 살아가는 사람들에 대한 '일상을 통한 득도' 같은 것을 얘기하고 싶었는지도 모른다는 생각이 든다. 대대로 물려받은 식욕과 성욕과 불안의 유산을 안고, 꿈꾸고 분노하고 견디는 나날의 삶을 누구라서 뛰어넘겠는가. 일상을 통과하지 않고는 누구도 신에 이를 수 없는 것임을.
　　「소」라는 시도 예의 일상의 '감옥'이 자기의 '육체'가 되어 버린 자의 비애와 분노와 침묵과 견딤에 대한 풍자인데, 흔히 풍자에서 느겨지는 희극성이나 통쾌함보다는 진중함과 비애감이 가슴 가득 담겨 오는 시다. 소는 커다란 눈을 가지고 있다. 너무도 순한 눈이다. 커다랗고 순한 소의 눈을 찬찬히 들여다보노라면 그 눈이 무언가 말하고 있는 듯한데 우리에겐 소의 말을 알아들을 귀가 없다. 과연 그 눈에 다 들어 있는 것 같은 소의 말은 무엇일까. 또다시 그 커다랗고 순한 소의 눈을 찬찬히 들여다보노라면 소의 눈엔 항상 눈물이 그렁그렁 넘칠 듯하다. 그런 눈물처럼 매달려 있는 소의 말은 달리 몸 밖으로 나오는 길도 없다. 가끔은 먼 하늘을 향해 긴 목을 빼고 "마음이 한 움큼씩 뽑혀 나오도록 울어 보지만" 말은 눈 속에서 꿈적도 않는다. "수천만 년 말을 가두어 두고/그저 끔벅거리고만 있는" 소의 눈. 그것이 감옥이 되어 버리고 그 감옥이 다시 육체가 되어 버리는 이 비극적 현실을 보라. 어찌해 볼 도리가 없어서 여러 번 씹었던 풀줄기를 배에서 꺼내어 "다시 씹어 짓이기고 삼켰다간 또 꺼내어 짓이기"는 이 자조적 분노를 보라. 되새김질 하는 소의 생태에서 생각해 낸 이 결말의 비애가 너무 크다. 한데 도대체 소가 그렇게 하고 싶은 말은 무엇일까.

　　화가 황영성의 작품에는 모든 그림에 황소가 중심에 등장하고 이와 어울려 가족과 마을이 존재한다. 황소, 초가마을, 가족을 통해 농사짓고 사는 인간 본래의 삶, 또는 생명의 고향에 대한 그리움을 떠올리게 한다. 젊은 시인 유강희가 「외갓집」이란 시에서 "소가 새끼를 낳았다. 찬물 한 그릇 떠서 누렁콩도 소복이 담아 외양간 앞에 놓았다. 이틀밖에 안 된 송아지가 머리로 툭툭 차면서 통통 불은 젖을 빨아먹는다."라고 한 표현과 맥락이 같은 그림들이다. 반면에 이정록의 「실직」이란 시는 "쟁기를 끈 적도, 길마를 얹어 본 적도 없는 소/살집을 채우기 위해 종일 새김질만 하는, 일없는 소"에 대해서 말한다. 발길질도 뿔따귀질도 잃어버리고 질 좋은 고무장갑과 섹스를 하거나 벌컥벌컥 호스를 빨며 부풀어 올라선 팔려가는 소는 다만 고깃덩이일 뿐인 자본주의 속의 소다.

하지만 김기택의 소는 농촌공동체 시절의 소거나 자본주의 체제의 소거나 상관없이 존재 자체로서의 소다. 그럼에도 그런 소가 하고 싶은 말은 결국 이 세상 속에 던지고 싶은 말일진대, 그렇다면 아무래도 제 노동의 가치가 사람값만큼의 인정을 받는 세상보다는 발 한 발짝 제대로 움직이지 못하게 한 평 정도의 좁은 공간에 묶어 놓고 비육에만 온 신경을 쏟는 세상에 대해 쏟고 싶은 말이리라. 사실 지금 나는 일부러 우문우답을 하고 있는 셈인데, 여기서 김기택의 소는 소 그 자체라기보단 우리 인간에 대한 유추라는 것을 시 독자라면 이미 잘 알고 있을 것이다.

자연의 언어는 반짝인다

굴참나무는 공중에서 솟아오른다
해만 뜨면 솟아오르는 일을 한다
늘 새롭게 솟아오르므로 우리는
굴참나무가 새로운 줄을 모른다
굴참나무는 아침 일찍 눈을 뜨고
일어나자마자 대문을 열고 안 보이는
나라로 간다 네거리 지나고 시장통과

철길을 건너 천관산 입구에 이르면

굴참나무의 마음은 벌써 달떠올라

해의 심장을 쫓는 예감에 싸인다

그때쯤이면 아이들도 산란한 꿈에서

깨어나 자전거의 페달을 밟고 검은 숲 위로

오른다 볼이 붉은 막내까지도 큼큼큼

기침을 하며 이파리들이 쏟아지듯 빛을

토하는 잡목숲 옆구리를 빠져나가

공중으로 오른다 나무들이 일제히

손을 벌리고 아이들이 일제히

손을 벌리고 아이들은 용케도 피해 간다

아이들의 길과 영토는 하늘에 있다

그곳에서는 새들과 무리지어 비행할

수가 있다 그들은 종다리처럼 혹은

꽁지 붉은 비둘기처럼 이 가지에서

저 가지로 포르릉 포르릉 날며 흘러

내리는 햇빛을 굴참나무처럼 느낄 수 있다

— 최하림, 「아침 시(詩)」

    최하림 시인의 목소리는 세계와 사물을 향해 한껏 열려 있다. 시인의 시선은 투명하여 사물에 닿으면 시선은 사라지고 사물의 본래 면목만이 오롯이 떠오른다. 시인의 귀는 툭 터져 있어 그 어떤 소리도 걸러내지 않고 온전한 소리를 듣는다. 청아한 목소리, 투명한 눈,

툭 터진 귀는 오늘의 「아침 시(詩)」에선 나무와 자전거와 숲과 아이들의 환호와 찬란한 햇빛이 어우러져 만들어 내는 자연세계와 신비주의적 합일 체험의 순간을 열망하는, 몽상가로서의 매혹을 눈부시게 보여 준다. 누추한 수식어가 필요 없는 완벽하고도 아름다운 정점(頂點)의 언어를 지향하는 시인의 시는 자연 속에 잠겨 있는 '신성한 미'를 발견해 내는 데 최선을 다한다.

먼저 해가 뜨는 아침, 굴참나무는 공중으로 솟아오른다. 해만 뜨면 늘 솟아오르는 일을 새롭게 하는데도 우리는 굴참나무가 새로운 줄을 모른다. 그러나 굴참나무가 늘 새롭게 솟아오르는 일을 하는 것을 아는 시인은 굴참나무가 집 대문-네 거리-시장통과 철길-천관산 입구-검은 숲-하늘로 계속 움직이며 역동적인 상승을 하는 모습을 "해의 심장을 쫓는 예감에 싸인다"라는 말로 종합해 낸다. 굴참나무가, 아니 굴참나무로 대변되는 모든 나무들이 사방 곳곳에서 해의 심장을 쫓으며 날이면 날마다 해만 뜨면 솟아오르는 이 싱그러운 황홀경을 시인이 아니고 도대체 어느 누가 보아 내랴.

그때쯤이면 우리네 싱싱한 아이들도 어지러운 꿈에서 깨어나 자전거의 페달을 밟고 검은 숲 위로 오른다. 볼이 붉은 막내까지도 큼큼큼 기침을 하며 자전거를 타고, 이파리들이 쏟아지듯 찬란한 빛을 토하는 잡목숲 옆구리를 빠져나가, 공중으로 오르는 아이들의 환영을 한번 보라. 나무들이 일제히 손을 벌려 환호하고, 아이들도 손을 벌려 일제히 환호하며 나무와 나무들 사이를 요리조리 빠지며, 왜 아이들은 공중으로 자꾸 오르는가. 두말할 것도 없이 "아이들의 길과 영토는 하늘에 있"기 때문이다. 마치 나무들이 해의 심장을 쫓아 햇빛을 느낄 수 있듯이 아이들도 새들과 무리 지어 비행할 수도 있고,

종다리나 꽁지 붉은 비둘기처럼 이 가지에서 저 가지에로 포르릉 포르릉 날며 내리는 햇빛을 느낄 수 있기 때문이다. 참으로 신성하고 순수한 언어만이 꿈꿀 수 있는, 시인과 자연이 완전히 합일하는 환희의 순간을 이렇게 생동감 넘치게 표현해 낼 수 있다니, 정녕 유구무언일 수밖에 없다.

굴참나무와 햇빛과 바람과 아이들과 새들의 길이자 영토인 '하늘'은 여기서 무엇인가. 아, 지상의 인간들이여, '하늘'이라는 말을 새롭게 발음해 보라. "죽는 날까지 하늘을 우러러/한 점 부끄럼이 없기를/잎새에 이는 바람에도/나는 괴로워했다"는 윤동주 이래로 이렇게 하늘의 형상을 찬란한 소도구들로 구체화한 시인이 누가 있겠는가. 기껏해야 '차떼기' 돈정치나, '부동산 투기' 경제, '스와핑과 살과의 전쟁'으로 대변되는 욕정과 외모만이 지상가치가 되어 있는 사회나, '불량상품'을 끝내 좋은 상품이라고 우겨 대는 문화가 판치는 이 슬픈 지상에서, 이렇게 새아침에 '하늘'을 보게 해 준 시인에게 감사를 하자.

    아무도 소유권을 주장하지 않는
    금빛 넘치는 금빛 낙엽들
    햇살 속에서 그 거죽이
    살랑거리며 말라가는
    금빛 낙엽들을 거침없이
    즈려도 밟고 차며 걷는다

    만약 숲 속이라면
    독충이나 웅덩이라도 숨어 있지 않을까 조심할 텐데

여기는 내게 자명한 세계
낙엽더미 아래는 단단한, 보도블록

보도블록과 나 사이에서
자명하고도 자명할 뿐인 금빛 낙엽들

나는 자명함을
퍽! 퍽! 걷어차며 걷는다

내 발바닥 아래
누군가가 발바닥을
맞대고 걷는 듯하다.

— 황인숙, 「자명한 산책」

 삶이 쓸쓸하고 비루하고 덧없다는 것을 알고 나서, 그래도 살아가야만 하는 삶은 어떤 것이어야 하는가. 『나의 침울한, 소중한 이여』란 시집에서 황인숙은 그런 삶의 자조와 회한과 비아냥거림의 이미지에 몰두하지만, 그 어조는 텅 빈 대낮의 눈물 나게 하는 햇빛처럼 차라리 명랑하다. 절망과 어둠과 슬픔이 건드리고 덮쳐 와도 스폰지처럼 충격을 흡수해선 종당엔 테니스공처럼 싱그러운 말들을 마구 퉁겨낸다. 무거운 탄식과 안타까움과 자기모멸이 자유로움, 발랄함, 가벼움 등의 옷을 입는다.
 "비가 온다./네게 말할 게 생겨서 기뻐./비가 온다구!//나는 비가 되었어요./나는 빗방울이 되었어요./난 날개 달린 빗방울이 되었어요.//나는 신나게 날아가./유리창을 열어둬./네 이마에 부딪힐 거야./네 눈썹에 부딪힐 거야./너를 흠뻑 적실 거야./유리창을 열어둬./비가 온다구!//비가 온다구!/나의 소중한 이여./나의 침울한, 소중한 이여."(「나의 침울한, 소중한 이여」)

비가 온다. 비가 온대서 무엇이 달라지는가. 소중하지만, 그러나 침울해 있는 너에게 비쯤 온대서 무엇이 달라질 거란 말인가. 하지만 황인숙은 비가 온다, 비가 온다구! 하고 소리친다. 비가 오는 그 사실을 네게 말할 수 있어서, 말할 게 생겨서 기쁘다고 소리친다. 비 오는 것 정도가 네게 말할 수 있는 거라면 너와 나 사이엔 그동안 얼마나 말할 게 없었단 말인가. 그럼에도 비가 되어, 빗방울이 되어, 날개 달린 빗방울이 되어, 신나게 날아가, 네 이마에, 네 눈썹에 부딪히고, 너를 흠뻑 적실 거라고 외쳐 대는 안간힘, 어쩌면 너무도 침울하고 쓸쓸하고 비루한 삶을 이겨 내려는 그 안간힘의 명랑함이 가슴을 아리게 하는 시다.

「자명한 산책」은 너무도 '자명한 산책'에 대한 반발이다. 자명한 산책이란 무엇인가. 보도블록 위의 산책이다. 원래 산책이란 들길이나 숲길을 이리저리 거니는 것이다. 그 숲 속의 산책은 독뱀에 물릴 수도 있고 허방에 빠질 수도 있어 조심해야 한다. 그렇다면 숲 속의 산책은 전혀 알 수 없는 아우라에 쌓여 있다는 뜻도 되어 설렘을 갖게 한다. 그러므로 숲 속의 산책은 만물과 교감이 가능할 수도 있다. 우리 속의 기와 우주의 기가 합일에 이를 수도 있다.

하지만 보도블록 위의 산책은 너무도 자명하다. 그 위에 금빛 넘치는 금빛 낙엽들이 덮여 있더라도 그 밑은 역시 단단한 보도블록일 뿐이다. 조심히 딛어야 할 발도, 기대로 설렐 가슴도 없다. 합리적이고 과학적이고 이성적이고 명징한 세계가 근대적 기획에 의한 것일진대, 그런 자명하고도 자명할 뿐인 세계가 인간에게 편리와 문명을 가져다주긴 했지만, 발로 퍽! 퍽! 걷어차 버리고 싶을 정도로 매력적이지 못한 이유가 뭔가. 삼갈 것도 설렐 것도 없는 세계야말로 권태롭고 환멸스러울 수밖에 없기 때문이다. 사실 우리가 쓸쓸하고 비루하고 덧없는 세계를 그래도 살아가는 이유는 바로 미지(未知)의 미래가 있기 때문이 아니겠는가.

   부연이 알매 보고
   어서 오십시오 하거라
   천지가 건곤더러
   너는 가라 말아라
   아침에 해 돋고
   저녁에 달 돋는다

   내 몸 안에 캄캄한 허공
   새파란 별 뜨듯
   붉은 꽃봉오리 살풋 열리듯

   아아
   '화개(花開)!'

                − 김지하, 「화개(花開)」

김지하의 사상편력을 따라잡기엔 전문 독자들도 늘 벅차다. 그가 좇은 사상의 개념어만 해도 '황토' '타는 목마름' '애린' '생명' '틈' '그물망' '율려' '흰 그늘' 등등 미처 헤아리지 못할 정도다. 그는 마치 유목주의자처럼 안주를 거부하고 늘 새롭게 길을 나선다. 우리 시의 사상성 부족을 질타하는 어떤 글을 본 적이 있는데, 그가 김지하를 제대로 읽어 보고 하는 소리인지 모른다는 생각을 했다.

　한데 이렇게 늘 새로운 고원을 찾아 떠나는 그의 총체적 문학세계는 홍용희 말대로 사실 "죽임의 세력에 대한 부정과 대립에서 그 죽임의 세력까지 순치시켜 포괄하는 살림의 문화 재건으로 전개되는" 양상을 보여 준다. 그러니까 부조리하고 부정의한 외부 현실세계에 대한 치열한 투쟁과 반역의 시세계를 하나의 교조주의적 저항 이데올로기로 고착화하지 않고, 좀 더 심층적인 차원에서 생명의 신성성의 회복과 생명소생의 문화 창조의 도정으로 나아가는 기조를 항상 유지한다는 것이다.

　그럼에도 김지하의 발성에는 늘 개벽이 있다. 사실 한 송이 꽃이 벙그는 순간이 개벽의 순간이 아니던가. 『벽암록』에 '일화개세계기(一花開世界起)'라는 말이 있는데, "한 송이 꽃이 피니 세계가 모두 일어선다"라는 뜻이다. 이를 한 송이 꽃이 피니 세계가 모두 열린다, 곧 개벽이다고 말할 수도 있겠다. 그러고 보면 「화개(花開)」도 하나의 개벽이다.

　"부연이 알매 보고/어서 오십시오 하거라" 이 말이 무슨 말인가. 부연(附椽)은 집의 맨 끝 서까래인 장연 끝에 덧얹는 네모지고 짧은 서까래로 처마 끝이 보기 좋게 위로 들리게 하여 모양이 나게 한다. 그리고 알매는 지붕 서까래 위나 고물 위에 흙을 받기 위하여 나뭇개

비 또는 수수깡을 가로 펴고 엮은 산자(橵子) 위에 받는 흙을 말한다. 그렇다면 부연이 알매 보고 어서 오십시오 하라는 것은 의당 그래야 하기 때문에 그러라는 것이 아니겠는가. 부연이나 장연이나 알매나 산자나 다 집을 구성하는 요소로, 혹여 부연이 없거나 알매가 없거나 하면 집 자체가 이루어질 수 없으므로 서로 공경하며 서로를 받아들이라는 것이다.

"천지가 건곤더러 너는 가라 말아라"는 뜻은 무엇인가. 천지(天地)는 하늘과 땅이고, 건곤(乾坤)은 하늘과 땅을 상징적으로 이르는 말이다. 그러니까 천지나 건곤이나 동의어거나 동족인데 어찌 천지가 건곤더러 너는 가라고 말할 수 있단 말인가. 아니면 천지라는 실체와 건곤이라는 상징은 몸과 마음처럼 둘이자 하나일 수밖에 없으니 애초에 너는 가라, 말아라 할 수도 없는 것이다. 화해와 조화의 순리에 어긋나기 때문이다. 그런 순리대로 사실 아침엔 해 돋고 저녁엔 달이 돋는 것 아니겠는가.

어쨌든 그런 상생과 동일화의 순리를 따르거나 꿈꿀 때 내 몸 안의 캄캄한 허공 속에도 새파란 별이 뜨거나 붉은 꽃봉오리가 살풋 열릴 수 있는 것이다. 아니 "새파란 별 뜨듯/붉은 꽃봉오리 살풋 열리듯" 아아 하며 감탄할 수밖에 없는 꽃 한 송이의 피어남으로 세계가 모두 열리는 것이다. 그게 곧 개벽이니 굳이 시 마지막에다 감탄부호까지 덧붙여놓은 것 아니겠는가.

모든 경계에는 꽃이 핀다

달빛과 그림자의 경계로 서서

담장을 보았다

집 안과 밖의 경계인 담장에

화분이 있고

꽃의 전생과 내생 사이에 국화가 보았다

저 꽃은 왜 흙의 공중섬에 피어 있을까

해안가 철책에 초병의 귀로 매달린 돌처럼

도둑의 침입을 경보하기 위한 장치인가

내 것과 내 것 아님의 경계를 나눈 자가

행인들에게 시위하는 완곡한 깃발인가

집의 안과 밖이 꽃의 향기를 흠향하려

건배하는 순간인가

눈물이 메말라

달빛과 그림자의 경계로 서지 못하는 날

꽃철책이 시들고

나와 세계의 모든 경계가 무너지리라

— 함민복, 「꽃」

어느 날 밤, 시인은 달빛과 달빛이 만든 자기 그림자의 경계로 서서 담장을 본다. 그 담장은 집 안과 밖의 경계로 서 있다. 그런데 문득 보니 그 경계의 담장 위에 국화 화분이 놓여 있는 게 아닌가. 물론 그 국화는 자신의 전생과 내생 사이에 피어 있는 것일 수밖에 없다. 그리고 보니 시인도, 시인이 바라보는 담장도, 담장 위의 국화도 모두 경계에 서 있거나 놓여 있는 존재들이다. 어쨌든 '시인'은 '담장' 위의 '꽃'을 발견하고는 순간적으로 "모든 경계에는 꽃이 핀다"고 직관해 버린다.

그러면서도 저 꽃은 왜 흙의 공중섬, 그러니까 거기 담장 위에 피어 있는 것인지를 의문시한다. 혹시나 해안가 방공용 철책에 매달려 초병의 귀가 되는 돌처럼 월담하는 도둑이 잘못 건드려 떨어뜨리도록 놓아둔 경보용 장치인가, 아니면 담장을 쳐 내 것인 안과 내 것 아닌 밖의 경계를 확실하게 나눈 주인이 밖의 사람들이 감히 안쪽을 넘나 보지 말라는 시위용으로 놓아둔 완곡한 깃발 같은 것인가, 하고 말이다. 만약 그렇다면 그 꽃은 부정적인 도구로 놓인 셈이다. 아울러 그 꽃이 놓인 '경계' 자체도 좌익과 우익, 부자와 빈자, 남한과 북한, 경상도와 전라도 등등을 가르는 부정적인 '철책' 같은 것일 수밖에 없다.

하지만 모든 경계에는 꽃이 핀다고 하지 않았던가. 그리고 그 경계를 '꽃철책'이라고 하지 않았던가. 꽃철책의 경계라면 그 경계야말로 얼마나 아름다운 경계인가. 아울러 활짝 핀 꽃으로 이루어진 경계라면 그것은 이미 경계라고 할 수도 없는 경계가 아닌가. 그렇게 본다면 그 담장 위의 꽃은 "집의 안과 밖이 꽃의 향기를 흠향하려/건배하는 순간"일 수밖에 없다. 한마디로 집의 안과 밖이라는 것은 그 꽃 담장으로 인해 하나가 되는 것이다. 사실 우리의 삶이라는 것도 전생과 내생 사이의 경계로 존재한다. 다시 말해 현생이란 경계에 불과한 것이다. 그럼에도 그 경계는 꽃이기 때문에 경계야말로 살아 있는 삶이다. 그것도 가장 화려하고 싱그러운 절정의 삶이다. 바로 그런 경계로서의 현생이야말로 전생과 내생을 하나로 잇는 존재요, 밖의 역사와 안의 무의식을 하나로 통합하는 존재요, 내 것과 내 것 아닌 것의 구분을 지워 버리는 존재인 것이다.

　그런 긍정적 경계, 나와 세계를 하나 되게 하는 경계, 꽃철책으로서의 경계, 현재적 삶 자체인 경계가 무너지는 날이 있다. 눈물이 메말라 버리는 날이 그날이다. 도대체 눈물이 무엇이기에 눈물이 메말라 버리면 경계, 곧 삶이 무너지는가. 김현승 식대로 말한다면 눈물이야말로 '옥토에 떨어지는 작은 생명'이자, '흠도 티도 금도 가지 않은 나의 전체'이자, 가장 값진 것 중 내가 '가장 나중 지니인 것'이자, 이 세상의 열매를 맺게 하신 당신이 '나의 웃음을 만드신 후에 새로이 지어 주신' 것이다. 이런 순수, 순결, 순정의 보석인 눈물이 메말라 버린 삶이야말로 사실 이미 꽃핀 존재로서의 삶은 아닐 것이다.

　함민복이 모든 경계를 꽃으로 지웠다면 아예 경계조차도 없이 시인과 느티나무와 별이 하나 되는 지경을 표현한 것은 다음의 김완이다.

밤에 보는 느티나무는 늘 빛난다
야간공부 끝내고 내려오는 행정관 앞
잘 생긴 한 그루의 그가 서 있다
잘 빠진 몸매가 거느리고 있는
황홀한 연초록 이파리들
이파리들마다 방울방울 빛방울 달고 있다
그도 우리처럼 무슨 공부를 하고 있는 걸까
하늘에서 별들의 웃음소리 들리면
그의 빛나는 영혼이 별들에 닿는 듯하다
덩달아 시인이 꿈꾸는 영혼도
통째로 하늘로 올라갈 것만 같다

날 흐리고 비바람 몰아치는
시가 잘 써지지 않는 밤이면
가끔 바람에 뒤척이고 흔들리는
그의 울음소리, 시인의 가슴에서
소용돌이치기도 한다
상처마다 구멍 숭숭 뚫린 가슴에
바람 들어차 외로운 날이면
그도 뿌리 뻗어 땅을 움켜쥐어야 한다
수액을 밀어 올리는 맹목적인 그의 사랑
가슴에서 어머니의 강이 되어
소리 없이 흐르고 있다
그와 더불어 한참 이야기하다 보면
시인도 어느덧 밤하늘의 별이 된다

— 김완, 「시인과 느티나무」

    김완은 원래 심장전문의 의사 시인이다. 그의 시들은 온통 '산행'과 '여행'의 시들로 붐빈다. 물론 그의 산행과 여행은 단순히 건강 도모와 휴가를 위한 등산이나 관광이 아니거니와 마치 길 위의 인문정신 궁리와 같은 것이라고나 할까. "모든 사물은 제 몸에 시간과 역사를 아로새긴다"는 그의 시구처럼 산행과 여행 중에 접하는 수많은 존재들 속에서 시와 철리를 건져 올리거나, 풍상에 울고 웃는 개개 인간의 시간을 보고, 이름 없는 백성들의 "늘 아픈 역사"를 사유한다. 뿐만 아니라 자연과 풍물 속에 마음을 내려놓거나 활짝 열어서는, 그 속에서 자연스레 펼쳐지는 가지가지 생태의 새로운 발견을 통해 인간의 도리와 삶의 희망을 단도리하기도 한다. 하지만 "어떤 거대한 힘도 자연이 내는 묵음의 소리를 가둘 수 없다"는 그의 단호한 발언처럼, 그의 산행과 여행의 궁극은 자연의 묵음과 그 속 어디서든 멈추지 않는 우주의 소리를 듣고자 하는 구도행에 다름 아닌 걸로 읽어도 무방하리라. 위 시 「시인과 느티나무」는 밤에 빛나는 느티나무와 밤에 시를 쓰는 시인을 동일시하여 "하늘에서 별들의 웃음소리 들리면" 느티나무의 "빛나는 영혼이 별들에 닿는 듯"하고, 느티나무와 더불어 이야기하다 보면 "시인도 어느덧 밤하늘의 별이 된다"는 아주 신비로운 표현을 한다. 하지만 시는 소박하고 평담하다. 대교약졸이란 말도 있듯이 아무런 기교나 수사가 없이도 마음을 울리는 시인데, 우주와 하나 되고 싶은 그의 진솔한 시관 때문이 아닌가 싶다.

언어의 깊이와 삶의 깊이

바람 불고
키 낮은 풀들 파르르 떠는데
눈여겨보는 이 아무도 없다.

그 가녀린 것들의 생의 한순간,
의 외로운 떨림들로 해서
우주의 저녁 한때가 비로소 저물어 간다.
그 떨림의 이쪽에서 저쪽 사이, 그 순간의 처음과 끝 사이에는
무한히 늙은 옛날의 고요가, 아니면 아직 오지 않은 어느 시간에

속할 어린 고요가

　　　　보일 듯 말 듯 옅게 묻어 있는 것이며,
　　　　그 나른한 고요의 봄볕 속에서 나는
　　　　백 년이나 이백 년쯤
　　　　아니라면 석 달 열흘쯤이라도 곤히 잠들고 싶은 것이다.
　　　　그러면 석 달이며 열흘이며 하는 이름만큼 내 무한 곁으로
　　　　나비나 벌이나 별로 고울 것 없는 버러지들이 무심히 스쳐 가기
　　도 할 것인데,

　　　　그 적에 나는 꿈결엔 듯
　　　　그 작은 목숨들의 더듬이나 날개나 앳된 다리에 실려 온 낯익은
　　냄새가
　　　　그 어느 생애선가 한결 깊어진 그대의 눈빛인 걸 알아보게 되리
　　라 생각한다.

　　　　　　　　　　　　　　　　— 김사인, 「풍경의 깊이」

　　황동규는 오래전에 「즐거운 편지」에서 "내 그대를 생각함은 그대가 앉아 있는 배경(背景)에서 해가 지고 바람이 부는 일처럼 사소한 일일 것이나 언젠가 그대가 한없이 괴로움 속을 헤매일 때에 오랫동안 전해 오던 그 사소함으로 그대를 불러보리라."고 했다. 여기서 시인은 해가 지고 바람 부는 일이 사소하다고 짐짓 말하나, 이는 인위적으로 어찌할 수 없는 거대한 자연현상 곧 우주적인 일로 그만큼 크게 그대를 생각하겠노라는, 반어인 셈이다. 아니나 다를까 이 시 뒤편에는 사랑의 격정처럼 눈이 펑펑 퍼붓는다.

김사인의 「풍경의 깊이」는 반어 대신 과장법을 적절히 사용하여 그대에 대한 사랑의 깊이를 곡진하게 드러낸 시다. 우선 "바람 불고/키 낮은 풀들 파르르 떠는데/눈여겨보는 이 아무도 없다." 삶의 거센 바람 속에서 별로 가진 것도 없어 키 낮게 떨어야 하는 그대에 대한 한량없는 연민은 누가 갖는가. 연민이란 '타인의 고통에 대한 동일시에서 오는 슬픔'으로 부처의 '대자대비'나 예수의 '긍휼'에 해당되지만 사랑의 마음이 가득하면 누구라도 가질 수 있다. 그런데 생의 한 순간, 그 가녀린 것들의 "외로운 떨림들로 해서/우주의 저녁 한때가 비로소 저물어 간다." 사실이야 가녀린 것들의 외로운 떨림 하나로 우주가 저물 리는 없겠지만, 이는 향대과장법을 사용하여 그만큼 곡진하게 가녀린 그대에 대한 사랑의 깊이를 나타내고자 한 것이다.

특히 외로운 떨림들! 이 떨림은 우주적 파장으로 모든 존재의 떨림을 동반한다. 우리는 어떤 경외스러운 것을 보고도 떨리지만 사랑의 첫 입맞춤 때는 또 얼마나 떨리던가. 반면에 너무 슬프고 외로워도 가슴이 미어지도록 떨린다. 이 떨림이 교감을 가능케 한다. 그러기에 "그 떨림의 이쪽에서 저쪽 사이"는 순간이지만, 그 순간 속에 "처음과 끝"이 다 들어 있을 정도이다. 그리고 그 사이에는 또 늙은 과거와 어린 미래의 고요까지 보일 듯 말 듯 옅게 묻어 있는 것이니, 이 떨림이라는 게 우주 운행의 무한한 힘일 정도이다.

'나'는 이 가녀린 떨림, 떨림의 고요, 고요의 봄볕 속에서 곤히 잠들고 싶다. 백 년이나 이백 년, 아니라면 석 달 열흘쯤이라도 잠들고 싶은데, 잠들다 보면 석 달이건 열흘이건 시간을 다 벗어나 무한이라도 잘 수 있을 것이다. 어찌 안 그러겠는가. 외로운 떨림인 그대, 떨림의 고요인 그대, 고요의 봄볕인 그대 속에서 잠드는데 왜 일어나고 싶겠는가. 잠들었다 깨면 다시 그대를 쓰다듬고 어루만지고 뜨거운 침을 삼키기도 하다가 다시 잠들고 하는 일을 한량없이 하고 싶을 것이다.

그러면 그간에 "나비나 벌이나 별로 고울 것 없는 버러지들이 무심히 스쳐 가기도 할 것인데" 나는 "그 작은 목숨들의 더듬이나 날개나 앳된 다리에 실려 온 낯익은 냄새가/그 어느 생에선가 한결 깊어진 그대의 눈빛"이라는 걸 꿈결에서라도 알아보게 될 것이라고 생각한다. 여긴 향소과장법이지만, 미물짐승의 날개나 더듬이에 실려 온 냄새조차도 그대의 눈빛으로 생각할 정도면 이 세상 모든 것이 그대의 눈빛 아니고 무엇이겠는가. 황동규의 반어와 김사인의 과장이 통하는 지점이다.

처음엔 이렇게 썼다.

다 잊으니까 꽃도 핀다
다 잊으니까, 강물도 저렇게
천천히 흐른다.

틀렸다, 이제 다시 쓴다.

아무것도 못 잊으니까 꽃도 핀다
아무것도 못 잊으니까,
강물도 저렇게
시퍼렇게 흐른다.

— 윤제림, 「강가에서」

한때 '황천반점'을 차려 놓고 이승과 저승길을 오가는 식객들에게 한술 밥을 차려 주던 윤제림은 요새는 '청산옥'이란 이름으로 신장개업을 해서 역시 길손들에게 밥을 판다. 같은 메뉴라도 사람마다 가격이 다르고 밥값도 돈 대신 몸으로 셈을 하는 곳. 그런데 거기에 오는 '손님들'은 누구인가. "저 사람은 정객(政客)이다. 아니다 어깨다./저 사람은 협객(俠客)이다. 아니다 주먹이다./저 사람은 논객(論客)이다. 아니다 이빨이다./저 사람은 가객(歌客)이다. 아니다 아가리다.//넌 뭐냐?//식객(食客)이다./아니다. 밥벌레다." 그렇다. 거기에 오는 손님들은 모두 자기 본질을 투시한 자들이다. 사실 어깨며 주먹이며 이빨이며 아가리에 불과한 자들이 순전히 사기를 치며 세상을 주름잡는 것 아닌가. 차라리 밥벌레는 밥이나 축내지 사기는 안 친다.

그런 청산옥에서 "여자를 부른 일이 없는데"도 먼 길을 걸어 사랑이 오기도 하고, 그 집 앞에 "도라지꽃으로 피었다 진 적이 있었는데" 그대가 번번이 먼 길만을 돌아다녀서 사랑을 놓치기도 한다. 하기야 "그대가 옆방에 든 줄도 모르고" 잠만 자지 않았던가. 그 때문인지 「사랑」이란 시에선 "살 찢은 칼이 칼끝을 숙이며/정말 미안해하며 제가 낸 상처를/들여다보네.//칼에 찢긴 상처가 괜찮다며/정말 아무렇지도 않은 표정으로 그 칼을/내다보네."라며 사랑의 상처를 감수하기도 한다. 나도 그렇게 사랑의 칼에 찢기고 싶다. 그 상처가 치명적일 수도 있겠지만 청산옥 같은 이 쓸쓸한 세상에서 그래도 그중 나은 것이 사랑이기에.

그러기에 "다 잊으니까 꽃이 핀다/다 잊으니까, 강물도 저렇게/천천히 흐른다."라고 처음에 썼던 것은 틀린 것이다. 아니 청산옥 같은 이 쓸쓸한 세상에서 사랑을 잊는다는 게 도대체 말이나 되는 소리인

가. 사랑을 잊는다는 게 말이 된다고 생각하는 사람은 인생을 절반도 알지 못하는 사람. 그래서 이제 다시 쓰는 것이다. "아무것도 못 잊으니까 꽃도 핀다/아무것도 못 잊으니까,/강물도 저렇게/시퍼렇게 흐른다." 라고. 그래서 일찍이 한 시인은 "사랑은 가도 옛날은 남는 것"이라고 하지 않았던가. 여름날의 호숫가, 가을의 벤치! 아니 아니 남해 금산 앞바다의 그 금결은결 반짝이던 물결을 어찌 잊는단 말인가!

외국영화 〈정사〉가 있다. 집을 나와 바텐더 생활을 하는 이혼남과 가정을 지키며 지방 소극단에서 연극을 하는 유부녀가 매주 수요일마다 만난다. 이혼남이 사는 허름한 셋방에 부리나케 달려온 그녀는 마치 굶주린 맹수처럼 사랑의 기갈을 해소한다. 번갯불에 콩 구워 먹듯 하는 섹스 후 그녀는 총총히 사라지고 혼자 남은 이혼남은 고독에 몸부림친다. 서로가 누구인지를 알지 못한 채 오로지 섹스만을 하는 만남이 어찌 가능하겠는가. 결국 이혼남은 유부녀의 뒤를 밟고 그녀가 그녀를 외조하는 택시운전사와 영리한 아들을 둔, 열정에 찬 연극배우 지망생임을 알게 된다. 알게 된다는 것은 사랑이 생긴다는 것 아니겠는가. 사랑은 엄청난 것이지만 그러나 그 앞에 놓인 현실이란 난관은 또 얼마나 무지막지한 것인가. 결국 그녀는 남편에게 고백을 하게 되고, 그 남편은 아내의 불륜보다는 애초에 재능도 없는 데도 스타로 키우겠다는 자신의 외조를 탓하며 그녀에게 호통을 치고, 그녀는 그런 남편에게 자신의 진정한 열정을 알아주지 못한 탓이라고 원망을 한다. 그리고 이삿짐을 싸고 있는 이혼남에게 달려온 그녀에게 이혼남은 여기, 이대로 있어 달라고 간절한 고백을 하지만 "안 돼요"라고 그녀는 끝내 돌아선다. 이혼남의 근원적인 고독, 유부녀의 발휘되지 못하는 열정, 이 두 가지가 크나큰 사랑으로 해소될 듯하다가 결국 청산옥 같은 쓸쓸한 현실로 되돌아가는, 그러기에 너무도 애절하지만 너무도 속상한 결말이었다. 영화 내내 지배하는 어두운 화면, 늘 급하고 빠르고 흔들리고 마구 돌아가는 앵글, 중년의 두 주인공에 걸맞은 배우의 캐스팅 등으로 꽤 괜찮은 작품 축에 들 것 같다. 무엇보다도 사랑의 막연한 감상에 빠지지 않는 점이 맘에 든다.

> 새로 두 시에 산등성이를 건너온 비는
> 내 방 창을 두드린다 창문에
> 조팝나무 잎이 붙어 있다 먼데 있는 것들이
> 문득 소식을 전하는 거다
> 지나쳐 온 것들이 자금성(紫金城)이나 땡삐치틴처럼
> 문 앞까지 다가와 다닥다닥,
> 붙어 있을 때 그걸 흔적 없이 긁어낼 수 있나?
> 웃기고 있네, 나는 요금별납처럼 살았어
> 내 자리 어디선가 조금씩 내가 빠져나간 거지
> 세 시가 되니 비는 더 심해져서
> 파도치는 소리를 낸다 창문을 여니
> 먼 데 불빛이 어렵게 깜박인다
> 누군가 구조신호를 보내는 거지
> 구름 뒤에 둥글게 빛나는 달이 있듯이
> 지금 어디에 왕십리가 있을 것이다
> 나는 외도(外道)가 지나쳤다, 라고 목월은 말했지만
> 아니다, 나는 처음부터 저 길 너머에 있었다
> 새로 세 시에서 네 시로 지나가는 저 비처럼

제10장 시의 언어 : 진정과 사무사

> 나는 세상을 건너갈 수 없었다
> 왕십리, 십 리가 멀다 하고 찾아가던 곳
> 하지만 늘 십 리는 더 가야 하던 곳
> 내게도 밤을 디디고 가야 할 곳이 있다
> 물론 왕십리에 가기 전에, 왕십리도 못 가서
> 나는 발병(發病)이 날지도 모르지만
>
> — 권혁웅, 「왕십리」

　비 내리는 밤, 새벽 두 시에서 세 시로, 세 시에서 네 시로 계속 넘어가는 시간에 잠을 이루지 못하고 창가에 선 한 젊은이가 있다. 비에 묻어온 나뭇잎이 창문에 붙어 있는데, 젊은이는 그걸 먼 데 있는 것들이 문득 소식을 전해 온 것이라고 생각한다. 그게 소식이라면 멀리 중국의 자금성이나 땡뻬치틴에서 여기 창문 앞까지 날아왔다 할지라도 그걸 흔적 없이 긁어낼 수는 없는 것 아니겠는가. 더더욱 '나'는 지금껏 요금별납처럼 살아온 인생이다. 요금 별납이란 통상 우편물 30통 이상을 한 사람이 발송할 때 낱낱이 우표를 붙이지 않고 별도로 요금을 우체국에 지불하고 우송을 위탁하는 우편을 말한다. 그처럼 누군가에게 한 무더기로 위탁되어진 존재 중의 하나로 살아온 '나'이기 때문에, "내 자리 어디선가 조금씩 내가 빠져나"가는 존재론적 결핍을 느끼고 있는 처지이다. 그런 내가 도대체 무엇을 할 수 있단 말인가. 한마디로 "웃기고 있네"라고 하며 자신에 대한 자조가 사뭇 깊다.
　비는 더욱 심해진다. 그래서 그만 창문을 여니 먼 데의 불빛이 어렵게 깜박이는 것이 보인다. '나'는 그걸 "누군가 구조신호를 보내는 거"라고 상상한다. 그 구조신호를 보고 있노라니, 구름 뒤에 둥글게 빛나는 달이 있듯이 저곳 어디엔가 왕십리가 있을 거라는 생각이 든다. 그 왕십리는 "십 리가 멀다 하고 찾아가던 곳"이고 "하지만 늘 십리는 더 가야 하던 곳"이다. 다시 말해 '왕십리'는 밤을 디디고라도 가야 하고, 가다가 발병이 나더라도 가야 할 곳으로, 이는 시적화자인 '나'가 궁극적으로 꿈꾸는 삶의 길, 진리의 길, 진실의 길에 다름 아닌 것이다. 그러고 보니 그 구조신호라는 것도 사실은 어떤 초월이나 구원의 징표가 아니라 요금별납 같은 생을 수긍하며 끝내 '나' 주체적으로 나아가야 되는 것임을 말해 주는 표지이다.

그런데 시의 중간에 웬일로 목월의 시 구절이 인용된다. 「왕십리」란 시를 남긴 시인은 김소월과 박목월 둘인데 소월의 것이 이별 뒤의 기다림을 노래한 시인데 비해, 목월의 것은 "내일 모레가 육십인데/나는 너무 무겁다./나는 너무 느리다./나는 외도(外道)가 지나쳤다./가도/가도/바람이 입을 막는 왕십리"라는, 삶의 황혼에 깨닫는 인생론적 애환을 담고 있다. 그런데 목월은 "나는 외도(外道)가 지나쳤다"라고 말함으로 생에 대한 반성적 함의를 담았지만, 권혁웅은 "나는 처음부터 저 길 건너에 있었다"라고 말하고 곧바로 "나는 세상을 건너갈 수 없었다"고 토로하는 데서 보이듯, 삶과 진리의 길을 가는 데서 오는 좌절과 회한과 그 어려움을 고백한다. 그럼에도 밤을 디디고라도, 발병이 나더라도 가겠다는 '나'의 다짐은 이미 위에서 밝혔다. 인유법까지 동원한 이 한밤의 젊은이의 '가야 할 길'에 대한 깊은 사유는 그 진지함으로 고뇌하는 다른 젊은이들의 충분한 공감을 사고 남을 것이다.

시는 언어의 성찬이다. 그야말로 진정스럽고 삿됨이 한 점 없는 명시편들 앞에서 나는 옷매무새부터 정갈히 한다. 살아오는 동안 직장이라곤 다녀 본 적이 없으니 자본주의적 시스템에서 누구와 경쟁해 본 적도 없는 나는 종교도 갖고 있지 않다. 그래서 존재를 명명하고 호명하는 신성한 언어의 사원인 시(詩)를 섬기게 됐는지도 모른다.

알베르트 슈바이처의 말에 "삶을 이해하기에는 너무 방대해 신비로 남을 수밖에 없다. 나는 그저 거기에 매달려 있다는 사실만 알고 있을 뿐이다. 나는 삶을 중지시키는 죽음이 두렵다. 삶을 감소시키는 고통도 두렵다. 그래서 삶을 확장하는 기쁨을 찾는다"라는 구절이 있다. 그렇다. 어떤 사람이, 삶이 우리에게 부여한 갖가지 감각의 골짜기들을 죄다 섭렵하지 못한다면 이 얼마나 슬픈 일인가 하고 욕망과 호기를 한껏 드러내 보이는 것도 보았지만, 사실 삶은 너무 방대해 우리가 지금껏 살아온 일들이 나뭇잎이 바람에 한번 반짝 뒤집는, 그 정도의 의미도 되지 못하는 것인지 모른다. 그리고 우리는 어느덧 죽음과 병고, 그리고 영혼의 고통으로 두려워한다.

그러기에 우리는 "삶을 확장하는 기쁨"을 찾을 수밖에 없다. 삶을 확장하는 일에는 선량하고 교양 있는 친구늘과의 다양한 교제나 우리 마음에 조용히 예술을 받아들이는 일 두 가지가 그중 최상이라고 말한 사람이 있다. 그런데 "예술은 시간과 공간이 지배하지 않는 영역으로 인도하는 하나의 길이다"라고 펠릭스 가타리는 말한다. 그 시간과 공간이 지배하는 영역은 '행위'가 이루어지는 곳이다. 슈바이처의 말처럼 인간에게 그 행위는 한계가 있다. 한데 놀랍게도 시는 행위보다는 '존재'에 관한 것이다. 우리는 존재에 대한 느낌이나 생각을 시간과 공간 밖으로 한없이 확장시킬 수 있다. 가령 아직 매서운 날씨인데도 여리디 여린 수선화가 노랗게 꽃을 밀어 올려 제 존재를 환히 드러낸 순간, 그것을 바라보는 느낌만으로도 우리의 마음은 우주로까지 확장하는 경험을 한다. 정현종의 시처럼, 자그마한 잉카 소녀 하나가 저녁의 박명 속에 꽃 한 다발을 든 채 미소 짓고 있는 것을 보고, 그 미소의 보석으로 지구가 흘러간다고 할 정도로 존재는 무한히 확장되는 것이다. 이 얼마나 신비롭고 경이로운 일인가.

그러므로 오로지 시 본연의 향기로 삶을 황홀케 하는 명시편들을 쓴 모든 시인들이 나에게는 신들이다. 그들은 삶의 무한한 확장의 기쁨을 우리들에게 선물해 준다. 자본의 행위와 사건의 무서운 지휘로 얻어 낸 소유보다는 존재의 황홀한 '거기 있음'을 우리에게 느끼게 하고 마음을 평온으로 이끄는, 그 맑은 기쁨을 시라는 형식으로 우리에게 선물하는 시인들을 어찌 섬기지 않으랴.

주옥詩편

초판1쇄 찍은 날 | 2017년 11월 3일
초판1쇄 펴낸 날 | 2017년 11월 10일

지은이 | 고재종
펴낸이 | 송광룡
펴낸곳 | 문학들
등록 | 2005년 8월 24일 제2005 1-2호
주소 | 61489 광주광역시 동구 천변우로 487(학동) 2층
전화 | 062-651-6968
팩스 | 062-651-9690
전자우편 | munhakdle@hanmail.net
블로그 | blog.naver.com/munhakdlesimmian
값 15,000원

ISBN 979-11-86530-40-5 03800

· 잘못된 책은 바꿔드립니다.
· 이 책 내용의 전부 또는 일부를 재사용하려면
  반드시 저작권자와 문학들의 동의를 받아야 합니다.
· 이 책은 "한국출판문화산업진흥원 2017년 우수콘텐츠 제작 지원 사업"
  선정작입니다.